农村金融创新团队系列丛书

陕西农村合作金融机构信贷风险影响因素及控制研究

张云燕 著

中国金融出版社

责任编辑：张怡妲
责任校对：刘　明
责任印制：丁淮宾

图书在版编目（CIP）数据

陕西农村合作金融机构信贷风险影响因素及控制研究（Shanxi Nongcun Hezuo Jinrong Jigou Xindai Fengxian Yingxiang Yinsu ji Kongzhi Yanjiu）/张云燕著．—北京：中国金融出版社，2015.6
（农村金融创新团队系列丛书）
ISBN 978 - 7 - 5049 - 7811 - 0

Ⅰ.①陕…　Ⅱ.①张…　Ⅲ.①农村金融—合作金融组织—贷款风险—研究—陕西省　Ⅳ.①F832.35

中国版本图书馆 CIP 数据核字（2015）第 024097 号

出版
发行　中国金融出版社

社址　北京市丰台区益泽路 2 号
市场开发部　（010）63266347，63805472，63439533（传真）
网 上 书 店　http://www.chinafph.com
　　　　　　（010）63286832，63365686（传真）
读者服务部　（010）66070833，62568380
邮编　100071
经销　新华书店
印刷　利兴印刷有限公司
尺寸　169 毫米×239 毫米
印张　14
字数　220 千
版次　2015 年 6 月第 1 版
印次　2015 年 6 月第 1 次印刷
定价　38.00 元
ISBN 978 - 7 - 5049 - 7811 - 0/F.7371
如出现印装错误本社负责调换　联系电话（010）63263947

农村金融创新团队系列丛书
编委会

名誉主任：韩　俊

编委会主任：罗剑朝

编委会委员：（按姓氏笔画为序）

序言一

　　农村金融是农村经济发展的"润滑剂"，农村金融市场是农村市场体系的核心。党和国家历来重视农村金融发展，党的十八届三中全会明确提出了扩大金融业对内对外开放，在加强监管的前提下，允许具备条件的民间资本依法发起设立中小型银行等金融机构，进一步发展普惠金融，鼓励金融创新，丰富农村金融市场层次和产品，同时赋予农民对承包地占有、使用、收益、流转及承包经营权抵押、担保权能，为下一步农村金融改革指明了方向。2004—2014年连续11个中央"一号文件"从不同角度提出了加快农村金融改革、完善农村金融服务、推动农村金融制度创新，这些农村金融改革创新的政策、决定对建立现代农村金融市场体系、完善农村金融服务、提升农村金融市场效率起到了积极的推动作用。但是，当前农村金融发展现状距离发展现代农业、建设社会主义新农村和全面建成小康社会的目标要求仍有较大差距，突出表现在：农村金融有效供给不足且资金外流严重、农村金融需求抑制、市场竞争不充分、市场效率低下、担保抵押物缺乏等，农村金融无法有效满足当前农村发展、农业增产和农民增收的现实需要。进一步推动农村金融改革、缓解农村金融抑制、加快农村金融深化、鼓励农村金融创新以及提升农村金融服务效率，任重道远。

　　根据世界各国经济发展的经验，在城市化进程中，伴随着各类生产要素不断向城市和非农产业的流动，农村和农业必然会发生深刻的变化。改革开放以来，中国经济取得了举世瞩目的成就，农村经济体制改革极大地调动了亿万农民的积极性，经济活力显著增强。经济快速发展的同时，城乡发展不平衡、城乡收入差距扩大、农村经济落后等问题也日渐凸显，"三农"问题则是对这些突出矛盾的集中概括。"三农"问题事关国家的发展、安全、稳定和综合国力的提升，历来是党和政府工作的重中之重。金融是现代经济的核心，农村金融发展对农村经济发展至关重要，解决"三农"问题离不开农村金融支持。由于中国农村金融不合理的制度安排，农村金融抑制现象严重，农村金融与农村经济并未形成互动共生、协调发展的局面，农村金融资源配置功能并未真正得到发挥，滞后的农村金融在一定程度上抑制了农村经济的发展。

1978 年改革开放至今，农村金融改革的步伐不断加快，经历了农村金融市场组织的多元化和竞争状态的初步形成、分工协作的农村金融体系框架构建、农村信用社主体地位的形成以及探索试点开放农村金融市场的增量改革四个阶段。农村金融改革取得初步成效，多层次、多元化、广覆盖的农村金融体系基本形成，农村金融供求矛盾逐步缓解，农村金融服务水平显著提高，农村金融机构的经营效率明显提升，农村信用环境得到有效改善。然而，农村金融仍然是农村经济体系中最为薄弱的环节，资金约束仍然是制约现代农业发展和新农村建设的主要的"瓶颈"。在统筹城乡发展、加快建设社会主义新农村以及推进现代农业发展的大背景下，农村金融如何适应农村及农业环境的快速变化、如何形成"多层次、广覆盖、可持续"的农村金融体系、如何破解农村"抵押难、担保难、贷款难"的困境，推动农村金融更好地为农村经济发展服务，让改革的红利惠及 6.5 亿农民，依然是需要研究和解决的重大课题。

可喜的是，在西北农林科技大学，以罗剑朝教授为带头人的科研创新团队，2011 年 12 月以"西部地区农村金融市场配置效率、供求均衡与产权抵押融资模式研究"为主攻方向，申报并获批教育部"长江学者和创新团队发展计划"创新团队项目（项目编号：IRT1176）。近 3 年来，该团队紧紧围绕农村金融这一主题，对农村金融领域的相关问题进行长期、深入调查和分析，先后奔赴陕西、宁夏等地开展实地调研 10 余次，实地调查农户 5000 余户、涉农企业 500 余家，走访各类农村金融机构 50 余家，获得了大量的实地调研数据和第一手材料。同时，还与中国人民银行西安分行、中国人民银行宁夏分行、陕西农村信用社联合社、杨凌示范区金融工作办公室、杨凌示范区农村商业银行、高陵县农村产权交易中心等机构签订了合作协议，目前已拥有杨凌、高陵和宁夏同心、平罗 4 个农村金融研究固定观察点。针对调查数据和资料，该团队对西部地区农村金融问题展开了系统深入的研究，通过对西部地区农村金融市场开放度与配置效率评价、金融市场供求均衡、农村产权抵押融资试验模式等的研究，提出以农村产权抵押融资、产业链融资为突破口的农村金融工具与金融模式的创新方案，进而形成"可复制、易推广、广覆盖"的现代农村金融体系，能够为提高农村金融市场配置效率及农村金融改革政策的制定和实施提供依据。本项目调查研究取得了比较丰硕的科研成果，其中一部分纳入本套系列丛书以专著的形式出版。虽然其中的部分观点可能还有待探讨和商榷，但作者敏锐的观察视角、务实的研究作风、扎实的逻辑推导、可靠的数据基础，使得研究成果极具原创性和启发性，这些成果的出版，必然会对深刻认识农村金融现实、把握农村金融的运作规律提供有益的依据参考和借鉴。

实现全面建成小康社会的宏伟目标，最繁重、最艰巨的任务在农村。要解决农村发展问题，需要一大批学者投入到农村问题的研究当中，以"忧劳兴国"的精神深入农村，深刻观察和认识农村，以创新的思维发现和分析农村经济发展中的问题，把握农村经济发展的规律，揭示农业、农村、农民问题的真谛，以扎实的研究结论为决策部门提供参考，积极推动农村经济又好又快发展，不辱时代赋予的历史使命。

我相信，此套《农村金融创新团队系列丛书》的出版，对于完善西部地区农村金融体系，提高西部地区农村金融市场配置效率，推动西部地区农村经济社会发展具有重要意义。同时我也期待此套丛书的出版，能够引起相关政策的制定者、研究者和实践者对西部地区农村金融及农村金融改革问题的关注、积极参与和探索，共同推进西部地区农村金融改革的创新和金融市场配置效率的提高。

是为序。

国务院发展研究中心副主任、研究员　韩俊

二〇一五年三月二十六日

序言二

金融是现代经济的核心，农村金融是现代金融体系的重要组成部分，是中国农业现代化的关键。当前，我国人均国民生产总值（GDP）已超过4000美元，总量超过日本，成为世界第二大经济体。如何在新的发展阶段特别是在工业化、信息化、城镇化深入发展中同步推进农业现代化，构建起由市场配置各种要素、公共资源均衡覆盖、经济社会协调发展的新型工农关系、城乡关系，破解推进农业现代化的金融难题和资金"瓶颈"，是实现"中国梦"绕不过去的难题。

改革开放以来，党中央、国务院先后制定并出台了一系列促进农业和农村发展的政策与文件，在农村金融领域进行了深入地探索，特别是党的十八大、十八届三中全会提出"完善金融市场体系"、"发展普惠金融"、"赋予农民对承包地占有、使用、收益、流转及承包经营权抵押、担保权能"，农村金融产品与服务方式创新变化，农户和农村中小企业金融满足度逐步提高，农村金融引领和推动农村经济社会发展的新格局正在形成。但是，客观地说，农村信贷约束，资金外流，农村金融供给与需求不相适应、不匹配等问题依然存在，高效率的农村资本形成机制还没有形成，农村金融与农村经济良性互动发展的新机制尚待建立，农村金融依然是我国经济社会发展的一块短板，主要表现在以下几个方面：

1. 金融需求不满足与资金外流并存。据调查，农户从正规金融机构获得的信贷服务占30%左右，农村中小企业贷款满足度不到10%。同时，在中西部地区，县域金融机构存贷差较大，资金外流估计在15%~20%。农村资金并未得到有效利用，农村金融促进储蓄有效转化为投资的内生机制并没有形成。

2. 农村金融需求具有层次性、差异性与动态性，不同类型农户和中小企业金融需求存在不同，多层次的农村金融机构与农村金融需求主体供求对接的有效机制尚待形成。农户资金需求具有生产性、生活性并重且以生活性为主的特点，农村中小企业多属小规模民营企业，对小额信贷需求强烈，加之都没有符合金融机构要求的抵（质）押品，正规金融服务"断层"现象依然存在。

3. 农村金融市场供求结构性矛盾突出，市场垄断、过度竞争与供给不足同时并存。从供给角度看，农村金融的供给主体以农业银行、农村信用社、邮储银行等正规金融为主，其基本特征是资金的机会成本较高、管理规范，要求的担保条件比较严格；从需求的角度看，农村金融需求主体的收入、资产水平较低，借贷所能产生的利润水平不高，且其金融交易的信息不足。尽管存在着借款意愿和贷款供给，但供求双方的交易却很难达成，金融交易水平较低。因此，要消除这种结构性供求失衡，就要充分考虑不同供给与需求主体的特点及它们之间达成交易可能性，采取更加积极的宏观政策与规范，建立多层次、全方位、高效率、供求均衡的现代农村金融体系。

必须改变用城市金融推动农村金融的理念和做法，以及单方面强调金融机构的调整、重组和监管的政策，从全方位满足"三农"金融需求和充分发挥农村金融功能的视角，建立农村金融供求均衡的、竞争与合作有效耦合的现代农村金融体系。按照农村金融供求均衡理念，对农村金融机构服务"三农"和农村中小企业做适当市场细分，实现四个"有效对接"，推进农村金融均衡发展。

第一，实现正规金融供给与农业产业化龙头企业金融需求的有效对接。由于农村正规金融机构的商业信贷供给与农业产业化龙头企业的金融需求相适应，正规金融机构的商业信贷交易费用较高，交易规模较大，客户不能过于分散，担保条件要求严格，而龙头企业在很大程度上已参与到了城市经济的市场分工中，在利润水平及担保资格都能够符合正规金融机构要求的情况下，有些企业甚至能够得到政府的隐性担保，加之建立有相对完善的会计信息系统，能够提供其经营状况的财务信息，信贷信息不对称现象也能有所缓解，因此，二者具有相互对接的可行性。尽管农村正规金融发展存在诸多问题，但从其本身特点以及龙头企业发展角度看，实现正规金融供给与龙头企业金融需求对接具有必然性。所以，中国农业银行应定位为农村高端商业银行，在坚持商业化经营的前提下，加大对农业产业化龙头企业的支持力度，主要满足大规模的资金需求。通过政策引导，把农业银行在农村吸收的存款拿出一定比例用于农业信贷，把农业银行办成全面支持农业和农村经济发展的综合性银行。

第二，实现正规中小金融机构的信贷供给与市场型农户、乡镇企业、中小型民营企业金融需求的有效对接。由于正规中小型金融机构的小额信贷与市场型农户、乡镇企业、中小型民营企业的金融需求相应，市场型农户、乡镇企业、中小型民营企业的金融需求主要用于扩大再生产，所需要的资金数额相对较大，借贷风险较大，不易从非正规金融机构获得贷款；由于其自身在资产水平存在的有限性，它们不能像龙头企业那样，从正规金融机构获得商业贷款。而正规中小型金融机构，尤其是农村商业银行、农村合作银行、村镇银行等，相对于大银行，在成本控制上存在较大优势，而且较易了解市场型农户、乡镇企业、中小型民营企业的生产经营状况，可根据其还款的信誉状况来控制贷款额度，降低金融风险；中小型金融机构倾向于通过市场交易过程，发放面向中小企业的贷款，按市场利率取得更高收益，市场型农户、乡镇企业、中小型民营企业是以市场为导向的，接受市场利率，也倾向于通过市场交易过程获得贷款，二者之间交易易于达成。另外，正规中小金融机构具有一定优势：其资金"取之当地、用之当地"；员工是融入到社区生活的成员，熟悉本地客户；组织架构灵活简单，能有效解决信息不对称问题；贷款方式以"零售"为主，成本低廉、创新速度快；决策灵活，能更好地提供金融服务，二者之间实现金融交易对接具有必然性。目前，农村正规中小型金融机构发展较为迅速，应继续鼓励和引导农村商业银行、农村合作银行、村镇银行发展，构建起民营的、独资的、合伙的、外资的正规中小型金融机构，大力开展涉农金融业务。

第三，实现正规金融、非正规金融机构的小额信贷供给与温饱型农户金融需求的有效对接。农村小额信贷，主要指农村信用合作社等正规金融机构、非正规金融机构提供的农户小额信贷，是以农户的信誉状况为依据，在核定的期限内向农户发放的无抵押或少抵押担保的贷款。正规金融机构、非正规金融机构的小额信贷供给与温饱型农户金融需求相应，它们之间的交易对接具有充分的可行性。目前，温饱型农户占整个农户的40%～50%，他们的借贷需求并不高，还贷能力较强，二者之间的信贷交易易于达成。农信社和其他非正规金融机构的比较优势决定其生存空间在农村，从国外银行业的发展情况看，即使服务于弱势群体，也有盈利和发展空间。农信社应牢固树立服务"三农"的宗旨，通过建立良好的公司治理机制、科学的内部激励机制，切实发挥农村金融主力军作用；适应农村温饱型农户金融需求的特点，建立和完善以信用为基础的信贷交易机制，提高农户贷款覆盖面；通过农户小额信贷、联户贷款等方式，不断增加对温饱型农户的信贷支持力度。当前，农户小额信贷存在的问题主要有：资金缺口大、贷款使用方向单一、贷款期限无法适应农业生产周期的需要、小额信贷额度低等。针对这些问题，应采取措施逐步扩大无抵押贷款和联保贷款业务；尝试打破农户小额信贷期限管理的限制，合理确定贷款期限；尝试分等级确定农户的授信额度，适当提高贷款额；拓展农信社小额信贷的领域，由单纯的农业生产扩大到农户的生产、生活、消费、养殖、加工、运输、助学等方面，扩大到农村工业、建筑业、餐饮业、娱乐业等领域。

第四，实现非正规金融机构的小额信贷与温饱型、贫困型农户金融需求的有效对接。民间自由借贷的机会成本相对较低，加上共有的社区信息、共同的价值观、生产交易等社会关系，且可接受的担保物品种类灵活，甚至担保品市场价值不高也能够较好地制约违约，与温饱型、贫困型农户信贷交易易于达成，实现二者之间的有效对接具有必然性。发达地区的非正规金融，其交易规模较大、参与者组织化程度较高，以专业放贷组织和广大民营企业为主，交易方式规范，具备良好的契约信用，对这类非正规金融可予以合法化，使其交易、信用关系及产权形式等非正式制度得到法律的认可和保护，并使其成为农村金融市场的重要参与者和竞争者；欠发达地区的非正规金融，其规模较小、参与者大多是分散的温饱型、贫困型农户，资金主要用于农户生产和生活需要，对此类非正规金融应给予鼓励和合理引导，防止其转化成"高利贷"。同时，积极发展小规模的资金互助组织，通过社员入股方式把资金集中起来实行互助，可以有效解决农民短期融资困难。应鼓励和允许条件成熟的地方通过吸引民间资本、社会资本、外资发展民间借贷，使其在法律框架内开展小额信贷金融服务。

总之，由于商业金融在很大程度上不能完全适应农村发展的实际需求，上述市场细分和四个"有效对接"在不同地区可实现不同形式组合，不同对接之间也可实现适当组合，哪种对接多一点、哪种对接少一点，可根据情况区别对待，其判断标准是以金融资本效率为先，有效率的"有效对接"就优先发展。

为了实现以上四个"有效对接"，还必须采取以下配套政策：一是建立新型农村贷款抵押担保机制，分担农业信贷风险。在全面总结农户联保、小组担保、担保公司代为担保等成功经验的基础上，积极探索农村土地使用权抵押担保、农业生物资产（包括农作物收获权、动物活体等）、农业知识产权和专利、大型农业设施、设备抵押担保等新型农村贷款抵押担保方式，降低农贷抵押担保限制性门槛，鼓励引导商业担保机构开展农村抵押担保业务。二是深化政策性金融改革，引导农业发展银行将更多资金投向农村基础设施领域。通过发行农业金融债券、建立农业发展基金、进行境外融资等途径，拓展农业发展银行资金来源，统一国家支农资金的管理，增加农业政策性贷款种类，把农业政策性金融机构办成真正的服务农村基础设施等公共物品、准公共物品投融资的银行。三是建立政府主导的政策性农业保险制度。运用政府和市场相结合的方式，制定统一的农业保险制度框架，允许各种符合资格的保险机构在总框架中经营农业保险和再保险业务，并给予适当财政补贴和税收优惠。四是加强农村金融立法，完善农村金融法律和监管制度。目前，农村金融发展法律体系滞后，亟须加以完善。建议在《中华人民共和国公司法》、《中华人民共和国商业银行法》中增加农村金融准入条款，制定《民间借贷法》，将暗流涌动的农村民间金融纳入法制化轨道。适当修改《中华人民共和国银行业监督管理法》，鼓励农村金融机构充分竞争，防范农村金融风险；以法律形式明晰农业银行支农责任，督促其履行法定义务，确认其正当要求权；明确农业发展银行开展商业性金融业务范围，拓展农村基础设施业务，以法律形式分别规制其商业性、政策性业务，对政策性业务进行补贴；限制邮储银行高昂的利率浮动，加强对其利率执行情况的监督、检查力度。制定《金融机构破产法》，建立农村金融市场退出机制，形成公平、公正的农村金融市场竞争环境。制定《农村合作金融法》，规范农村合作金融机构性质、治理结构、监管办法，促进农村信用社等农村合作金融机构规范运行。

教育部 2011 年度"长江学者和创新团队发展计划"
创新团队（IRT 1176）带头人
西北农林科技大学经管学院教授、博士生导师
西北农林科技大学农村金融研究所所长
二〇一五年三月二十八日

前　言

农业现代化发展进程离不开农村金融的有效支持。作为农村金融的供给主体，农村合作金融机构的信贷风险状况及风险控制能力，不仅影响到信贷业务的持续增长潜力和盈利能力，是决定机构未来发展的核心竞争力，而且关系到农村金融的供给能力和意愿，影响农村金融的支农力度。本书以陕西农村合作金融机构信贷风险影响因素及控制为研究对象，运用制度经济学、宏观经济学、农村金融和风险管理等理论，构建了包含农户信贷违约、农村合作金融机构内部控制、外部影响因素三个层面的总体分析框架，选择宏观风险研究视角，结合第一手实证数据和统计数据资料，采用描述性统计分析、方差分析、Logit 二元回归模型、面板数据随机效应模型、层次分析法（AHP）和模糊综合评价法，分析陕西农村合作金融机构信贷风险控制客体——农户信贷违约风险的影响因素，评价陕西农村合作金融机构信贷风险内控体系各要素的影响作用及其完善程度，分析外部环境对陕西农村合作金融机构信贷风险的影响作用，为全面掌握陕西农村合作金融机构信贷风险的影响因素及影响程度进行基础研究，力图为提高陕西农村合作金融机构信贷风险控制能力提供可操作性的对策建议。

本书导论主要阐述选题的背景、研究意义和国内外研究现状。"三农"问题是我国构建和谐社会和建成小康社会的关键环节，其严峻性和紧迫性已成为社会各界的普遍共识。在工业化、信息化、城镇化深入发展中同步推进农业现代化，是当前和今后一段时期的一项重大任务。农业现代化发展进程中，无论是提升农业的综合生产能力，实现农业的现代化转型升级，抑或是完善农业产业体系，推动农村第二、第三产业联动发展，实现多环节增收，都离不开农村金融的有效支持。分析和研究农村合作金融机构信贷风险影响因素及控制问题，对于实现机构自身的可持续发展，缓解农村金融市场的供给型金融抑制和推进农村金融与农村经济良性互动具有重要意义。

第一章阐述农村合作金融机构信贷风险的相关理论。在概念界定的基础上，运用相关理论分析农村合作金融机构信贷风险控制的要素，将农村合作金融机构信贷风险视为由农户信贷违约风险、信贷风险内控体系和外部环境三方面共同作用的结果，基于这些要素分析，构建了农村合作金融机构信贷风险控制的理论模型，为后续研究提供理论基础。

第二章介绍我国农村金融体系的发展历程及其现状，然后分析陕西省农村金融体系的发展现状，并分析农村金融机构面临的风险，为进一步研究陕西农村合作金融机构信贷风险打下基础。

第三章的主要内容是陕西农村合作金融机构信贷风险控制历程、现状及存在问题。从陕西农村合作金融机构信贷风险管理的发展历程入手，阐述了当前陕西农村合作金融机构信贷风险控制现状及其存在的问题与挑战。

第四章主要论述陕西农村合作金融机构贷款农户违约风险的影响因素。以陕西 373 个农户调研数据为基础，运用 Logit 二元回归模型，在现有研究基础上将农户家庭经营结构、农户还款的主观努力程度、间接反映违约成本的农户认知等因素纳入指标体系，实证分析了户主基本特征、家庭特征、贷款性状和信贷认知等因素对农户信贷违约风险的影响作用，发现农户文化程度、打工人数、家庭收入、是否种粮户和是否有借款、贷款金额及贷款方式、农户的主观努力程度对农户信贷违约率具有显著的影响，说明农户家庭经营能力、经济结构以及信贷产品设计等因素是决定农户信贷违约风险的关键，农村合作金融机构可以据此完善农户信用评级，形成更好的客户信贷风险防控策略。也证明 Logit 模型能较好地识别农户信用风险，农村合作金融机构可以借助该模型评估农户信用，克服信贷决策的随意性。此外，通过农户信贷违约原因的差异性分析，发现户主年龄及文化程度、家庭收入和结构、贷款性状以及非正规借款情况等不同特征的农户在生产性原因违约、生活性原因违约和恶意违约方面存在显著差异，农村合作金融机构应该有差别地扶持农户提高信贷资金的使用效率。

第五章评价陕西农村合作金融机构信贷风险的内控体系。运用陕西农村合作金融机构县级联社负责人对所在机构信贷风险内控体系的调研数据，通过构建包含 4 个一级指标和 21 个二级指标的层次结构模型，分析陕西农村合作金融机构信贷风险内控体系各要素的影响作用，并对其完善程度进行模糊综合评价。结果显示，法人治理结构、风险管理部职能等指标在农村合作金融机构内控体系中发挥着重要的影响作用。现阶段陕西农村合作金融机构信贷风险内控体系的完善程度为中等偏上水平（5.70 分，总分为 10 分），说明存在较大的提升空间。其中制度控制要素完善程度的评价最高（6.06 分），其次为技术控制要素（5.64 分）和组织控制要素（5.57 分），过程控制要素完善程度的评价最低（5.52 分），说明陕西农村合作金融机构信贷风险内控制度相对健全，而全程风险控制理念尚未良好地渗透于陕西农村合作金融机构的风险控制实践。此外，各要素完善程度评价得分的差异不大，陕西农村合作金融机构应采取全面风险管理优化方案，整体推进信贷风险内控体系建设。

第六章主要论述陕西农村合作金融机构信贷风险控制的外部影响因素。运用面板数据随机效应的变截距回归模型，以 2006—2010 年陕西省 104 个县域农村合作金融机构的相关数据为例，从农村经济的发展水平、政府对农业的重视程度、地方政府干预和农村金融市场的发育程度等方面研究了外部环境对陕西农村合作金融机构信贷风险控制的影响作用，发现农村居民人均纯收入、财政支农和农业贷款市场份额提高，农村合作金融机构不良贷款率显著下降；地方政府财政赤字越大，农村合作金融机构不良贷款率越高。说明农村经济发展、财政支农力度对农村合作金融机构信贷风险控制具有正向影响；地方政府对金融资源配置的干预已经对农村合作金融机构信贷资产质量产生影响，但目前尚未构成巨大威胁；农村金融市场竞争尚未显示出对陕西农村合作金融机构信贷风险控制的激励作用。

第七章提出陕西农村合作金融机构信贷风险控制的政策建议与对策。分别从提高农户信贷资金使用效率、降低农户信贷违约风险；构建全面风险管理体系，完善信贷风险内部控制；优化信贷风险控制外部环境三个方面提出陕西农村合作金融机构信贷风险控制的对策建议。

本书在以下四个方面有所创新：

第一，提出了基于信贷风险控制主体、客体和外部环境三个层面的农村合作金融机构信贷风险控制的宏观分析视角，认为陕西农村合作金融机构信贷风险是由农户信贷违约风险、信贷风险内控体系及其外部环境三因素共同作用的结果，与同类研究相比，其综合性和全面性更为符合陕西农村合作金融机构信贷风险控制的实际，研究角度具有独特性。

第二，将农户家庭经营结构、农户还款的主观努力程度、间接反映违约成本的农户认知等因素纳入指标体系，应用 Logit 模型分析了农户信贷违约风险的影响因素，并通过不同特征农户信贷违约原因的比较分析，发现农户生产经营的结构性差异对信贷违约率有显著影响，以发展本土经营为主农户的违约率低于以打工收入为主的农户，只有种粮收入而无其他收入来源的种粮户违约率较高，特色种养殖与经商风险较大，投资失败导致的违约率很高，不同特征农户在生产性原因违约、生活性原因违约和恶意违约方面存在显著差异。这些发现为提高信用风险测度有效性，防范农户信贷违约风险提供了较为全面的判断依据。

第三，构建了包含四要素（组织、制度、过程和技术）、21 项指标的评价体系，应用层次分析法（AHP）和模糊综合评价法对陕西农村合作金融机构信贷风险内控体系各要素的影响作用及其完善程度进行了客观评价，结果显示公司治理结构、风险管理部职能等因素在信贷风险内控中发挥重要的影响作用，陕西农村合作金融机构信贷风险内控体系总体完善程度为中等偏上水平，存在较大的提升空间，其中，内控制度相对健全，但全程风险控制理念尚未良好地渗透于风险控制实践。评价结果较为准确地揭示了陕西农村合作金融机构信贷风险内控体系的基本状况，避免了定性分析和经验判断的主观性，为农村合作金融机构信贷风险内控体系建设提供了依据。

第四，应用面板数据随机效应模型测度了外部环境对陕西农村合作金融机构信贷风险的影响作用，发现农村经济发展、财政支农力度对农村合作金融机构信贷风险控制具有正向影响；地方政府对金融资源配置的干预已经对农村合作金融机构信贷资产质量产生影响，但目前尚未构成巨大威胁；农村金融市场竞争尚未显示出对提高陕西农村合作金融机构信贷风险控制能力的激励作用，这些结论可以为优化陕西农村金融生态提供参考。

目　录

◎ **导论**/001

一、研究背景及选题依据/001

二、研究对象和研究意义/006

三、国内外研究动态综述/009

第一章

◎ **农村合作金融机构信贷风险理论基础**/022

第一节　信贷风险相关概念界定/022

一、风险的定义/022

二、信贷风险的定义/023

三、信贷风险控制的定义/024

第二节　信贷风险控制的要素分析/025

一、借款方的信贷违约/025

二、金融机构信贷风险的内控体系/028

三、金融机构的外部环境/030

第三节　农村合作金融机构信贷风险控制的理论模型/031

第二章

◎ **陕西农村金融机构体系及其风险分析**/033

第一节　新中国成立以来农村金融机构体系的发展历程及现状/033

一、新中国成立以来农村金融机构体系的发展历程/033

二、我国农村金融机构体系的现状/039

第二节　陕西农村金融机构体系的现状/050

第三节　农村金融机构的风险分析/052

本章小结/055

第三章

◎**陕西农村合作金融机构信贷风险控制历程、现状及问题**/056

第一节　研究区域介绍/056

第二节　陕西农村合作金融机构信贷风险控制发展
　　　　历程及现状/057

　一、陕西农村合作金融机构信贷风险控制历程/057

　二、陕西农村合作金融机构信贷风险控制现状/060

第三节　陕西农村合作金融机构信贷风险控制存在
　　　　的问题与挑战/061

　一、农户信用评级方法落后，指标选择缺乏科学依据/061

　二、信贷风险内控体系不健全，风险控制尚未成为
　　　组织责任/062

　三、信贷风险控制的外部环境亟须优化/063

本章小结/064

第四章

◎**陕西农村合作金融机构贷款农户违约风险影响
因素分析**/066

第一节　农户信贷违约风险的描述性统计分析/066

　一、样本农户基本信息/066

　二、农户信贷违约情况的统计分析/077

　三、农户信贷违约的方差分析/087

第二节　农户信贷违约风险影响因素的实证分析/091

　一、研究方法/091

　二、农户信贷违约影响因素的预期判断/092

三、主要统计指标描述/093

四、模型的回归结果及分析/095

第三节　农户信贷违约风险差异分析/099

一、户主年龄与违约差异/099

二、户主文化程度与违约差异/100

三、家庭年收入与违约差异/102

四、家庭经营类型与违约差异/103

五、是否种粮户与违约差异/104

六、家庭非正规借款与违约差异/105

七、贷款规模与违约差异/106

八、贷款方式与违约差异/107

九、贷款期限与违约差异/108

本章小结/109

第五章

◎陕西农村合作金融机构信贷风险内控体系评价/112

第一节　农村合作金融机构信贷风险内控体系评价
　　　　指标体系/112

一、信贷风险组织控制要素/112

二、信贷风险制度控制要素/115

三、信贷风险过程控制要素/117

四、信贷风险技术控制要素/120

第二节　描述性统计分析/121

一、组织控制要素统计分析/122

二、制度控制要素统计分析/125

三、过程控制要素统计分析/128

四、技术控制要素统计分析/132

第三节　农村合作金融机构信贷风险内部体系评价
　　　　实证分析/135

一、研究方法/135

二、权重的确定/136

三、确定模糊关系评判矩阵/141

四、单因素评价/142

五、综合评价及量化结果/144

本章小结/145

第六章 ◎陕西农村合作金融机构信贷风险外部影响因素分析/147

第一节　农村合作金融机构信贷风险控制外部影响因素分析/147

一、农村经济发展水平/147

二、地方政府对农业发展的重视程度/149

三、地方政府对农村合作金融机构的干预程度/151

四、农村金融市场发育程度/154

五、指标体系构建/155

第二节　描述性统计分析/156

一、农村合作金融机构不良贷款率统计分析/156

二、农村居民人均收入统计分析/158

三、地方政府财政支农统计分析/159

四、地方政府干预程度统计分析/161

五、农村金融市场发育程度统计分析/162

第三节　农村合作金融机构信贷风险外部控制影响因素
　　　　实证分析/163

一、研究方法/163

二、模型检验和实证结果/164

三、实证结果分析/165

本章小结/167

**第七章 ◎陕西农村合作金融机构信贷风险控制的政策
建议及对策/168**

第一节　提高农户信贷资金使用效率，降低农户信贷违约
　　　　风险/168

一、完善农户信用评级，优化贷款投向/168

二、加快完善种粮户土地流转机制，完善和细化粮食
补贴政策/169

三、开发农户多元化增收途径，有效防范农户经营
市场风险/170

四、探索保贷结合新模式，完善农村信用共同体/171

五、坚持科教兴农和人才强农，培育农村社会资本/172

第二节　构建全面风险管理体系，完善信贷风险内部控制/173

一、按照巴塞尔新资本协议要求，构筑信贷风险
管理体系/173

二、树立全面风险管理观，优化信贷风险内控体系/174

三、强化激励与约束，完善信贷风险内控体系/175

第三节　优化农村合作金融机构信贷风险控制的外部环境/177

一、推进农村经济平稳快速发展/177

二、落实财政支农资金投放，扩大财政支农投资乘数
效应/178

三、规范地方政府融资行为，防范地方政府债务风险/178

四、加速培育农村金融市场体系/179

本章小结/179

第八章

◎结束语/181

一、陕西农村合作金融机构贷款农户违约风险的影响
因素/181

二、陕西农村合作金融机构信贷风险内控体系评价/184

三、陕西农村合作金融机构信贷风险的外部影响因素/185

◎参考文献/188

◎后记/198

导　论

"风险和利润是孪生兄弟"，银行类金融机构通过适度承担风险来获得信贷业务的增长潜力和盈利能力，信贷风险控制作为金融机构的一项基本职能，决定其持续经营的广度和深度。同时，作为农村正规金融市场的供给主体，农村合作金融机构的信贷风险控制关系到农村金融的供给能力和意愿，影响农村金融的支农力度。基于这一背景，本书选取陕西省农村合作金融机构信贷风险影响因素及控制为研究对象。本章阐述研究背景，研究的目的、意义、国内外研究现状、思路、方法以及可能创新之处。

一、研究背景及选题依据

1849 年，德国人雷发巽创办了世界上第一家信用社。从此以后，农村信用社作为农村金融中的一个重要组织机构，逐渐在世界范围内得以推广和普及。新中国的农村信用社试办于 1951 年，已经走过 60 多年的历程，成为农村金融的主力军和联系农民的金融纽带，在支持农业、农户和农村经济发展中发挥着举足轻重的作用。本书研究所指农村合作金融机构包括农村信用社、农村合作银行和农村商业银行。

（一）现实背景

我国是农业大国，在传统城乡二元发展结构下，城市与农村在居民收入与消费、基础设施建设、教育医疗卫生条件和社会保障方面表现出极大差距。当前，随着城市现代化进程的不断深入，农民收入增长停滞，城乡居民收入差距进一步扩大，2010 年，城乡之间的收入比系数为 3.23∶1，"三农"问题成为构建和谐社会和建成小康社会的关键环节。金融是经济发展的核心，农村经济的发展跟农村金融市场的发育与完善是分不开的，农村金融通过融通农村货币流通，发挥信息揭示、储蓄动员、资源配置、风险控制和便利交易等各项功能，降低交易成本、促进资本积累和优化生产要素组合，进而刺激农村经济的增长。低质的农村金融市场和不完善的金融结构与功能不仅会限制农户平滑消费的能力和最优的投资水平，造成潜在的经济增长和收入损失，甚至会成为抑制农民增收、扩大城乡差距的始作俑者（冉光和等，2008；王修华等，2012；温涛等，2008）。自 1951 年开创以来，农村合作金融机构一直是我国农村金融服务体系重要的组成部分，2000 年后，随着国家清理整顿农村"两会一部"、四大国有商业银行逐步从县域经济以下撤出，农村合作金融机构日益成长为农村金融市场最主要的金融机构，发挥着支持农村发展的金融支柱职能。然而，肩负着支持我国农村经济发展、为"三农"提供金融服务的重任，农村合作金融机构长期积累的所有者缺位、产权制度不明晰和法人治理结构不完善的问题，随着市场经济的发展已充分暴露，其中由于产权激励缺失和治理效率低下导致对信贷风险控制长期忽视的问题尤为突出，由此产生的信贷约束弱化和资产质量低下问题，已经严重影响了农村合作金融机构自身的运行效率和对"三农"的信贷供给能力。银监会统计数据显示：2010 年末，中国人民银行专项票据置换大量不良资产后，全国农村合作金融机构不良贷款率为 7.7%，高于全国商业银行不良贷款率 6.6 个百分点。而且，一方面，数据无法反映农户贷款是否足额发放、是否及时满足的问题；另一方面，伴随着农村经济市场化和现代化进程的深入发展，农户在农业产业结构调整中表现出更为旺盛的贷款需求，然而，农村合作金融机构的贷款农户不升反降，2010 年获得正规金融机构贷款的农户占全国总农户的比重为 31.2%，比 2007 年下降 1.6 个百分点。农村合作金融机构信贷风险控制的薄弱和供给能力的不足，不但使国家信用承担着最后的无限风险，而且会成为农村经济进一步发展、农村产业结构调整和农民增收的制约因素。

目前看来，鉴于农村合作金融机构在农村金融中近乎垄断的地位，中央银行改善农村金融服务、发展农村金融市场的立意，不得不倚重于农村合作金融机构。因此，中央政府不惜投入逾千亿元资金试图把农村合作金融机构拉出困境，希望通过重振农村合作金融机构系统来盘活供需严重失衡的农村金融市场，推动农村经济的新一轮发展（张杰，2007；董晓琳，2008）。中央银行的"花钱"似乎取得了初步的政策效应，但"花钱"是为了买"机制"，中央银行的注资在很大程度上清收了农村合作金融机构的不良贷款，处理了历史包袱（陈菁泉，2010），轻装前行的农村合作金融机构站在新的起点上，踌躇满志于一个新的历史使命：如何从源头上控制农村合作金融机构的新增不良贷款、防止既有问题的重演，"机制"的重要性也就在于此。因此，如何实现农村合作金融机构信贷风险的有效控制，真正构建起稳健经营的长效机制成为了当前最迫切的研究课题之一。

从长远来看，农村金融市场要焕发出积极有效的、可持续的发展活力，只能依靠多元化农村金融机构竞争体系的建立和多样化农村金融工具的创新。当前农村金融市场上呈现出以农村合作金融机构为单一模式、业务上以存贷款为单一内容的局面，是特定时代的产物，尽管充满解决特定时代问题的意图，但不代表未来的发展方向。事实上，在国家构建竞争性农村金融市场的总体布局下，农村金融市场的格局已经在悄然发生改变。农业银行正在把支持重点转向县域经济，邮政储蓄已分批开办定期存单质押贷款业务，互助性资金借贷组织发展也较快，银监会于 2006 年底出台了《关于调整放宽农村地区银行业金融机构准入政策若干意见》，大大降低了农村地区金融机构的准入门槛，并允许设立村镇银行、贷款公司和资金互助社 3 类新型的农村银行业金融机构。截至 2012 年 6 月，全国已有 615 家新型农村金融机构开业，银监会着力完善探索新型农村金融机构市场准入政策和批量化组建模式，大力推动村镇银行培育工作。由此可见，随着农村金融体制改革的不断深入，中国农村金融市场正在形成一个多元化的金融机构组织体系。面对未来市场的严峻考验，农村合作金融机构应该未雨绸缪，致力于市场竞争力的有效增强，而信贷风险控制是决定银行信贷业务竞争力的关键因素，因此，农村合作金融机构的信贷风险控制问题，已经成为了关系到农村合作金融机构未来发展成败的重要课题。

（二）理论背景

由于农村合作金融机构信贷业务经营的地域范围主要是广大农村地区，与商业银行经营的地域范围在经济、交通、竞争、文化和法制环境等方面差别很大。农村合作金融机构需要依照农村金融风险的内在规律来实施管理资源的有效配置，完善自身的信贷风险控制。农村金融是一个具有复杂风险体系的领域，这就决定了农村合作金融机构信贷风险控制具有有别于商业银行的特殊性，而且，这种特殊性和复杂性也由于我国转轨时期的基本特征而进一步加强，有必要对农村合作金融机构信贷风险控制进行独立的研究和分析。

1. 农村合作金融机构信贷风险控制目标的特殊性。商业银行作为自由市场的经济主体之一，其信贷风险控制的目标是在保证委托—代理机制有效运行、维护存款人和股东利益及宏观经济和金融体系安全的基础上，追求利润最大化，最终实现股东利益的最大化。学者们试图构建最先进的数理模型帮助银行筛选资信好、贷款回收率高且收益好的项目，而且很多模型的设计都是基于企业经营的历史数据进行分析运算，通过缩小信息不对称的缺口，来实现信贷资金的有效分配并确保资产质量的。这些信贷风险控制的宗旨和手段，无形中将风险和收益逆向变动的涉农金融供给排除在业务范围之外，直至"嫌贫爱富"的商业银行扮演了农村金融"抽水机"的角色。"支农性"是农村合作金融机构与商业银行信贷风险控制最大的区别。农村合作金融机构当前和今后很长一段时期是农村金融市场最主要的金融机构。按照中国人民银行及中国银行业监督管理委员会规定，农村合作金融机构本着"立足社区，面向三农"的市场定位，贷款对象主要是本辖区内的入股社员、农户、个体工商户、农业经济组织、涉农企业和其他中小企业，对当年新增贷款中用于发放支农贷款的比例实行分类指导：农业县（区）农村合作金融机构原则上不低于60%；城郊结合部农村合作金融机构原则上不低于40%；城（市）区农村合作金融机构原则上不低于15%。可见，"支农性"是农村合作金融机构信贷风险控制研究的前提，涉农信贷的高风险和高成本更凸显了农村合作金融机构信贷风险控制任务的特殊性和重要性。

2. 农村合作金融机构信贷风险控制客体的特殊性。信贷风险控制体系的一个显著特点就是针对性，它是在分析作为风险来源的客体的基础上，构建起用于解决相应问题的方案体系。国内外商业银行在长期发展中，逐渐形成了比较成熟的信用评分模型、信贷定价模型，从早期的定性评级5C法、线性概率模型，发展到现在信用矩阵法（credit metrics）、违约预测模型（KMV）等更为复杂、精确的数理模型。然而，这些信贷风险控制技术都是针对效益好、管理规范的工商企业（尤其是大中型企业）贷款和以房地产抵押为主的消费贷款，基于违约相关性（包括违约概率、违约依赖性等）计算和房地产抵押而设计的。农村合作金融机构作为服务"三农"的社区性地方金融机构，机构性质决定了其服务的主体是农户和农村工商户。农户和农村工商户的信贷风险存在特殊性：首先，农业是典型的风险型产业，农业风险决定农户风险。自然灾害影响农业产出稳定性，农作物生产周期长影响资金周转速度，农业生产的季节性和阶段性，外加农户居住分散、单笔存贷规模小，存取频繁、缺乏传统意义的抵押品等，决定了农村信贷服务的信贷单位成本高。其次，农村工商户家族经营特征显著，没有健全的财务管理制度，缺乏历史财务数据；资信记录少，无法以有说服力的证据说明自己的风险状况，决定了农村信贷服务风险大。总之，信贷业务成本高、可控制性弱的特点，决定了农村合作金融机构信贷管理的特殊性。

3. 农村合作金融机构信贷风险控制主体治理结构的特殊性。公司治理机制决定和影响着银行的经营决策、技术管理、人事任免等方面的行为，进而影响和决定着银行风险控制的成效。商业银行的治理结构多为全国统一的一个法人单位，统一管理、统一调配资金，基层单位权限较小，规定复杂的决策程序。严格的程序限制了灵活的特色发挥，却构筑了信贷风险防范的一道制度屏障。农村合作金融机构一般都以县为单位作为独立法人，农村合作金融机构的信贷管理权、资产经营权、人事任免权均归自己，决策程序较少。放大的决策空间，虽然便于因地制宜、灵活决策，更好地为地方经济服务，却无形中增加了信贷风险防范的难度。产权结构作为银行法人治理结构的基础，从根本上影响着公司治理机制的发挥。农村合作金融机构的产权结构长期存在着所有者缺位和内部人控制问题，2003年启动的以产权明晰为目标的农村合作金融机构改革，似乎也无法很好地解决这一历史顽疾。从逻辑上讲，农村合作金融机构分散的农户没有参加管理，产权不是农民的；集体决策机制尚未形成，产权不是集体的；理事长和主任只负责决策却不承担决策成本，产权也不是他们的，最终所有权主体是缺位的（许圣道，2006）。与此同时，农村合作金融机构自主权的增长，使农村合作金融机构有成为一个既相对独立于国有银行，又相对独立于农民的利益集团的趋势，且有形成经理人控制的迹象，农村金融发展的直接利益大部分为农村合作金融机构系统自身所占有。所有者缺位和内部人控制问题，增加博弈复杂程度，深刻影响着农村合作金融机构信贷风险控制活动。

4. 农村合作金融机构信贷风险控制制度环境的特殊性。首先，我国农村合作金融机构的改革与政府主导。虽然信用合作社最初产生于一种诱致性制度变迁，却难以抗衡政府的干预和扶持。由人民公社、生产大队所有到成为农业银行的附属机构；1996年后和农业银行脱钩，归属人民银行管理；2003 年深化农村合作金融机构改革后，农村合作金融机构交由省级政府进行行业管理，由银监会进行监管，始终脱离不了外力主导、行政推动的改革惯性。其次，财政注资与农村合作金融机构的不良资产。农村合作金融机构的历史变迁证明，中央政府对于农村合作金融机构的不良资产都会出手援助，也都始终存在着地方政府的道德风险。正是看出中央政府不可能完全放弃农村合作金融机构，地方政府便借其"寻租"，然后将问题与包袱甩给中央。事实上，农村合作金融机构与地方政府有着千丝万缕的联系，在农村合作金融机构现有的不良资产中，大部分都与地方政府的非规范行为有关（张杰，2007）。最后，省联社管理体系的制度选择。农民受到文化素质及组织化水平的制约，现阶段尚不具备参与农村合作金融机构民主管理的素质，因此，将由省级政府管理农村合作金融机构可能是一种制度成本较小的选择。省联社管理体制下，中央银行可以在农村合作金融机构出问题的时候提供临时性支持，但省级政府必须承诺从中央财政给地方财政转移支付中还款，也就是将农村合作金融机构的自担风险，转变成省级政府的债务风险，而省级政府无非是将地方发展建设的资金扣划给中央，使地方老百姓成为风险的最终承担者，而农村合作金融机构则将政策性亏损作为农村合作金融机构亏损的永远借口。

总之，农村合作金融机构深深植根于农村这片贫瘠而脆弱的金融土壤，在长期的历史发展过程中，形成了与政治体制、经济发展、文化法治环境以及乡规民约之间千丝万缕的联系。农村合作金融机构的信贷风险控制，不能简单照搬商业银行的做法，而应在借鉴其一系列较为成熟和先进的信贷风险控制理论和方法的基础上，有针对性地设计旨在有效化解农村金融风险的体制机制，在农村金融市场中绽放绚烂的信贷风险控制理论"奇葩"。

二、研究对象和研究意义

（一）研究对象

信贷风险是贷款业务的伴随品，当信贷业务作为银行核心业务成为其主要收入来源的同时，信贷风险也成为其面临的首要风险。风险控制是金融机构的一项基本职能，作为银行的核心竞争力，信贷风险控制决定着其持续经营的广度和深度。银行类金融机构生存和发展的前提和首要环节就是建立信贷风险控制体系。农村合作金融机构承担着农村金融"主力军"的重任，其信贷风险控制的优劣，不仅关系到机构本身的可持续运营，决定着信贷业务的持续增长潜力和盈利能力，更关系到农村金融供给能力和意愿，影响农村金融的支农力度。考虑到农村合作金融机构信贷服务的支农特性以及信贷风险在农村金融环境中的特殊性，结合陕西农村合作金融机构信贷风险控制存在的问题和挑战，本书从农户信贷违约、农村合作金融机构内部控制、外部因素三个层面有针对性地探讨陕西农村合作金融机构信贷风险的影响因素及其影响程度，提出控制信贷风险的有效途径。具体将试图解决以下几个问题：

1. 影响陕西农村合作金融机构信贷风险控制主要客体——农户信贷违约风险的因素有哪些，以及这些因素对农户信贷违约率的影响程度。

2. 陕西农村合作金融机构信贷风险的内控体系由哪些关键要素组成，如何确定这些组成要素在内控体系中的影响程度及其权重，如何评价内控体系各组成要素及整体的完善程度。

3. 影响陕西农村合作金融机构信贷风险控制的外部环境有哪些，如何测度外部环境对陕西农村合作金融机构信贷风险控制的影响程度。

4. 基于以上研究结论，如何提高陕西农村合作金融机构信贷风险的控制能力。

（二）研究意义

农村合作金融机构在我国农村金融领域的独特地位，决定了其防范和化解信贷风险，实现自身稳健发展的重要性，而农村合作金融机构长期积累的历史问题和信贷风险控制现状又决定了其任务的艰巨性。农村合作金融机构的信贷风险控制体系建设面临着两方面的压力，不仅是实现农村合作金融机构可持续发展，维持农村金融市场健康稳定发展的内在要求，也是缓解金融约束，破解"三农"问题以提升支农力度的现实要求。在农村信用社新一轮改革推动下，对农村合作金融机构信贷风险问题的研究具有重要的理论和实践意义。

1. 理论意义。从 20 世纪 90 年代逐渐引入信贷风险管理方面的理论探讨和技术开发以来，随着我国市场经济发展和金融体制改革的不断深入，具有指导意义的金融机构信贷风险管理理论在理论界和业界日渐丰富起来，并逐步走向规范和前沿。鉴于农村合作金融机构在农村金融体系中的重要地位，农村合作金融机构的相关研究一直是国内农村金融理论界长期关注的一个热点问题，理论研究和争议始终与农村合作金融机构的改革发展相伴随。但其中涉及信贷风险控制的相当一部分研究是对商业银行信贷风险控制理论研究的借鉴和延伸，存在适应性及实用性方面的诸多不足。

本书对陕西农村合作金融机构信贷风险控制的研究，在借鉴已有理论研究成果的基础上，选择宏观风险研究视角，结合第一手实证数据资料，构建农村合作金融机构信贷风险影响因素与控制的分析理论框架，力求科学、真实、客观地反映当前陕西农村合作金融机构信贷风险控制现状及其影响因素，并在此基础上寻求陕西农村合作金融机构信贷风险控制的提升路径。本研究对丰富我国金融业信贷风险控制宝库和金融风险的全面管理理论具有重要的理论意义。

2. 实践意义。

（1）随着经济改革进程的加快和中央关于推进农村经济快速发展政策的相继出台，农村经济发展对农村金融形成强烈的需求，但是目前中国农村金融发展面临的供给约束，使农村金融需求得不到有效满足。金融是经济的血液，金融作为一个变量被纳入到经济增长方式之后，通过多种路径对经济的发展和增长产生重要影响（刘仁伍，2006）。因此，农村合作金融机构的信贷风险控制是提高农村金融制度供给有效性、增强对农村发展和农民增收金融扶持的重大课题。作为农村中最广泛和最基础的经济主体，农户是农村金融市场最主要的需求主体，农户信贷资金的使用效率会对农村合作金融机构信贷风险控制产生重要影响，农户的信贷违约构成了农村合作金融机构信贷风险的主要来源。因此，对农户信贷违约风险影响因素的分析，构成陕西农村合作金融机构信贷风险控制研究的重要内容。通过农户信贷违约影响因素的分析，一方面有助于提高陕西农村合作金融机构对农户信用的甄别能力，有针对性地调整信贷投放结构和信贷资源配置，增加信贷资金的回收率，为陕西农村合作金融机构制定客户信贷风险防控战略提供参考依据；另一方面，能够为通过改善违约因素以提高农户偿债能力提供理论依据，增强农户信贷资金使用效率，缓解农村金融市场的供给型金融抑制，有利于推进农民增收和农村金融与农村经济良性互动机制建立。

（2）作为金融机构的一项基本职能和核心竞争力，信贷风险的控制能力是其规范经营、提升业绩和创造价值的前提，并决定其持续经营的深度和广度。长期以来，由于体制和政策等多方面原因，农村合作金融机构具有浓厚的行政性和制度性特征，存在"所有者缺位"和"内部人控制"等激励约束机制弱化现象，加之行政干预、缺乏外部竞争以及监管有效性不足等外部因素，直接导致了粗放的经营模式下对健全信贷风险控制体系的长期忽视，表现出落后的风险控制理念和薄弱风险控制体系，一度成为信贷风险最为严重的银行业金融机构。当前，由于我国农村金融市场不发达，对农村经济发展的贡献弹性偏低，金融体系通过促进创新而刺激经济增长的路径在我国农村经济发展中受到阻滞，农村合作金融机构因此正在进行不同于其他国内商业银行的新一轮机构改革，其变革将深刻地影响农村合作金融机构的经营模式和发展目标。同时，在农村经济社会发展和农业产业结构转型过程中，随着农村合作金融机构的运营环境的变化和产品、服务的更新，其信贷风险的表现形式正在变得越来越多样化，信贷风险控制的形式和实质也因此正在发生深刻的变化。因此，通过对陕西农村合作金融机构信贷风险控制内控体系的评价研究，能够为陕西农村合作金融机构有效和准确分配有限的管理资源，实现信贷资产质量的科学管理和自身的健康发展提供科学的参考依据。

（3）金融服务是金融机构、金融基础设施、政策法规以及社会文化规范等相互交织所构成的复杂体系的一部分。农村合作金融机构信贷风险的外部环境，或直接作用于机构，影响信贷资金的配置；或间接作用于借款方，影响借款人的偿债意愿和能力，进而对机构风险控制产生诱导和激励作用。良好的外部环境能够为组织提供既合理又充分的支持，保持和优化这种环境是促进农村合作金融机构健康成长的基础条件和有效支撑。因此，陕西农村合作金融机构信贷风险控制外部环境的实证研究，能够为金融生态环境的优化提供客观的政策参考，这对于推动信贷风险控制的自主深化和提升，为陕西农村合作金融机构信贷风险控制提供可持续性和普惠性的发展动力具有重要的现实意义。

三、国内外研究动态综述

（一）国外研究动态

1. 理论回顾。信贷风险控制理论是建立在金融风险管理理论基础之上的。关于金融风险管理理论，西方金融机构在三百多年的实践中一直在不断地探索，形成了一系列风险管理理论。

（1）资产管理理论。因为最初商业银行的经营风险主要来自资产业务，因此其风险控制主要奉行资产风险管理理论，银行风险控制致力于在资产上处理安全性、流动性和营利性的协调问题。资产风险管理理论相继经历了商业性贷款理论、资产转换理论和预期收入理论等阶段。其中，商业性贷款理论又称真实票据理论，是由亚当·斯密在其 1776 年发表的《国民财富的性质和原因的研究》中提出的，商业性贷款理论认为，银行放贷资金来源为存款，为应对存款人提存，其资金应保持高度的流动性，因此，所发放的贷款应该是商业化的短期贷款，强调贷款必须以真实的商业行为为基础，以商业票据为保证，银行可以在借款人违约时对所抵押的商品进行变卖、处置以收回贷款本金和利息。资产转换理论侧重于防范金融机构的流动性风险，认为银行所持有的资产是可以出售或转让从而转换成现金的，那么，足够的变现能力就能保证金融机构的流动性，就能保证银行的安全性。主要强调金融机构应保持资产与负债的流动性相匹配。预期收入理论认为所有的贷款都不具有自偿性，资产安全性得以保持的关键不在于资产和负债结构，而在于由借款人预期收入作为保证的偿债能力。只要借款人有足够的预期收入，超过该项资产的投资，即使是长期贷款也不会影响安全性。反之，若没有收入作为保证，即使是短期贷款也存在违约风险。预期收入理论弥补了真实票据理论和资产转换理论的缺陷，深化了对资产流动性经济本质的认识，为金融机构建立贷款人的筛选和监督机制奠定了理论基础，促进了风险控制理论的发展，使其由短期流动性风险控制转向长期安全性管理，由资产期限管理转向资产质量管理。

（2）负债风险管理理论。负债风险管理理论把保证金融机构流动性的重点由资产方转移到负债方，强调以积极主动的负债风险控制作为处理资产流动性和营利性均衡问题的主要工具。负债风险控制相继经历了银行券理论、存款理论和购买理论等阶段，其中，购买理论的兴起促进了金融机构的经营思想发生重大转变，负债风险管理获得了进一步发展。20 世纪六七十年代，在西方经济滞胀的背景下，通货膨胀因素影响导致了实际低利率和负利率，购买理论主张金融机构可以采取主动负债策略，积极地购买负债，通过刺激信贷规模的扩大来弥补银行利润在低利差条件下的损失。当时，盛行的购买理论促使金融机构片面扩大负债，导致通货膨胀和债务危机的进一步加剧，使金融机构陷入更严重的危机中。这或许是资产风险管理理论正统和主导地位没有被负债风险管理理论所动摇的根源。

（3）资产结构优化理论。资产风险管理理论的不足在于，其过于偏重流动性安全，通常会忽视流动性与营利性的平衡，不利于鼓励进取精神。负债风险管理理论对外部条件有更多的依赖，往往会加大金融机构的经营风险。资产结构优化理论克服了以上两种理论的缺陷，综合它们的优点，认为不同的组合配置各种融资来源的资金，能够产生不同的资本结构，由此导致不同的成本、收益和风险。资产结构优化理论是由美国经济学家贝克在 1977 年提出，它强调金融机构应根据外部环境的变化，共同对资产和负债结构进行动态调整，按照经营目标互相替代、偿还期对称和资产分散等构建多样化资产结构，通过最佳的资本结构以实现资金运用的流动性、安全性和营利性。具体在经营风险控制方面，主张对自有资本的比例进行明确规定，注重区别考察资本收益率和资产收益率，动态制定各类资产的风险标准和风险控制方法。

（4）金融工程学。"金融工程"一词于 20 世纪 50 年代就在相关文献中出现，但直到 90 年代才成为一门独立的学科。1988 年，美国金融学教授约翰·芬尼迪（John Finnerty）在其论文《公司理财中的金融工程综观》中对金融工程的概念进行了最早的界定，认为"金融工程包括新型金融工具与金融手段的设计、开发与实施，以及对金融问题给予创造性地解决"（周立，2001）。1993 年美国罗彻斯特大学西蒙管理学院教授克里弗德·史密斯（Clifford W. Smith）和大通曼哈顿银行经理查尔斯·史密森（Charles W. Smithson）合著的《金融工程手册》（*The Handbook of Financial Engineering*）提出了颇具代表性的概念：金融工程创造的是导致非标准（nonstandard）现金流的金融合约，它主要指用基础的资本市场工具组合而成新工具的过程。从实用的角度出发，金融工程主要进行衍生金融工具和风险规避技术的研究、开发、设计与应用，其主要内容包括：金融交易、投资与现金管理、公司理财和风险控制，其中，风险控制被认为是金融工程的核心内容，甚至有许多人将"金融工程"和"风险控制"认为是同义语。

在信息产业与金融产业结盟的时代背景下，金融工程学是高科技和金融理论发展相结合的产物，它综合采用数值计算、数学建模、仿真模拟、网络图解等各种工程技术方法，设计、开发和运用新型的金融产品，将工程思维引入金融领域，创造性地解决各种金融风险问题。金融工程学作为一门新兴实用学科，为金融机构风险控制提供了新的技术、方法和思维。

（5）全面风险管理理论。20 世纪 90 年代在世界金融业动荡和危机基础上，人们意识到金融风险是以复合的形式存在的，由此出现的一种金融风险控制的新趋势。全面风险管理（Enterprise Wide Risk Management, EMR）遵循新巴塞尔协议的基本原则，立足于金融机构的整体进行风险控制，对整个机构内各个层次的业务单位，各个种类的风险通盘管理，并将风险管理贯彻于信贷业务全过程的每个环节。全面风险管理提出全员参与的风险管理理念，并对风险控制的专业化提出更高要求，要求设立独立的风险管理部，对业务操作实行集约化、标准化管理，建立良好的风险识别、风险度量和量化分析系统，不仅要能够及时地收集各种风险信息和信号，还要能够进行各种敏感性、趋势等风险分析，最终汇总提供风险决策所需信息。全面风险管理要求金融机构构筑大风险管理架构，包括信用风险、市场风险、流动性风险和操作风险等更全面的风险因素，建立垂直管理与横向管理相结合的矩阵式管理体系，坚持组织和流程的扁平化原则，平衡风险与效率的关系。全面风险管理方法是现代金融机构多元化发展的必然要求，能够适应其控制风险与追求效益的双重要求。

2. 国外合作金融机构信贷风险研究动态。农村金融服务在农业商品化、新生产要素引入、高收益项目采用、农户储蓄存款增加、农村创业与非农产业发展等方面具有重要作用（Von Braun, 1995；Gonzalez - Vega, 1984；Zellet, et al. , 1997），农村金融市场存在的一系列问题都直接或间接与农村金融风险有关（Stiglitz & Weiss, 1981；Ray, 1998；Meyer, 2001；OECD, 1999）。农村金融需求主体的一些特点，决定了农村信贷服务的风险较大（Lando, 1998；Yaron, et al. , 1997）。同时，农业生产自然依赖性导致农村信贷的地区风险较大（Meyer, 2001）。针对农村金融服务的各种风险，金融机构往往采取相应的措施控制。比如，严格的信用评估措施、基于风险的贷款策略、分散风险策略等，就是美国农村信用社控制农村信贷风险的有效手段（Bouchaud & Potters, 2000；Borio, et al. , 2002；Duffie &

Singleton，1999）。信用评分法在发展中国家农村信贷的信用风险评价中的应用和推广，对控制信贷风险将具有重要意义（Schreiner，2003；Malhotra，2002；Wesgaard，2001）。信用评分模型有助于减少农业信贷决策的随意性（vadabdlb）、增加信用风险测度的有效性、形成更好的贷款定价策略、提高农业信贷的安全性（Barry，et al.，2000；Novak & Lydue，1999；Altman & Narayanan，1997）。此外可以利用农村社区的特性，同伴监督（Peer Momotoring）、关系贷款（Relationshio Loan）可以减轻信息不对称问题，互联合同、社会制裁（Social Sanction）、小组借贷（Group Lending）等是金融机构控制违约风险的一些手段（Amendatiz de Agihion，1999；Besley & Coate，1995；Lyon，2000）。政府的信用担保计划、信用体系建设（Meyer，2001；Ray，1998）和存款保险政策可以增强金融机构存款融资能力和稳定性（Levetsky，1997）等。

农户是农村金融市场的一个重要需求主体。但是，由于农户的一些特点比如居住分散、单笔贷款规模相对较小、生产项目的自然风险与市场风险较大、经营收入低且具有明显的波动性、缺乏必要的抵押品等，决定了农村信贷服务的风险较大（Meyer & Nagarajan，2001）。贷款回收是影响农村合作金融机构可持续性以及向农户发放贷款积极性的重要因素，而对借款者进行信用评价是贷款发放决策的重要环节，也是降低贷款违约风险、提高信贷质量、增加贷款回收率的重要手段。Navajas 和 Gonzalez - Vega（2000）指出对借款人信用的精心评估、筛选、信号收集在成功信贷技术中具有重要作用。实际上，很多发达国家已经在农业信贷问题方面广泛使用了信用评分模型（Splett，et al.，1994；Novak，2003；Onyeaghala，2003）。Barry 等（2000）指出，农业信用评价结果有很多方面的用途。例如：区分信贷风险的"好"与"差"；对贷款审批决策加以支持，确定可接受或拒绝的申请；辅助贷款定价决策；帮助识别那些需要特别控制、监督和管理的贷款；帮助测评贷款金融机构贷款组合的质量等。Novak 和 Ladue（1999）也指出：信用评分模型有助于减少农业信贷决策的随意性、增加信用风险测度的有效性、形成更好的贷款定价策略、提高农业信贷的安全性和稳固性。信贷风险内控体系的相关研究方面主要包括 COSO（1992）提出的 COSO 内部控制框架，作为建立旨在提高效率、降低风险、帮助保证财务状况报表可信性、遵从法律法规的内部控制的蓝本。Basel 委员会在新资本协议（Basel Accord）中提出全面风险管理理论及建立内部风险评估机制。Larelle Chapple 等（2005）也认为公司治理内部控制系统的有效制定和实施，对于防止和发现欺诈行为十分重要。此外，在金融机构外部环境的相关研究中，Hoggarth（2005）对英国宏观经济变化和银行信贷的关系进行研究，结果发现英国银行的不良贷款跟经济周期显著相关。Das 和 Ghosh（2007）的研究则认为 GDP 增长率、银行规模和贷款增长率对银行的不良贷款率有重要影响。

（二）国内研究动态

1. 关于农村合作金融机构贷款农户违约风险的研究。杨栋和张建龙（2009）调查发现农村合作金融机构占有农户贷款的绝大部分市场份额，并运用 Credit Metrics 模型对农户信贷风险进行定量判断，对比了农户和农村企业贷款的 RORAC 值、净现值概率密度分布和 VaR 值，结论显示相比农村企业贷款，农户信贷风险具有更高的违约风险。阮红新和杨海军（2003）也认为农户贷款具有较高的违约风险。张龙耀和江春（2011）通过调查发现商业化运营的农村金融机构倾向于与农村地区少数生产规模较大、具有稳定收入和身份特征的农户建立稳定的、以重复放贷为基础的信贷供给机制。贺莎莎（2008）的实证研究发现非正规金融机构是农户借贷资金的主要来源，而正规金融机构贷款则倾向于资金需求规模大的非农经营性农户。上述原因导致的农村金融供给不足，造成了农户生产经营的资本投入不足，制约了我国农村、农业和农民的发展（成思危，等，2005）。尹成远等（2010）认为农村合作金融机构源于畏惧信贷风险的惜贷行为，或是采取消极态度应付信贷需求，或是提供附加许多额外条件的贷款，挫伤了农户信贷申请的积极性，严峻考验着农村合作金融机构与农民之间的合作与信任关系。学者们实证研究了农业投资不足导致的农业效率损失：马晓青等（2010）认为由于金融市场不完全形成的信贷抑制，会因农户农业投资不足而造成极大的效率损失，信贷的增加可以显著改善农户的投资效率。李锐和朱喜（2007）运用微观数据验证了信贷抑制对于农户的收入和消费都有显著的负面影响。

贷款回收率决定金融机构的可持续发展，是影响其放贷积极性的关键因素，因此对农户的违约影响因素进行研究，降低农户违约风险，是改善金融机构决策效率，缓解农户金融排斥困境的有效途径（王修华，2012）。

一些学者实证分析了农户信贷违约的影响因素。马九杰（2004）在分析农户信贷违约影响因素的基础上，认为农户年龄、受教育程度、家庭资产和财富状况、家庭收入、贷款利率和贷款期限等因素对农户违约的可能性有显著影响，农村金融机构可以通过建立农户经济档案，提高服务水平和调整贷款周期以提高贷款回收率。马文勤（2009）对农户小额信贷信用风险进行研究，证明 Logit 模型能较好地识别农户信用风险，金融机构可以借助该模型评估农户信用，以提高贷款质量；农户的农业收入、非农业收入、房屋价值、贷款用途、贷款数额与农户信用风险有显著相关关系，而农户的年龄、耕地面积、年总支出对农户的信用风险影响不大。

此外，随着农村社会经济发展和农业产业化、现代化的推进，农村金融供给与需求已呈现出新的特点。农户是农村金融市场的需求主体，农户家庭普遍存在流动性问题，有很强的融资需求（韩俊，2007）。周宗安（2012）分析了新形势下农户借贷行为的变化趋势以及农村金融的供求关系现状，认为当前农户信贷需求的有效性增强，生存性借贷状况得到有效改善。支农贷款的期限设计与传统种植和普通养殖业匹配，与现代种养殖业投资回报周期增长产生矛盾。农村合作金融机构应该根据农户的个人、家庭和生产特征，以灵活多样的产品设计激发农户的金融需求。同时，信贷风险控制应结合不同特征考察农户的还款能力（赵允迪和王俊芹，2012）。

2. 关于农村合作金融机构信贷风险内控体系的研究。农村合作金融机构信贷风险控制相关研究分为两种倾向，部分学者关注外部环境对农村合作金融机构信贷风险控制的影响作用，但有学者认为单纯强调历史与政策性因素，容易导致农信社因监管当局与自身的信息不对称而引发道德风险问题（谢平，2001；张杰，2003）。农村合作金融机构自身的行为异化和内控制度的缺陷才是导致大量不良贷款产生的根源（陈福成，2005；刘社建，2012；张庆亮，2003），产权问题及其决定的公司治理和内部控制问题是风险管理问题的关键和核心（李塞辉，2010）。曹廷求（2011）认为外部环境、内部治理是银行业风险的重要因素，应重点完善银行内部治理机制，并理清市场约束、政府监管等外部治理与内部治理之间的关系。

部分学者对农村合作金融机构的信贷风险控制现状进行了实证研究。汪冬梅等（2012）调查显示绝大多数农村合作金融机构的高层管理人员都很重视对风险的管理和防范，并设置专门的领导小组进行风险监管，显示出农村合作金融机构的风险控制意识正在逐步提高。刘艳华（2011）对县域农村信用社的信贷风险防范效率进行 DEA 分析，结论显示农村合作金融机构信贷风险逐年降低，但控制效率偏低。综合业绩"好"的农村信用社，其信贷风险防范效率高。周泽炯（2010）以安徽省信用社体系的微观考察认为农村信用社的信贷风险偏高。在李敬和陈澍（2012）的研究中，311 个样本乡镇农村信用社的运行绩效整体处于中偏差的状态，而根源于不合理的治理结构导致的制度不健全与管理混乱是部分农村信用社运行绩效偏低的重要原因。陈福成（2005）认为法人治理结构的非对称性使得农村信用社风险控制明显弱化，没有建立有效的管理政策以及识别、计量、监测和控制程序，或者即使有相应程序也难以严格执行。人民银行亳州市中心支行课题组（2008）研究发现为票据兑付而新建的治理结构只是流于形式，在抑制信贷风险方面的作用极其有限或新制度的绩效发挥存在较长的时滞和明显的阶段性，在短期内仍未显现。刘社建（2012）认为 2003 年改革以来农村信用社普遍建立了"三会一层"制度，但实际情况中并未发挥有效作用，尤其缺乏理事长的监督约束机制，由于内控体系不健全和有效制衡机制的缺乏，存在较多风险问题。汪冬梅和王茂春（2011）运用调查数据对农村信用社实施管理会计与控制技术的行为与意愿进行了分析。研究发现虽然农村信用社已开始实施管理会计与控制技术，但是应用的效果不明显，具体管理会计方法的应用和内容的推广不平衡，先进的理念和方法未得到充分利用。

在农村合作金融机构信贷风险内控体系存在问题的研究方面，汤斐（2011）认为当前农村信用社绩效管理并未与信贷风险控制相结合，导致绩效度量中无法反映真实的风险水平，影响风险激励和信用社的可持续发展。刘社建（2012）认为科技和人力资本水平严重制约资产质量的提高。汪冬梅等（2012）研究了资本充足率与信贷风险的关系，认为二者缺乏长期均衡关系和相互因果关系。金雪军和毛捷（2008）认为违约风险与贷款定价相关数据的严重缺乏，阻碍了对我国银行业贷款定价行为的实证研究。周莉莉（2010）分析了贵州信用社信贷风险控制的成效及存在的问题，认为当前农村信用社风险控制存在的问题是由组织结构的不合理、风险控制体系的不健全、内控环境不佳和人力资源控制等因素导致。顾银宽（2009）分析农业信贷风险成因：信用环境差、金融服务风险分散机制不健全、风险经济补偿机制不健全、农业政策性信贷风险、产业结构缺陷性调整所带来的风险和农产品"绿色壁垒"风险。

学者们也对如何完善农村合作金融机构信贷风险控制进行了相应的研究。主要结论包括：周莉莉（2010）认为完善的治理结构是信用社稳健运营、发展的核心，是有效防范和控制操作风险的前提。陈福成（2005）认为要完善法人治理结构，首先应该将全部股份逐步过渡为投资股，形成法人财产权的完整性和可支配性，强化股权约束，并探索对经营管理层的激励约束机制，建立与长期发展目标相联系的薪酬奖励分配制度，防止经营管理的短期行为和道德风险。尹成远等（2010）和李喜梅（2010）在分析农村金融小额信贷经营过程面临的信贷风险基础上，提出可以借鉴农村金融发展的国际经验，大力推进农村小额信贷加小额保险的发展模式。汤斐（2011）在分析适用性的前提下，主张运用 RAROC（Risk – Adjusted Return on Capital）模型进行农村信用社的风险控制，构建以 RAROC 值为核心的绩效考核指标体系，并结合多元化薪酬模式，使业务人员在考虑综合 RAROC 数值基础上配比风险和收益的关系，体现员工的相对贡献程度的真实价值，激发员工有效控制信贷风险的积极性。刘祚祥、黄权国（2012）和李琴英（2007）认为农业保险可以改变农户投资收益的概率分布，降低贷款农户的违约概率，从而在一定程度上降低农村信贷的风险，最关键的是农业保险在降低信贷机构风险的同时增加了信贷机构的收益。辛德树等（2005）认为在农户与金融机构之间引入"中介—担保人"有助于制约农户的道德风险，减少不确定性，增强契约的自履约机制。田秀娟等（2010）认为构建农村社区互助担保机构可以降低贷款的信息搜寻和签约成本，降低金融机构信贷风险，降低农户融资成本，提高信贷效率。刘社建（2012）认为构建统一法人的农村商业银行是农村信用社改革和发展的方向，要建立符合现代股份制商业银行要求的内控机制。刘艳华和骆永民（2011）认为金融机构的治理结构是环环相扣的，只有不同的部分共同作用才能为金融机构管理层提供一个正向的激励机制和约束机制。

3. 关于农村合作金融机构信贷风险外部环境的研究。2004 年 12 月，周小川在"经济学 50 人论坛"上首次提出了"金融生态环境"。周世友（2009）从生态学的角度出发，认为完善农村金融生态环境对控制金融机构信贷风险和提高金融效率具有更为根本的意义。并认为农村金融生态环境的荒芜化是农村信用社信贷风险控制四重特性之一，应该从转变风险管理观念、再造业务流程、严格信贷资产监测与考核、探索担保体系建设等方面化解农村信用社的金融生态风险。近年来，在学者们关于农村金融机构信贷风险影响因素的相关研究中，部分文献实证研究了影响金融机构信贷风险的经济和市场因素：杨栋和张建龙（2009）的研究中发现，农户虽然贷款规模较小，单笔信贷资金的风险损失不一定会造成重大影响，但是由于农户应对市场的能力较弱，再加上禽病、自然灾害等因素，更容易诱发系统性风险，因而对农村合作金融机构信贷风险控制的威胁要大于农村企业。邱兆祥（2011）实证分析了GDP增长率、通货膨胀率和广义货币供应量增长率这些宏观经济因素对中国银行业信贷风险的影响程度。结果表明，当宏观经济下滑、通货紧缩、货币政策趋紧时，银行不良贷款率显著上升，信贷风险显著增加。贾海涛（2009）运用模型研究宏观经济因素与信贷违约率之间的关系，认为GDP增长率、财政支出、居民消费价格指数、人力资本和失业率均对违约率有显著影响。

有些学者关注地方政府行政干预对农村合作金融机构信贷风险的影响：王曙光和郭欣（2006）通过运用尧都信用联社微观数据的实证研究，验证了地方政府及其基层组织对农村信用社经营的行政干预是农村信用社信贷风险主要成因的"政府干预说"。黄范章（2001）也认为农村信用社不良贷款来源于政府的不当干预。王连军（2011）实证研究了政府干预对银行信贷风险的影响，结论显示政府干预没有造成不良贷款上升，但对信贷规模扩张存在明显影响，长期将造成银行资源的过度利用和潜在风险上升。张璟（2008）实证分析了地方政府干预与地区金融发展之间的关系，认为地方政府财政压力与其对于金融发展的干预意愿和程度是相匹配的。陈福成（2005）认为超经济权力即政府的行政干预影响农村信用社的正常运行，构成对信用社法人治理结构和出资者所有权的侵犯，导致抓业务、轻管理的经营短期化倾向，影响信用社的长期稳健发展。吴少新和王国红（2006）指出政府主导的强制性制度变迁与农村金融需求主体对合作金融的需求相悖，必须替代成内生诱致性市场交易。邓岩（2012）认为农村信用社贷款管理粗放、经营决策指令化和治理结构薄弱等问题与其行政化管理模式密切相关。

在金融市场发育与农村合作金融机构信贷风险控制的相关研究中，学者洪正（2011）认为由于农村金融的"外部性"，国家在构建农村金融体系的改革实践中存在过度防范金融风险的倾向。由于新设金融机构能够给商业银行带来特许权价值，激励商业银行竞相设立新型农村金融机构，由国有金融资本主导农村金融市场尽管可以带来农村金融短暂的、表面的稳定，但这种稳定是以牺牲经济效率为代价的，是一个低效的均衡，金融机构严重的亏损和坏账积累隐藏着长期的、系统性金融风险。石盛林（2011）研究了金融市场发育程度对银行信贷风险的影响，认为银行网点数对银行贷款坏账的影响是"正 U 形"。

此外，一些学者从财政与政策支农、社会环境等方面对农村合作金融机构信贷风险进行了相关研究。尹成远等（2010）认为"授之以鱼不如授之以渔"，目前我国多以直接的财政补贴作为政府支农投入的方式，往往将农村小额信贷变为短期救助工具，没有发挥出财政和信贷资金的放大和杠杆效应，主张通过财政货币政策上的差别利率、保费补贴和财政贴息政策增强"三农"投入的积极性；在监管政策上，要适时适度放宽和放低机构、资金和业务的准入门槛，吸引各类资本流向农村。刘成玉等（2011）主张重视声誉机制在农户信贷风险控制中的作用，改造传统社会资本，培育新型农村社会资本。农村金融机构积极参与新型社会资本营造，共同创造良好的信用记录，巧借农村社会资本以建立现代信任网络。

（三）国内外研究动态评述

国内外学者在信贷风险控制领域的研究及各种风险度量方法和模型的设计，为陕西农村合作金融机构信贷风险控制问题的研究奠定了重要的理论和方法基础。现阶段，随着我国"三农"问题的不断发展和农村合作金融机构改革的推进，农村合作金融机构信贷风险控制问题的理论研究也在不断深入，研究方法由最初的定性分析发展为实证数据的统计分析再到多种计量模型的运用，研究理念从单因素解释发展到系统化的金融工程风险和全面风险管理理念，研究视角也从信贷双方的违约视角到农村金融宏微观的综合管理视角转变，研究目的也从单纯地进行风险控制发展为探索动态风险控制机制以促进农村经济与金融发展的良性互动。

但是综观现有研究，仍存在一些不足。首先，已有研究针对农户信贷违约风险所进行的实证研究主要存在两方面的研究不足：其一，在针对农户信贷违约影响因素的研究中，已有文献主要围绕农户家庭的收入和资产水平与信贷违约的关系进行分析，并未进一步分析农户家庭经济结构与信贷违约之间的关系。在农业现代化发展进程的推动下，随着农村劳动分工和农业产业专业化的发展，农户的金融需求日益表现出多层次和个性化的分化现象，由于家庭经济结构差异产生的农户信贷需求的差异性逐步扩大，由此导致的农户信贷违约风险的结构性差异也日趋明显，很有必要对此做进一步的分析。其二，在已有的实证研究中，针对农户信贷违约风险的研究结论均立足于农村信用社的风险决策立场，主张运用 Logit 评价方法进行农户信用甄别，以提高金融机构信贷质量，尚未对通过控制违约因素提高农户偿债能力进行分析。作为地方性金融机构，农村合作金融机构的生存和发展在很大程度上依赖于本地农户的信贷活动，因此，其信贷风险的控制仅仅通过农户信用等级的鉴别来优化贷款投放是远远不够的，还应立足于农村合作金融机构的可持续发展，将如何提高农户的偿债能力、信用环境的培育以及农户信贷资金使用效率的激发等方面纳入信贷风险控制的研究范畴。其次，在关于金融机构信贷风险内控体系的研究中，实证研究相对薄弱，对农村合作金融机构信贷风险内控体系现状的分析往往只是研究者的经验之谈，缺乏对内控体系整体完善程度及各个组成部分影响程度的定量分析。最后，关于银行信贷风险外部环境的研究虽已取得诸多成果，但仍存在以下不足：一方面，相关研究大多以商业银行为研究对象，而农村合作金融机构根植于农村，城乡二元结构下城市与农村在经济、政策、市场竞争等方面存在巨大差异，有必要单独针对农村合作金融机构做进一步研究。另一方面，相关研究大多仅对金融机构风险进行单因素分析，尚未从经济发展、财政支农、政府干预、金融市场发育和内部治理等方面进行综合实证研究。

陕西是西部的农业大省，当前正处于由传统农业向现代农业过渡时期，既有以初级生产为主的、分散的和传统的生产经营主体，也出现了综合型的、现代的和集约的生产经营方式，"三农"发展呈现出多层次性、多元化和多样性的特点。同时，农村经济发展的区域性特征明显。关中地区的传统农业优势明显，土地相对肥沃，是粮食主产区。陕南地区土地相对贫瘠，适于发展生态农业和特色农业。陕北地区依托资源优势实现了农村经济的快速发展。由于地理条件的差异形成了截然不同的农村合作金融机构运营环境。可见，陕西典型的农业发展模式和天然的地区差异为农村合作金融机构信贷风险控制问题的研究提供了良好的素材。本书正是以上述研究不足为主攻方向和以陕西省为样本对农村合作金融机构信贷风险影响因素与控制进行系统研究。

第一章 农村合作金融机构信贷风险理论基础

本章在对农村合作金融机构信贷风险相关概念进行理论界定的基础上，分析影响农村合作金融机构信贷风险控制的要素，构建农村合作金融机构信贷风险控制的理论模型，以建立研究的起点。

第一节 信贷风险相关概念界定

一、风险的定义

1901 年，美国学者 A. H. 威雷特最早定义了风险，认为风险是关于不愿发生的事件发生的不确定性之客观体现。其后美国经济学家法兰克·奈特（Frank Knihgt，1921）在其经典著作《风险、不确定性与利润》中给出一个经典性定义：风险是一种可测度的不确定性，可通过概率计算获得其大小。此后，理论界对风险的认识逐步深化和层次化。A. H. Mowbray（1995）、莫顿（Robert C. Merion）和博迪（Zvi Bodie）认为风险就是不确定性。J. S. Rosenbloom（1972）和 F. G. Crane（1984）认为风险意味着未来损失的不确定性。有些学者从收益的角度分析风险，认为虽然风险会导致某种不确定性损失，但同时也会带来不确定性收益，风险是获得某种收益的条件，风险越大，损失的概率越大，获得高收益的机会也就越大。有些学者从预期的角度分析风险，认为风险概念与预期很难分开，环境的不确定性只是风险产生的可能性，而在有限理性约束下的行为主体的主观预期，在不确定中做出了错误的选择，才使得风险从一种可能成为了一种现实。还有学者在区别风险和危机概念的基础上，认为风险是为了追求某种收益而必须承担遭受某种损失的不确定性，它有可能发展为不好的结果（丧失机会），也有可能发展为好的结果（把握机会），因而损失有可能发生，有可能不发生，发生的损失有可能大，有可能小，而危险只会导致不利结果的产生。此外，还有学者从决策者对待风险的态度进行风险界定，一般而言，决策者的风险态度有保守型、冒险型和中间型三种，保守型决策者认定的风险在冒险型决策者看来就不是风险问题，不会阻碍其决策行为。本书研究采用《新帕尔格雷夫经济学大辞典》中的定义，认为风险是指不确定性或不完全信息现象。

二、信贷风险的定义

信贷风险的成因是信贷活动中的不确定性。不确定性是市场经济活动中客观存在的事实，它反映着一个特定的经济事件在未来有多种可能的结果。在信贷活动中，不确定性分为两种类型：一种是纵向的不确定性（Forward Uncertainty），它是在时间维度上存在的、未来的不确定性，这既包括经济主体自身在未来的不确定性，也包括交易对手及其经济主体和外部环境在未来的不确定性；另一种是横向的不确定性（Sideways Uncertainty），它是指在空间维度上存在的不确定性，这主要是指对交易对手当前状况及其历史不了解的一种不确定性。纵向不确定性来自经济体系之外，是经济运行过程中随机性、偶然性的变化或不可预测的趋势，如宏观经济金融趋势、国家货币政策、产业结构调整、对外政策、国内外政治环境等因素的影响，它会对包括银行业在内所有经济主体产生影响，我们把这种外在不确定性导致的包括信贷风险在内的金融风险又叫做系统性风险，这种风险是无法通过投资分散化等方式来化解的，只能通过某些措施来转嫁或规避。横向不确定性来源于经济体系之内，是由行为人主观决策及获取信息的不充分等原因造成的，带有十分个性的特征。例如，债务人的经营状况、生产规模、信用品质等变化都会直接影响其偿还能力，导致信贷风险的产生。可以说，在商品货币经济中，只要金融机构作为独立的经济利益主体，通过信贷方式经营金融资产，就必然存在信贷风险。

按照《新帕尔格雷夫货币金融大辞典》，信贷风险（Credit Risk）是指贷款人或债权人所面临的债务人可能不承担其金融义务的风险。它包括三个层面：

其一，是信贷资金的损失。这种情况属于事实风险，是指信贷风险已经发生的情况下所造成的信贷资金损失。

其二，是发生信贷资金损失的可能性。这种情况可能是事实损失，也可能是一种预先判断，即对信贷风险是否发生或者风险发生后损失程度的预期判断。是指由于信贷资金使用过程中受到各种不确定性因素的影响，导致金融机构遭受损失的可能性。

其三，是信贷资金运行结果偏离既定的预期目标。这种情况是指即使未来没有发生信贷资金的实际损失，但信贷机构却没有实现预期目标的经营收益，也称为信贷风险。

信贷风险是金融活动中，有经济利益的主体和客体之间，以信用为前提，风险因素为纽带，在转移或支付货币资金的过程中某方遭受货币资金损失的不确定性。银行类金融机构所面临的最主要的风险之一，就是由信用问题造成的信贷风险（刘迎春，2011），即为借款者履约能力风险或违约可能性风险，是指借款人因履约能力的变化未能及时、足额偿还债务或银行贷款而违约的可能性。当信贷风险发生时，债权人或金融机构将可能因为未能得到预期的收益而承担财务上的损失，资产负债表上显示为五级不良贷款。本书研究所采用的信贷风险概念为借款者履约能力风险或违约可能性风险。

三、信贷风险控制的定义

信贷风险控制是指金融机构在信贷资金运行过程中，通过对各种风险因素的识别、衡量和分析，并根据分析结果采取相应的管理措施，以最低成本避免信贷资金可能发生的违约损失，保障信贷资金安全，进而获得最大收益的管理过程和方法的集合。金融机构的风险控制与经营管理相互融合，一直贯穿于金融业发展史中，是金融活动的内在属性。理论上讲，金融机构风险控制的原则是追求盈利性、安全性和流动性"三性"的协调。但是"三性"本身存在的相互矛盾本质而言就是金融机构风险—收益矛盾，因此金融机构风险控制的目标就成为以最低成本保障资金安全，最大化收益，而这恰恰也是金融机构经营管理所要解决的根本问题，二者具有内在的一致性。随着金融机构的进一步发展，风险管理已成为现代金融机构经营管理的核心。

长期以来，一方面由于我国金融业的风险问题具有浓厚的制度性特征，而制度性风险的管理问题更多地依赖宏观经济政策和制度改革，金融机构进行自身风险控制体系开发与完善的努力效果有限，缺乏激励。另一方面，由于我国金融机构风险控制的传统特征明显，并且尚未真正实现利率市场化，也未形成发达的衍生金融工具市场，因此，国外很多先进的风险控制技术和方法无法进行直接指导和适用，无用武之地。因此，当前，我国金融机构的信贷风险控制水平还处于较低的水平，相关理论研究也是金融系统研究的薄弱环节。然而，随着我国金融改革的深化和金融市场的不断完善，金融机构的风险分析和管理能力将会越来越重要。根据发达国家金融市场的发展经验，信贷风险控制将会成为金融创新的策源地和金融市场快速发展的重要驱动力。

第二节　信贷风险控制的要素分析

一、借款方的信贷违约

本书研究所指信贷风险为借款者履约能力风险或违约可能性风险，信息经济学用信息不对称条件下的"逆向选择"和"道德风险"揭示信贷风险的生成机制。信息不对称（Asymmetric Information）概念是由美国哥伦比亚大学教授威廉·维克瑞（William Vickrey）和英国剑桥大学教授詹姆斯·莫里斯（James A. Mirrlees）于20世纪70年代提出的。1961年，美国经济学家施蒂格勒（J. Stigler）发表论文《信息经济学》对古典经济学理论的完全信息假设进行批判，并首次在经济学领域引入了信息问题，强调信息的不完全性和非对称性，由此，不完全信息理论逐渐发展起来。信息不完全和不对称主要是指市场经济活动中的交易双方在信息占有上存在质和量的差异，一方拥有更多信息并处于有利地位，更容易获得利益。信息不对称理论包含两个方面：第一是相关信息在交易双方间的分布不均衡；第二是交易双方对自己的信息优势是很清楚的，处于劣势地位的一方总是想方设法获得更多信息。

信息经济学运用委托—代理模型解释当事人行为和分析经济现象。在此分析框架下，借贷关系达成后，借款者是代理人（Agent），为掌握信息较多的一方，贷款者是委托人（Principal），为掌握信息较少的一方。信息不对称会导致代理人通过两种机会主义行为为自己谋福利，分别是"逆向选择"（adverse selection）和"道德风险"（moral hazard）。前者是事前机会主义行为，发生在契约订立之前，具有信息优势的代理人使委托人签订不利的契约。后者是事后机会主义行为，发生在契约订立后，利用信息优势的代理人违约或"偷懒"。施蒂格勒和韦斯（Weiss）的研究证明信贷市场普遍存在信息不对称导致的逆向选择和道德风险问题，借款人比贷款人更了解自身的收益和潜在风险，由此导致的信息不对称是引发信贷风险的主要根源。在交易之前，金融机构总要对借款人项目的风险、收益性质进行有效筛选，由于对借款人投资项目的信息缺乏，金融机构并不十分了解不同借款人的风险收益差异，它总是倾向于将贷款发放给最积极的借款人，而那些具有潜在违约风险的人往往是申请贷款最积极的人，这样就增加了潜在不良贷款发生的风险。同时，由于金融机构无法全面了解相关信息，所以对借款人的鉴别中，利率便成为一种检测信号和机制，但利率的逆向选择会导致劣质品驱逐优良品的现象，借款人所付实际利率的提高，会增加其违约的可能性，因为实际利率提高后，接受贷款人出价的为风险偏好型借款人，而风险回避型的借款人会选择退出申请队伍，形成所谓的"逆向选择"。借贷市场的"道德风险"是指在获得信贷资金使用权之后，不负责任地从事冒险经营以追逐自身利益，从而人为地增大信贷资金受损机会的可能性，主要包括改变资金用途、隐瞒还款能力和消极不作为等。贷款发放之后，借款人处于信息优势地位，贷款人很难对其信贷资金使用情况进行全面监督，虽然金融机构在对借款人的监督上较零散储户有很大优势，但由于受到成本控制、合同的不完全以及信贷人员素质经验的限制，完全的事后监督是不可能的。借款人可能将信贷资金转而进行高风险投资或其他改善自己福利的用途，若成功借款人享受个人最优，若失败则大部分损失由贷款人承担。有的借款人可能隐瞒自己的还款能力，有收入但却故意违约不还贷。还有的借款人存在认知偏差（Cognitive Deviation），不考虑自身实际情况，看到别人贷了款就跟着贷，出于从众心理，觉得"不贷白不贷"，想方设法争取贷款，还总希望贷款越多越好、期限越长越好、利率越低越好。在贷款使用过程中，缺乏计划性，随意使用信贷资金，不知道自己为什么贷款。在取得信贷资金后，消极不作为，不努力经营，对信贷资金使用效率所发生的损失漠不关心，缺乏责任心。到期却不愿意偿还，认为贷款是属于政府的扶贫款，反正是国家的钱，还款的才是"傻子"。同时不还款的现象很容易相互传染，形成羊群效应，导致由于认知偏差产生的信贷风险问题。总之，信息不对称通过逆向选择和道德风险增加了交易活动中的信息成本，成为信贷风险的重要来源。

由于准确地评估借款方信贷违约风险的大小，对于金融机构最大限度地减少损失和获得利润十分重要。风险估计不足，金融机构可能因为错误的决策和避险措施不到位而产生损失。风险估计过高，金融机构有可能因放弃盈利机会和加大管理成本而失去更多的利润。因此，金融理论研究和实践过程都一直在致力于开发量化分析和衡量借款方信贷违约风险的有效方法。借款方信贷违约风险的度量方法，根据分析技术和方法的不同可以分为古典定性分析方法、信用评分方法和现代工程技术分析方法。（1）古典定性分析方法包括5C（品德与声望、资格与能力、资金实力、担保和经营条件与商业周期）要素分析法、5W（借款人、用途、期限和担保物及如何还款）和5P（个人、目的、偿还、保障和前景因素）要素法，主要依靠专家的经验和主观判断，对客户的各要素进行逐一评分，继而根据信用评级结果做出是否贷款和贷款标准的决定。（2）信用评分方法是以统计学为基础，对反映借款人相关信息的若干指标即多个变量赋予一定权重，通过数理方法得到其信用综合分值或违约概率值，将其与基准值相比做出是否贷款和贷款标准的决定。此类方法的代表为1968年美国的爱德华·阿尔曼博士（Edward Altman）提出的以财务比例为基础的多变量模型。该模型构建中的数理方法主要包括：判别分析法和多元判别分析法（DA 和 MAD）、Logit、Probit 模型、神经网路分析法（ANN）、层次分析法（AHP）和聚类分析法（Cluster Analysis），此外还包括模糊数学法、混沌法、灰色联熵、主成分分析、数据包络分析等方法。信用评分方法是国际金融业和学术界公认的主流方法，能够较为准确地判定某一信贷业务的风险程度。（3）现代工程技术评分方法。该方法是以资本市场理论和信息科技为支撑的新方法。随着金融工具的不断创新和资本市场的迅速发展，信贷风险日益复杂。人们认为对财务比率的统计方法无法实现对借款人在资本市场资产变化的动态价值反映。鉴于此，工程思维和技术逐渐被引入信贷风险评估领域，产生了一系列风险管理模型。包括1986年美国联邦存款保险公司提出的骆驼评级系统法（CAMEL），1995年KMV公司开发的KMV模型、1997年J. P. Morgan基于风险价值VaR建立的Credit Metrics模型（又称预期违约概率模型），瑞士信贷银行基于保险精算的Credit Metrics＋模型等。

在以上借款方信贷违约风险的度量方法中，古典定性分析方法具有要求条件少，广泛适用于信贷风险评估的特征，可以应用于农村合作金融机构的信贷风险控制，但其主要缺点在于主观性太强，太过于依赖评估人员的专业知识和判断能力。信用评分方法以统计学为基础，经过一定的努力，农村合作金融机构可以采用信用评分方法进行信贷风险度量。现代工程技术评分方法的运用不仅需要金融机构具有规范的内控机制，还要求全面的、系统的统计数据，农村合作金融机构尚不具有应用现代工程技术评分方法的条件。

二、金融机构信贷风险的内控体系

尽管金融机构信贷风险的成因多样，但几乎都包括内部治理这一基础性的因素，其他因素也是通过这一内因发生作用的。银行类金融机构是经营货币的特殊企业，信贷业务是银行的主营业务，而风险是信贷活动的内在属性，没有风险就没有信贷，银行也就失去了存在的价值，从某种程度上说，风险对于银行而言是与生俱来的，银行类金融机构本身就具有风险控制的职能，并通过承担风险的活动获取收益。金融机构信贷风险控制的原则是追求盈利性、安全性和流动性"三性"的统一与协调，而"三性"本身存在的相互矛盾本质而言就是金融机构风险—收益矛盾，农村合作金融机构风险控制的目标就成为以最低成本保障资金安全，最大化收益，而这恰恰也是其经营管理所要解决的根本问题，也就是说，金融机构的经营管理目标与风险控制目标是相互融合具有内在一致性的。并且随着金融机构的进一步发展，风险控制已成为现代金融机构经营管理的核心，金融机构内部治理结构的设计与完善本身，就是围绕风险控制这一核心价值目标进行的，因此，从某种程度上讲，金融机构内部治理是否完善决定风险控制体系是否有效。

内部治理存在的条件和理论基础来自代理问题和合约的不完全性，它既是因为委托—代理问题产生，同时也是以解决委托—代理问题为目的（Oliver Hart，1996）。委托—代理理论是在信息经济学和现代企业制度的基础上产生的。现代企业的根本特征就是在产权结构上实现了所有权与经营权的分离，并由此产生了委托—代理关系。股东作为资产的委托方以投资收益最大化追求为目标，经营者作为资产的代理方以个人效用最大化追求为目标。有效的委托—代理要在实现经营者授权范围内自主地进行经营决策以提高管理效率的同时，形成对经营者的有效激励和监督，以减少股东由于经营者的自利行为所蒙受的损失。股东与经营者之间的关系即为委托—代理关系，二者通过契约界定权利和利益，这种界定的有效性取决于契约的完备程度。契约的完备程度取决于信息的完全程度和分布的均衡程度，而现实世界存在的未来事情不确定性和契约形成过程中的信息不对称决定了合约的不完全性。奥利弗·哈特强调，在没有代理的情况下，内部治理是无关紧要的，因为企业当中每个人的包括努力在内的所有成本都可以直接得到补偿。但是，如果在合约不完全的代理问题中，内部治理就至关重要了，因为委托方和代理方的效用目标函数不同，代理人在信息不对称条件下的机会主义行为会导致委托人的利益受损，所以委托人必须通过建立一套有效的激励制衡机制对代理人行为进行约束和规范，引导代理人的效用目标与委托人的效用目标保持最大限度的一致，以防止代理人权力的滥用和降低代理成本，维护委托人的利益，这套有效的激励和约束机制就是内部治理。基于这种观点，农村合作金融机构内部治理是保障股东利益最大化和约束"内部人控制"、实现机构经营管理目标的有效途径。同时，由于金融机构是经营货币的特殊企业，是通过风险的承担和管理获取收益的，金融机构的经营管理目标与风险控制目标是相互融合并具有内在的一致性，因此，农村合作金融机构内部治理的完善过程既是防止经营者背离股东的利益、保障股东收益最大化的过程，也是优化信贷风险内部控制、降低农村合作金融机构信贷风险的过程。

此外，全面风险管理理论认为信贷风险控制是一项复杂的系统工程，必须建立一套完善的内部治理体系作为支撑，通过不断加强组织建设，完善风险政策、制度和程序以及提高信息技术水平，使金融机构在有效管理信贷风险中实现持续稳健发展。其内容主要包括：（1）强化董事会在风险控制中的独立性和权威性。具有独立性的董事会能独立发表意见和做出判断。为保持董事会的权威性，其成员必须选择管理经验丰富、道德品质优良、知识结构合理的专家型董事，授权其进行银行高级管理层的选聘、考核与监督，并负责确定银行的风险管理战略，确定风险管理理念，包括统一的风险控制目标、偏好、原则和文化等。（2）构建垂直风险管理系统，强化风险控制行为的全程监督。以主辅分明、功能互补的风险管理线，强化风险控制的权威性、独立性和全面性。由董事会下设风险管理委员会对银行的整体风险及风险结构进行集中控制。设立独立的风险管理部、风险稽核和审计部门通过定期检查对经营和管理环境进行评估，业务部门的风险经理及其他部门均接受风险管理部的监督并参与风险的确认、评估和控制，风险控制的人事管理在风险控制系统中独立进行。（3）强化垂直管理中的授信审批，明确设定问责审批人的权责。在实行"双签"授信基础上，追究作为业务发起人的业务线问责审批人第一责任，以此约束其审慎开展业务，追究风险经理和风险控制部门主管的连带责任，由董事长承担总体风险管理和控制的终极责任。（4）清晰设立风险报告路线，确保风险信息获得有效共享，完善为董事会有效实施风险战略管理和财务控制提供技术支持的信息管理系统。

三、金融机构的外部环境

金融风险是在一定的金融运行环境中实现的，金融机构与其赖以生存的自然、经济和社会环境相互影响、相互依存和共同发展构成的动态平衡系统，良好的金融生态环境能够有效防范和控制金融业风险，是金融有序稳定发展的基础。环境不确定性（Uncertainty）理论认为运行环境的不确定性本身就是金融风险产生的基本原因之一，而且，它本身也是导致信息获取困难，以致信息不完全的重要因素。

农村金融发展本应是金融系统内部不断实现新均衡的过程，即金融机构在满足金融需求、追求利润最大化过程中，不断创新金融产品和服务、使金融发展结构更趋合理的过程。然而，由于农村金融市场的特殊性导致的市场"失灵"下内生动力的缺失，使得我国农村金融体系必须依赖政府的外部供给。从金融生态的角度讲，根据物种边界清晰的要求，市场、法律和政府应该是三个职责明确的生态系统，产权没有界定清楚容易引起金融危机（G. H. Jefferson, 2000），法律执行效率对金融发展的程度产生直接影响（LLSV, 1996），金融发展会受到既得利益集团的影响（Rajian, 2003）。三者边界的模糊，会产生政治主体越过生态边界占有经济体的功能或价值，打破原有生态均衡进而引发金融风险。而同时存在的"认知偏差"（Cognitive Deviation）会加剧金融风险的累积。认知偏差是指在心理因素的干扰下人们的认知过程会偏离理性认知状态。我国农村金融制度变迁过程中，居主导地位的是强制性制度变迁，金融生态环境中政府成为了关键因素。而由于农村合作金融机构存在认知偏差，认为因为其作为支农主力军承担着政策性的支农任务，中央很难分辨其不良资产是有意为之，还是政策性负担所致，即便分辨得出，也会因为"大而不倒"无法实施有效处罚。同时，还认为中央不可能完全放弃农信社，维持农信社的持续运营，避免农信社破产倒闭是中央政府与地方政府实现双赢纳什均衡解。因此深信政府会出面化解其不良资产，而不良资产越大，政府援救的可能性也越大，这种认知偏差大大降低了农村合作金融机构提升信贷风险控制水平的激励。此外，金融体系内的不稳定假说（Financial Instability Hypothesis）和安全边界说（Margins of safety）在解释金融机构风险成因中反映了金融风险与外部经济环境的相互关系，认为经济风险是金融风险的基础。农村合作金融机构信贷风险控制不仅是金融领域本身的发展问题，而且涉及农村政治、经济和社会发展的各个方面。农村合作金融机构信贷风险控制应因地制宜，结合本地区金融生态环境，不断地寻求机构内外部系统的新均衡。

第三节　农村合作金融机构信贷风险控制的理论模型

由以上分析可知，农村合作金融机构信贷风险是在借款方信贷违约风险、农村合作金融机构信贷风险内控体系及其外部环境三个因素的共同作用下产生的。因此农村合作金融机构信贷风险控制问题的理论模型如下：

$$\Delta Y_{FI} = f(DR_{FH} + IC_{FI} + EE_{FI}) \qquad (1.1)$$

其中，ΔY_{FI} 表示农村合作金融机构信贷风险控制，DR_{FM} 表示借款方的信贷违约风险，IC_{FI} 表示农村合作金融机构信贷风险内控体系，EE_{FI} 是指农村合作金融机构信贷风险控制的外部环境。

其一，农村合作金融机构服务的主体是农户和农村中小企业，数据显示目前农村中小企业贷款所占比重较小，而作为农村经济中最广泛和最基础的经济主体，农户是农村金融市场最主要的需求主体，农户的信贷违约构成了农村合作金融机构信贷风险的主要来源，农户信贷资金的使用效率对农村合作金融机构信贷风险控制具有重要的影响作用。因此，对农户信贷违约风险的影响因素进行深入探讨，构成农村合作金融机构信贷风险控制研究的重要内容，一方面，能够为农村合作金融机构制定客户战略提供参考依据，通过提高农户信用的甄别能力，针对性地调整信贷投放结构，优化贷款投向，提高信贷资金回收率。另一方面，也能通过改善违约因素，提高农户信贷偿债能力，增强农户信贷资金使用效率，降低农村合作金融机构的信贷风险。

其二，尽管金融机构信贷风险的成因多样，但几乎都包括内部治理这一基础性的因素，其他因素也是通过这一内因发生作用的。信贷风险内控体系能够通过对信贷资金运行过程中各种风险因素的识别、衡量和分析，并根据分析结果采取相应的管理措施，通过提高风险控制过程的标准化、风险控制程序的科学化、风险控制技术的普及和风险控制政策的合理化来避免信贷资金可能发生的违约损失，保障信贷资金安全。

其三，农村合作金融机构最大的特点之一就是植根于农村，服务于辖区内"三农"，是地方性金融机构。而各农村地区在经济发达程度、政策环境、信用状况和文化习俗方面差别很大，因此，运营环境可能是影响农村合作金融机构信贷风险的重要因素。农村经济发展基础上形成的各主体的储蓄与消费能力以及对金融服务的需求和态度，是农村合作金融机构运行风险控制的基础、源泉和动力；财政支农投资作用于农业资本存量、农业研发能力、农业基础设施、农村居民生活补贴和社会保障等方面，对提升农民信贷产品的消费意愿和偿还能力都会产生积极的影响作用；地方政府行政干预下贷款投向的误差和对信贷合约的扭曲，会导致农村合作金融机构存量风险的累积和增量风险的叠加；适度竞争、高效的农村金融市场，对于保障金融机构的盈利性、安全性和流动性，降低信贷风险具有重要作用，等等。

第二章　陕西农村金融机构体系及其风险分析

农村金融在我国已有了长时间的发展，陕西地区是我国农村金融发展较早的地区，根据历史记载，公元前11世纪的西周时期，陕西就有了农村信用活动（李春霄，2013）。而现代农村金融在民国时期就有了一定程度的发展，民国建立初期就出现了最早的信用合作社，20世纪30年代农村地区就有商业银行从事农村信贷业务，并成立了公益性的农村金融救济组织，建立了以政府和金融机构为主导的农村金融体系，基本能够满足农村地区的金融需求。新中国成立以后，我国农村金融机构体系的发展经历一段曲折的道路，至今已初步建立了以合作性农村金融、商业性农村金融、政策性农村金融以及新型农村金融机构为主的农村金融体系。本章首先介绍我国农村金融体系的发展历程及其现状，然后分析陕西省农村金融体系的发展现状，并分析农村金融机构面临的风险，为进一步研究陕西农村合作金融机构信贷风险控制打下基础。

第一节　新中国成立以来农村金融机构体系的发展历程及现状

一、新中国成立以来农村金融机构体系的发展历程

（一）农村合作金融机构的快速发展阶段（1949—1957年）

1949年到1957年，即新中国成立到"人民公社"运动开展之前，我国以合作制为主要形式的农村金融体系迅速发展，是我国农村金融机构体系运行效率比较高的时期之一（张薄洋，2009）。新中国成立后，为配合全国范围的土地改革，恢复和发展生产力，发展农村经济，活跃农村资金融通，国家大力发展了以农村合作信用社为主要形式的乡村现代金融，并得到了迅速发展，形成了覆盖全国绝大多数乡镇的农村金融机构体系。

1951年5月，第一届全国农村金融会议召开，会议提出了"深入农村，帮助农民，解决困难，发展生产"的农村金融工作方针，全国掀起了

大力发展农村金融的热潮，极大地促进了我国农村金融体系的发展，特别是合作性农村金融的发展。1949 年底全国约有 800 多家农村信用合作组织，到 1953 年底已发展到 9 841 个。到 1957 年底，全国 80% 的乡都设立了农信社，共有农信社 88 368 个，吸收存款 20.6 亿元，社员股金 3.1 亿元，基本实现了农村信用合作社的"一乡一社"制度，即每一个乡，都有一个农村信用社，"乡社制度"是中国农村金融服务得以实现较高覆盖率的主要原因（张薄洋，2009）。在农村信用合作社的经营管理上，我国建立了较为民主的管理制度，主要形式是以乡或行政村为范围，农民入社时要缴纳一定的股金，年终时按股金分红，信贷资金主要在成员内部发放，基本坚持了合作原则和商业原则，确保了农村信用合作社的持续稳定运行。

在这一时期，农村信用合作社基本由中国人民银行及其分支机构进行管理。为了适应土地改革以后农村经济发展的新形势，加强对农村信用合作组织的领导，经中央人民政府政务院批准，于 1951 年 8 月 10 日正式成立了农业合作银行（农业银行的前身），负责办理涉农投资拨款业务，并领导农信社。1952 年农业合作银行被撤销，农村金融工作交由中国人民银行农村金融管理局负责领导和管理。1955 年 3 月中国农业银行成立，其主要任务为指导信用社、广泛动员农村结余资金、合理使用国家农业贷款、辅助农业生产发展、促进对小农经济的社会主义改造。但由于县以下的基层农业银行与人民银行之间职责划分不清及人员经费不足，1957 年 4 月国务院又决定撤销中国农业银行，并入人民银行管理。

除了信用社外，政府也合理引导民间金融的发展。为了活跃农村民间金融，政府规定了较高的民间借贷利率标准，即货币借贷月利 3%，实物借贷月利 5%。

总体上看，20 世纪 50 年代前期，中国农村金融供给体系处于民间借贷、国家农贷、农村信用社三者并存的状况，其中以合作制为基础的农村信用社是农村金融供给的主体。新成立的信用合作社一般都坚持两个原则：一是社员与存款户具有优先贷款权，在满足了社员的需求之后，资金如有多余，也可以贷给非社员；二是尽量贷给从事生产的农户。尽管这一时期农信社的规模较小，管理也不够完善，但其合作性质还是得到了较充分的体现，总体上发展也比较健康，较好地满足了农村金融需求。在国家财力有限、农村金融稀缺的情况下，各种金融组织的并存为农户提供了多层次的金融供给，发挥了不可或缺的作用，促进了农村经济的恢复和发展（张薄洋，2009）。

（二）农村金融机构发展的停滞阶段（1957—1978 年）

随着"人民公社"运动的逐步发展，在建国初期建立的农村信用社也移交给人民公社负责管理，成为人民公社的信用部。同时在"极左"路线的影响下，我国的农村信用合作社的性质发生了极大的变化，合作制被逐步扭曲，资金被大量挪用，存款迅速减少，贷款也急剧下降，正常的信用关系受到破坏，并且丧失了独立自主经营的地位，逐渐陷入了发展停滞的阶段。

1962 年，为了恢复农业生产秩序，调整国民经济政策，中央政府下令恢复农村信用合作社的独立地位，但规定农村信用合作社的业务受中国人民银行领导。1963 年中国农业银行重建，其职能是统一管理支农资金及农业贷款，并统一领导农信社的工作。1965 年底农行归并人民银行，再次被撤销，农信社重新下放给人民公社和生产大队管理。"文化大革命"期间，农信社名为交给贫下中农管理，实际上却使其干部队伍、资金安全和业务活动均受到严重损害，很多地方的农信社处于破产状态（张薄洋，2009）。1957 年至 1978 年，由于我国掀起了全国范围的政治运动，使得农村地区金融机构的发展受到了极大的限制，农村金融机构的发展基本上处于停滞阶段，没有发挥应有的功能。

（三）农村金融机构体系的恢复与发展阶段（1978—1999 年）

1978 年，我国进入改革开放的新阶段，农村金融机构体系在这一时期也得到了恢复与发展。为适应当时农村经济改革和发展的需要，国务院颁发了《关于整顿和加强银行工作的几项规定》，明确"农信社是集体金融组织，又是国家银行在农村的基层机构"，并规定农信社由中国人民银行进行管理。同时，为了统一管理支农资金，集中办理农村信贷，领导农信社，发展农村金融事业，1979 年 3 月中国农业银行从当时的"中国人民银行"独立出来，成为专为农村提供信贷业务的正规银行，农村信用合作社成为既是集体所有制的金融组织，又是中国农业银行的基层机构。中国农业银行领导农村信用社，同时提供政策性业务和商业性业务，如统一管理支农资金，提供农村国营工业贷款、国营和集体农业贷款、各类商业贷款、乡镇企业贷款、农业机械化专项贷款和中短期设备贷款等信贷服务。随着农村经济微观主体从社队向农户转化，中国农业银行从 1980 年开始发放农户贷款，并于 1986 年开始发放扶贫贴息贷款。由于中国农业银行集财政性拨款管理、商业性信贷业务经营和合作制金融组织管理于一身，从而确立了中国农业银行在农村金融中的"官办"性质及垄断地位。由于中国农业银行的所有存贷业务都根据国家的指令性计划安排，它对农信社的管理也是采用计划经济的办法，按照办银行的思想来管理。尽管在此时期内农信社的业务得到了一些恢复和发展，但也逐步失去了自主权，逐渐走上"官办"的道路。

但是，单一的农业银行体系并不能有效满足农村的金融需求，进入 20 世纪 80 年代中期后，随着工农中建等商业银行的成立以及农信社开始改革，农村金融供给主体开始逐步多样化。1984 年 10 月，我国确立了发展"有计划的商品经济"，商业金融体系迅速扩张，中国农业银行在农村金融中的垄断地位也逐渐削弱。1985 年中共中央在《关于进一步活跃农村经济的十项政策》中，明确中国农业银行要实行企业化管理，提高资金的使用效率。人民银行也出台了专业银行业务可以适当交叉和"银行可以选择企业、企业可以选择银行"的政策措施，鼓励四家专业银行之间开展适度竞争，从而打破了银行资金"统收统支"的"供给制"，并将农副产品收购业务确定为中国农业银行的自营业务。根据这一政策措施，新设立的工商银行、建设银行等开始将其触角伸向农村，并为当时正在蓬勃发展的乡镇企业提供贷款。

1982 年至 1984 年旨在恢复农村信用社的"三性"（即组织上的群众性、管理上的民主性和业务经营上的灵活性）的改革，试图理顺农村信用社和中国农业银行的业务关系，改中国农业银行对信用社的指令性计划为指导性计划，并先后成立 1 136 家县联社来管理各地农村信用社。1984 年国家提出把农信社办成"自主经营、自负盈亏"的群众性合作金融组织。之后，中国农业银行对农信社进行了民主管理、业务管理、组织建设等方面的一系列改革，推动了农信社事业的大发展，到 1995 年底全国已有独立核算农信社 50 219 个，县级联社 2 409 个，所有者权益达 632 亿元，其中实收资本 378 亿元，总资产 9 857 亿元；各项存款余额达 7 173 亿元，其中储蓄存款 61 亿元，吸收了农村储蓄的 60% 以上；各项贷款达到 5 176 亿元，占整个农业生产贷款的60%以上，农户贷款的80%以上，乡镇企业贷款的70%以上（张薄洋，2009）。实际上，农信社恢复合作金融的本质一直未能实现，成为地方政府控制金融资源的工具，导致了大量不良资产的产生，最终使农信社发展失去了可持续性。

1986年1月，邮电部与中国人民银行分别以投资所有者和业务监管者的身份，联合发布了《关于开办邮政储蓄的协议》，决定在北京、天津等12个城市试办邮政储蓄业务。1986年底通过的《中华人民共和国邮政法》将邮政储蓄业务法定为邮政企业的业务之一，从而使邮政储蓄遍布全国，成为在农村中开展储蓄业务的一支重要力量，进一步扩大了农村存款服务的覆盖率。按照规定，邮政储蓄只能提供存款服务，不能提供贷款服务，起始阶段邮政储蓄将其存款全额转存中国人民银行并获得手续费，1989年后改为将其存款转存人民银行并收取利息。邮政储蓄实际上从中获得了无风险收入，这为其提供了制度性竞争优势，对农村金融发展不利。

为了配合国有银行商业化改革，1994年6月中国农业发展银行组建，其职能为以国家信用为基础，筹集农业政策性信贷资金，承担国家规定的农业政策性金融业务，代理财政性支农资金的拨付，为农业和农村经济发展服务。政策性业务分离以后，中国农业银行开始进行商业化导向的改革，农村信用社的业务管理改由农村信用社"县联社"负责，对农村信用社的金融监管则由中国人民银行直接承担。至此，中国农村金融市场上以农村信用社为基础的合作制金融、以中国农业银行为主体的商业性金融和以中国农业发展银行为主的政策性金融并存的局面基本形成。

农村合作基金会于1984年开始兴起。它是由乡村集体经济组织和农户按照自愿互利、有偿使用的原则建立起来的社区互助组织。资金来源以集体资金为主，并吸收农户以资金入股，其存款时间长，利率比信用社低，贷款对象主要是村内或乡内的农户，额度较小。到1992年末，全国建立的农村合作基金会在乡镇一级已达1.74万个，村一级达11.25万个，分别占乡镇总数的36.7%和村总数的15.4%，共筹集资金164.9亿元（张薄洋，2009）。1994年后，开始以代管金的名义吸收短期存款，且主要向乡镇企业提供大额贷款，其存款及贷款的利率均比农信社高，合作金融的性质逐步向商业金融演变。受亚洲金融危机的影响，我国1997—2000年对金融体系进行治理整顿。中国农业银行逐步撤出在县和县以下的分支机构，农村金融业务逐步减少；农村合作基金会以扰乱金融秩序的名义于1999年在全国范围内被统一取缔，同时各类民间金融形态也受到严厉打击。至此，农村金融供给体系重新恢复到以农村信用合作社为主导的局面。

（四）农村金融机构的快速发展阶段（2000年以来）

进入新世纪以来，随着农村经济的发展，农民收入水平的提高，我国农村金融的供需矛盾日益严重，农村金融供给远远不能满足农村经济社会发展的金融需求。为了增加农村金融供给能力，国家再次启动了农村金融体制改革。改革分两个阶段，2005年以前主要是以农村信用社为主的改革，化解信用社庞大的不良资产，恢复农村信用社的信贷供给能力和可持续发展能力；2005年之后，中国农村金融供给体系才开始真正进入多样化发展阶段。

1996年8月，国务院颁布了《国务院关于农村金融体制改革的决定》，要求农信社与中国农业银行脱离行政隶属关系，在此基础上把农信社办成农民入股、社员民主管理、为入股社员服务的、真正的合作金融组织。这一举措使农信社历史上积聚起来的信贷资产质量差、亏损严重、资不抵债等潜在风险逐步暴露出来。针对农信社改革中出现的问题，1998年国家提出要以"改革农信社产权制度、落实农信社的风险责任"为重点，把农信社办成联系广大农民的金融纽带、新形势下农村金融的主力军，解决农民"贷款难"的问题。1999年农信社改革首先在江苏试点。2002年第二次全国金融工作会议，将农信社改革作为金融改革的重要内容。2003年5月，农信社改革试点扩大到八个省市，要求按照"明晰产权关系、强化约束机制、增强服务功能、国家适当支持、地方政府负责"的总体要求，加快信用社管理体制和产权制度改革，因地制宜，进行多种形式的改革，如可以视情况改造为农村合作银行、农村商业银行等。此后，各试点省农村信用社"省联社"相继成立，新的农村商业银行和农村合作银行也在各省成立。2004年8月以后，农村信用社改革试点全面展开。为了使农村信用社获得更大的金融产品定价权，2004年1月1日，人民银行将农村信用社贷款利率浮动范围从基准利率的1.5倍扩大到2.0倍。2004年10月29日，人民银行又一次将农村信用社贷款利率浮动范围从基准利率的2.0倍扩大到2.3倍。农信社改革是一次完全由国家主导、自上而下推行的改革，尽管中央财政给予了大量补贴和优惠政策，农信社依然未能回归新中国成立初期的合作金融本质，并日益成为地方政府控制地方金融的资源，农信社在搞活农村地区经济方面未能发挥应有的作用。

为了增加农村金融供给，2004 年我国开始调整中国农业发展银行的业务范围，业务范围已逐步扩大到农、林、牧、副、渔的广泛范围内，可提供龙头企业贷款、农业科技贷款、农村基础设施贷款和农业综合开发贷款等。2007 年 3 月，中国邮政储蓄银行正式成立，并已开始存单小额质押贷款的试点，正在转变其只存不贷的政策限制，以充分发挥邮政储蓄银行在县及县以下的农村地区网点的功能。

从 2005 年开始，农村金融组织创新取得重要进展。首先，"商业性小额贷款公司"试点工作于 2005 年在 5 个试点省（自治区）开始启动。其次，允许在农村金融市场新设"村镇银行（在县或乡一级，可由各类资本投资新设）"、"贷款公司（商业银行和合作银行的'全资'子公司）"和"农村资金互助社（在乡或村一级新设）"三类新型金融机构。这些机构通过建立新的运作理念、经营机制和风险防范机制，基本适应了农村个体经济和小规模农业经营分散、资金需求小等特点。但是，这种组织创新还处于起步阶段，未来如何发展仍具有较大的不确定性。此外，还放宽了农村地区现有银行业金融机构的兼并重组政策，并鼓励商业银行返回农村地区恢复设立分支机构。

二、我国农村金融机构体系的现状

新中国成立以来，特别是改革开放以来，我国对农村金融体系进行了一系列的改革，逐步形成了以合作性农村金融机构、商业性农村金融机构、政策性农村金融机构以及新型农村金融机构为主导的农村金融机构体系。这一体系对于支持农业技术进步、促进农村经济增长、提高农民收入发挥了不可或缺的作用。本节将对各个性质农村金融机构的现状加以分析。

（一）中国农村金融服务的基本情况

随着我国合作性、商业性、政策性农村金融机构体系的建立，农村金融服务业得到了迅速的增长。金融机构涉农贷款明显增加。图 2 - 1 是我国金融机构涉农贷款在 2007 年到 2010 年的变化情况。从图 2 - 1 中可以看出，截至 2010 年末，涉农贷款余额达 11.77 万亿元，占各项贷款余额的 23.1%，比 2007 年末增长 92.4%。其中农村贷款余额 98 017.4 亿元，占金融机构全部涉农贷款余额的83.3%；农村贷款中农户贷款余额为26 043.3亿元，比2007年末增加12 644.8亿元，占全部涉农贷款余额的22.13%。

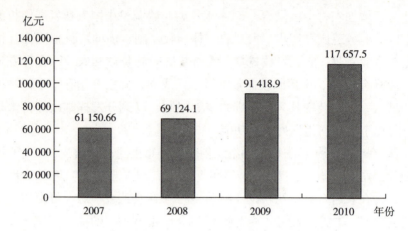

资料来源：中国人民银行农村金融服务研究小组编写的《中国农村金融服务报告2010》。

图2-1 2007—2010年我国银行业金融机构涉农贷款变化情况

另外，农村金融产品和服务方式创新不断推进。党的十七届三中全会和中央一号文件，都明确提出要以加快农村金融产品和服务方式创新为突破口，进一步改进和提升农村金融综合服务水平。为落实此项政策，2008年10月，人民银行、银监会联合出台了《关于加快推进农村金融产品和服务方式创新的意见》，选取中部六省和东北三省部分有基础的县（市），开展加快推进农村金融产品和服务方式创新试点。2010年，人民银行联合银监会、证监会、保监会在全国范围内推开此项试点。各金融机构在各地开展了包括林权抵押贷款、"公司＋基地＋农户"、"公司＋专业组织＋农户"等多种方式在内的信贷产品和服务创新，对盘活农村存量资产、拓宽农村资金来源渠道、建立健全农村金融风险覆盖体系产生了重要影响。在农村信贷市场不断发展完善的同时，资本市场对"三农"的支持作用有所增强，农村企业的直接融资渠道有所拓宽，农产品期货品种不断增加，市场功能逐步发挥，风险规避和价格发现作用初步显现。多层次、多主体的农村保险服务网络体系不断完善，农业保险、农村人身保险和农村小额保险快速发展，覆盖面不断扩大，保障功能明显增强。

涉农金融主体不断增加。表2-1为主要农村金融机构网点和从业人员情况。从表2-1中可以看出，2010年初，全国县域银行业金融机构服务网点为 12.7 万个，占全国银行业金融机构网点总数的 65.7%，其中，主要农村金融机构网点数为 75 935 个。

表 2 - 1　　**2010 年主要农村金融机构网点和从业人员情况**　单位：人，个

机构名称	法人机构数	从业人员数	营业性网点
农村信用社	3 056	570 366	60 325
农村商业银行	43	66 317	7 259
农村合作银行	196	74 776	8 134
村镇银行	148	3 586	193
贷款公司	8	75	8
合计	3 467	715 216	75 935

资料来源：中国人民银行农村金融服务研究小组编写的《中国农村金融服务报告 2010》。

新型涉农金融服务主体不断涌现。随着放宽农村金融市场准入政策的推进，除了原有服务农村的金融机构网点不断增加外，新型农村金融机构和组织不断出现。截至 2010 年末，全国共组建新型农村金融机构 509 家，其中开业 395 家（村镇银行 349 家，贷款公司 9 家，农村资金互助社 37 家），筹建 114 家。全国新设立"只贷不存"的小额贷款公司 2 451 家。

消除"零金融机构乡镇"工作不断推进。截至 2010 年 11 月末，全国有 30 个省份实现乡镇金融服务全覆盖，有 10 个省份实现乡镇金融机构全覆盖，比 2009 年 6 月末共计减少服务空白乡镇 732 个，机构空白乡镇 579 个。

农村金融机构改革与创新不断推进。按照建立现代农村金融制度的要求，不断推进农村金融机构改革和创新。农村信用社（含农村商业银行、农村合作银行，下同）改革取得重大进展，多元化产权模式逐步形成，支农服务主力军地位进一步巩固。农业银行股份制改造顺利完成，以"'三农'金融事业部制"为支撑的专业化经营管理体系开始发挥作用，探索了"面向'三农'"与"商业运作"有机结合的新模式。农业发展银行的业务范围进一步拓宽，在"一体两翼"的基础上，不断拓展新业务，积极支持新农村建设。邮政储蓄银行县域机构网点不断完善，涉农信贷业务持续增加。村镇银行、贷款公司和农村资金互助社等新型农村金融机构逐步增加，小额贷款公司快速发展。

涉农金融机构可持续发展能力不断增强。各类金融机构在涉农贷款较快扩张的同时，保持了较低的涉农贷款不良率，初步实现了可持续发展。截至 2010 年末，金融机构涉农贷款不良率为 4.09%，同比下降 1.85 个百分点。

其中，大型商业银行涉农贷款不良率为1.73%，农业发展银行涉农贷款不良率为2.97%，农村信用社涉农贷款不良率为11.53%，农村商业银行涉农贷款不良率为2.47%，农村合作银行涉农贷款不良率为2.72%①。

农村支付体系建设快速推进。人民银行通过吸收符合条件的农村金融机构加入大额、小额支付系统、成立全国性农村信用社资金清算中心、督促和指导农村信用社电子化建设等方式，不断改善农村地区的支付清算服务。改善农村支付服务环境建设，选取了145个试点县探索改善农村支付服务环境的具体做法。2005年12月开始试点的农民工银行卡特色服务进展良好，满足了外出打工农民资金汇兑、存储等方面的需求，有效解决了农民工打工返乡时携带大量现金的资金安全问题。

农村信用环境建设逐步改善。近年来，人民银行积极推进全国统一征信体系建设，基本建成全国集中统一的企业和个人信用信息基础数据库，全国统一的征信体系已覆盖农村地区。为支持农村小额信用贷款业务发展和促进农村信用环境改善，各地积极开展以农户信息共享与农户信用评价为基础的农村信用体系建设，引导商业银行增加对农户的信用贷款，通过开展信用户、信用村、信用乡（镇）创建，改善农村信用环境。为扩大农村青年创业小额贷款工作，2010年起在部分地区开展农村青年信用户创建工作。

对农村金融发展的扶持力度不断增强。近年来，各部门对农村金融扶持政策支持力度逐年加大，政策协调性有所增强，正向激励引导作用初步显现，对资金流向农村起到了促进作用，增强农村金融机构可持续发展能力。通过注资、剥离不良资产等方式推进农业银行改革，通过专项票据、支农再贷款、保值贴补、呆账拨备等继续深化农村信用社改革；通过实行税收优惠、财政补贴和奖励以及差别存款准备金率等，促进各类金融机构加大涉农信贷投入。

（二）商业性农村金融机构的现状

在我国农村金融体系中，商业性农村金融机构主要是指中国农业银行。中国农业银行在发展过程中经历了几次撤销与重建的过程，目前的中国农业银行是1979年重建的，是我国最大的涉农商业银行，同时也是我国四大国有商业银行中分支机构最多的银行。

---

① 资料来源：中国人民银行农村金融服务研究小组编写的《中国农村金融服务报告2010》。

2009 年 1 月，中国农业银行整体改制为股份有限公司，并于 2010 年 7 月分别在上海证券交易所和香港联合交易所挂牌上市，完成了向公众持股银行的跨越。作为中国主要的综合性金融服务提供商之一，中国农业银行致力于建设面向"三农"、城乡联动、融入国际、服务多元的一流现代商业银行。中国农业银行凭借全面的业务组合、庞大的分销网络和领先的技术平台，向最广大客户提供各种公司银行和零售银行产品和服务，同时开展自营及代客资金业务，业务范围还涵盖投资银行、基金管理、金融租赁、人寿保险等领域。截至 2013 年末，中国农业银行总资产 145 621.02 亿元，各项存款 118 114.11 亿元，各项贷款 72 247.13 亿元，资本充足率 11.86%，不良贷款率 1.22%，全年实现净利润 1 662.11 亿元[①]。

表 2 - 2　　　　中国农业银行按行业划分的公司类贷款分布情况

单位：百万元，%

项　　目	2013 年		2012 年	
	金额	占比	金额	占比
制造业	1 372 785	29.0	1 349 998	30.4
电力、热力、燃气及水生产和供应业	484 810	10.3	478 177	10.8
房地产业	533 141	11.3	459 978	10.4
交通运输、仓储和邮政业	605 512	12.8	515 501	11.6
批发和零售业	522 078	11.0	477 434	10.8
水利、环境和公共设施管理业	204 834	4.3	200 362	4.5
建筑业	199 892	4.2	202 875	4.6
采矿业	213 579	4.5	188 557	4.3
租赁和商业服务业	328 364	7.0	290 196	6.6
信息传输、软件和信息技术服务业	24 583	0.5	20 798	0.5
其他行业	239 279	5.1	244 113	5.5
合计	4 728 857	100.0	4 427 989	100

注：1. 本表按照贷款人所在的行业对贷款进行划分。房地产业贷款包括发放给主营业务为房地产行业企业的房地产开发贷款经营性物业抵押贷款和其他发放给房地产行业企业的非房地产用途贷款。

2. 其他行业主要包括农、林、牧、渔业、教育业以及住宿和餐饮业。

资料来源：中国农业银行 2013 年年报。

---

① 资料来源：中国农业银行网站：www. abchina. com。

中国农业银行在进行商业化改革之后，特别是进行股份制改革之后，农业银行的机构设置和职能发生了显著的变化。一方面，在 20 世纪 90 年代初以来的"减员增效"的呼声中，农村银行设置在乡镇及其乡镇以下的分支机构，被大量撤并。1998—2002 年，包括农业银行在内的四大国有商业银行总共撤并了 1 万个县及县以下机构，这表明中国农业银行正从农村金融体系中逐步退出。另一方面，农行的经营也日益强调以利润为中心，而且随着商业化改革步伐的加快，中国农业银行的贷款结构不断调整，涉农贷款比重显著降低。表 2 - 2 其他行业一类的贷款为 23 927.9 亿元人民币，占到所有贷款的 5.1%，2012 年两个数字分别是 442 798.9 亿元人民币和 5.5%，即使这些贷款全部用于农业贷款，其在中国农业银行所有的贷款中所占的比重也是较低的，而大部分贷款都投向了制造业、交通运输、仓储和邮政业等行业。更为重要的是，中国农业银行的涉农贷款主要集中在农村地区的黄金客户上，一般农户和中小企业很难得到农业银行的贷款，这使得其在农村金融体系中的主体地位日趋下降。

中国农业银行稳步推进"'三农'金融事业部制"改革试点工作。按照国务院确立的农业银行股改方案要求，为更好地服务"三农"，从 2008 年 3 月起，农业银行在甘肃、山东等 7 家省（自治区、直辖市）分行选择部分二级分行开展"'三农'金融事业部制"改革试点。2009 年，试点广度和深度进一步扩大。从 2010 年 4 月开始，在前期试点的基础上，选择甘肃、四川等 8 家分行，按照"三级督导（总行、省分行、地市分行）、一级经营（县支行）"原则完善管理架构；按照"六个单独（资本、信贷、核算、拨备管理、资金、考评激励）管理"原则完善机制建设，积极开展深化"'三农'金融事业部制"改革试点。目前，农业银行"'三农'金融事业部制"组织治理架构、单独核算体系、专门信贷制度和产品体系、风险管控制度、有效的绩效考评和投入机制已初步形成。

中国农业银行努力加大重点领域涉农信贷投放。截至 2010 年末，农业银行涉农贷款余额为 1.47 万亿元，较 2008 年末增长了近 66%。其中，支持县域中小企业近 3.2 万家，贷款余额 7 300 多亿元；农村城镇化贷款、农村基础设施贷款余额近 3 000 亿元；农户贷款余额 2 991 亿元，较 2007 年末增长了 174%。农业银行共发行惠农卡 6 100 多万张，授信总额 1 600 亿元，农户小额贷款余额 989 亿元，惠及 580 多万农户。

中国农业银行积极开展"三农"产品和服务创新。2007年以来，农业银行加大"三农"和县域产品研发力度，不断丰富完善服务"三农"产品的种类和功能。目前"三农"金融统一品牌"金益农"旗下产品达345种，其中"三农"专属产品增加到了70种，包括了惠农卡、农户小额贷款、小企业简式快速贷款、"绿色家园"农村城镇化贷款、贸易融资、CDM（清洁发展机制）项目融资等一系列新产品。积极探索新型"三农"金融服务方式，涌现出了"公安模式"、"寿光模式"、"泉州模式"、"定西模式"等一系列服务"三农"典型案例，形成了流动客户经理组、汽车移动金融、农村小额取现、多方合作支农、供应链金融等一系列新型服务方式。

中国农业银行不断加强农村基础服务设施建设。积极强化服务渠道建设创新，加快县域网点转型和改造步伐，不断扩大物理网点的辐射范围；加大县域电子服务渠道投入，初步形成了"物理网点＋ATM＋转账电话＋'三农'金融服务站＋网上银行、手机银行"的多层次、广覆盖的"三农"和县域金融服务渠道体系。共配置ATM 2万台、POS机13万台、转账电话94万台[1]。

（三）合作性农村金融机构的现状

农村信用社作为中国农村金融体系在农村最基层的组织机构，是我国目前分支机构最多的农村正规金融各机构，全国有3万多家，其分支机构遍及几乎所有的乡镇甚至农村，它直接面对农户和农村各种不同的金融需求主体，是农村正规金融机构中向农村和农业经济提供金融服务的核心力量，在支持农业和农村经济发展中始终占据举足轻重的地位。截至2010年末，农村信用合作社中以县（市）为单位统一法人社由2002年末的94家发展为1 976家；农村合作银行和农村商业银行由2002年末的3家发展为2010年末的300家，其中农村合作银行216家，农村商业银行84家。这使得合作性农村金融机构在我国农村金融机构体系中占有绝对的主导地位。

图2-2是2002—2010年，我国农村信用合作社存贷款变化情况，从图2-2中可以看出，从2002年到2010年，农村信用社的存贷款情况都得

---

① 资料来源：中国人民银行农村金融服务研究小组编写的《中国农村金融服务报告2010》。

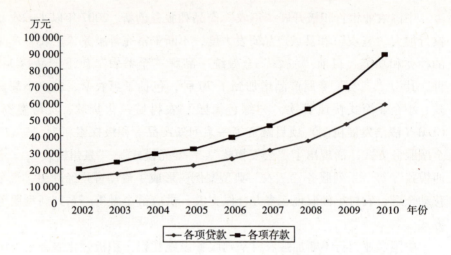

资料来源：中国人民银行农村金融服务研究小组编写的《中国农村金融服务报告2010》。

图 2 - 2　2002—2010 年农村信用合作社存贷款变化

到了快速的增长，值得指出的是，农村信用合作社的各项存款和各项贷款绝大多数都是涉农存款和涉农贷款。2010 年末，全国农村信用社各项存、贷款余额分别为 8.8 万亿元和 5.9 万亿元，比 2002 年末分别增长 3.4 倍和 3.2 倍。2010 年末，农村信用社涉农贷款余额和农户贷款余额分别为 3.87 万亿元和 2 万亿元，比 2007 年末分别增长 77% 和 68%[①]。这表明农村信用合作社的存贷款业务发展较快，支农信贷投放显著增加。

与此同时，农村信用合作社不良贷款余额和比例同时持续下降。按五级分类的不良贷款比例从 2006 年末的 27.93% 下降到 2010 年末的 4.2%。自 2004 年全国农村信用社实现转亏为盈，2010 年全年实现利润 678 亿元。这表明我国农村信用合作社的资产质量明显改善，盈利能力大幅提升。而且，为了促进农村信用合作社加强对农村经济增长和农民收入提高的扶持力度，国家采取了各项扶持政策，农村信用社长期积累的沉重历史包袱逐步得到有效化解。截至 2010 年末，中国人民银行采取专项票据和专项借款两种方式，共计对农村信用合作社安排资金支持 1 718 亿元，财税部门减免营业税、所得税 760 亿元，拨付保值贴补利息 88 亿元。以上合计，中央安排用于农村信用社化解历史包袱的资金额度累计超过 2 500 亿元，占全

---

① 资料来源：中国人民银行农村金融服务研究小组编写的《中国农村金融服务报告2010》。

国农村信用合作社 2002 年末实际资不抵债数额的比例超过 80%。截至
2010 年末，共消化历年亏损挂账 788 亿元，降幅达到 60%，共有 1 713 个
县（市）已全额消化了历年亏损挂账。农村信用社长期存在的系统性、区
域性支付风险问题得到有效控制①。

（四）政策性农村金融机构的现状

1. 中国农业发展银行的现状。中国农业发展银行是直属国务院领导的
我国唯一的一家农业政策性银行，1994 年 11 月挂牌成立。主要职责是按
照国家的法律、法规和方针、政策，以国家信用为基础，筹集资金，承担
国家规定的农业政策性金融业务，代理财政支农资金的拨付，为农业和农
村经济发展服务。全系统共有 31 个省级分行、300 多个二级分行和 1 800
多个营业机构，服务网络遍布中国大陆地区。

建行以来，中国农业发展银行在探索中前进，在改革中发展，走过了
不平凡的历程。特别是近年来，中国农业发展银行以科学发展观为指导，
认真贯彻 2004 年国务院第 57 次常务会议精神，坚决服从和服务于国家宏
观调控，全面落实国家各项强农惠农政策，把实现良好的社会效益作为最
重要的价值追求。目前，形成了以支持国家粮棉购销储业务为主体、以支
持农业产业化经营和农业农村基础设施建设为两翼的业务发展格局，初步
建立现代银行框架，经营业绩实现重大跨越，有效发挥了在农村金融中的
骨干和支柱作用。

2008 年以来，农业发展银行在以粮棉油收购贷款业务为主体，以农业
产业化经营和农业农村中长期贷款业务为两翼的业务发展的基础上，不断
拓展新的业务，积极支持新农村建设。2009 年 6 月，根据《中国银监会关
于中国农业发展银行扩大县域存款业务范围和开办县域城镇建设贷款业务
的批复》，农业发展银行开办了县域城镇建设贷款和县域内公众存款业务，
是其业务范围的又一次拓展。

在涉农业务范围不断扩大的同时，农业发展银行支农信贷大幅增长，
支农力度不断加大。2010 年末，贷款余额达到 16 709.9 亿元，比 2007 年
末增加 6 485.9 亿元，增长 63.4%；其中粮棉油收购贷款余额 9 786.94 亿
元，占贷款总额的 58.6%；2010 年累计投放粮棉油收购贷款 2 787.93 亿

---

① 资料来源：中国人民银行农村金融服务研究小组编写的《中国农村金融服务报告2010》。

元，比 2007 年增长 1.31%；农业开发和农村基础设施建设贷款余额 3 075.01 亿元，占贷款总额的 18.4%，比 2007 年增长 595.29%；农业产业化龙头企业和农产品加工企业贷款余额 1 665.92 亿元，占贷款总额的 9.97%，比 2007 年末增加 46.85%；县域城镇建设贷款余额 1 548.72 亿元，占贷款总额的 9.27%；农业科技贷款余额 86.88 亿元，比 2007 年增长 250.32%；农业小企业贷款余额 85.89 亿元，比 2007 年末增长 5.13%[①]。

2. 国家开发银行的现状。国家开发银行将服务"三农"事业发展、民生改善的基层金融业务领域确定为全行战略重点，采取多种渠道增加涉农投入，增强服务"三农"的能力。截至 2010 年末，累计发放新农村建设及县域贷款 8 559 亿元。

拓展涉农信贷投放领域。一是大力支持农业农村基础设施建设。支持农村公路、农村污水垃圾处理、农村电网建设及改造升级工程、农村户用沼气及大中型沼气和集中供气工程建设等多项基础设施建设，累计发放贷款 6 273 亿元。二是开展农村教育、农村医疗基础设施贷款。截至 2010 年末，累计发放农村教育基础设施贷款 316 亿元，支持了 592 个农村教育基础设施项目的建设；累计发放农村医疗基础设施贷款 113 亿元，支持了 414 个农村医疗基础设施项目的建设。三是加大对农村危旧房改造和农民安置房信贷支持力度。截至 2010 年末，该业务覆盖全国 30 个省（自治区、直辖市），累计发放贷款 734 亿元，共支持 303 个项目，惠及 146 万户中低收入群众。

积极开展信贷模式创新。一是创新支持农产品市场建设、升级改造和物流体系建设。共支持 24 个农产品市场项目，累计发放贷款 25 亿元。二是创新以批发方式解决零售问题，探索统一标准化信贷模式。深化与市、县政府的合作，探索以批发方式支持中小企业贷款和农民增收。截至 2010 年末，累计发放贷款 746 亿元，惠及 71 万户农村中小企业和经营户，使金融服务向县域农村有效延伸。与全国 2 000 多个市、县政府建立合作关系，与 1 431 家投融资公司、担保公司、小额贷款公司、中小商业银行等机构签订合作协议并实现业务运行。以"资金＋技术＋IT"的模式支持了 274

① 资料来源：中国人民银行农村金融服务研究小组编写的《中国农村金融服务报告 2010》。

家小额贷款公司，累计培训 1 900 多名小额贷款公司业务人员。

积极开展农业国际合作。组织境外农业资源调研规划，完成非洲、南美洲、东南亚 19 个国家的农业资源规划报告。积极联系中资涉农企业，共同研究推动在国外开展农业合作项目的实施方案。加大信贷支持力度，完成多项涉农贷款业务支持。截至 2010 年末共贷款支持 31 个农业国际合作项目，累计发放贷款 8.83 亿美元及 3.32 亿元人民币[①]。

（五）中国邮政储蓄银行的现状

2007 年初，中国邮政储蓄银行正式挂牌成立，开始探索按照商业化原则服务农村的有效形式。成立三年多来，涉农业务不断拓展，尤其是农村地区小额贷款业务得到较快发展。目前，邮政储蓄银行有 2.96 万个位于县及县以下农村地区的邮政储蓄网点，除提供储蓄和汇兑业务之外，还为农村地区提供代理保险，代收农村电费、电话费和电视有线费等服务；办理代发粮食补助金、退耕还林款和计划生育奖励金等各种业务。截至 2010 年末，全国邮政储蓄银行个人储蓄余额达到 28 470.8 亿元。其中，县及县以下网点个人储蓄余额约为 18 293.56 亿元，占比 64.25%；有 38 570 万个网点实现了全国联网；本年实现代收代发金额 11 568.53 亿元。

邮政储蓄银行采取多种形式将资金投放到农村。一是探索通过资金市场向农村地区金融机构提供批发性资金。截至 2010 年末，邮储银行与农村金融机构开展支农协议存款余额 185.2 亿元，认购农业发展银行债券余额 451.95 亿元。二是开展银团贷款加大支农力度。将大宗邮储资金批发投向国家"三农"重点工程、农村基础建设和农业综合开发等领域。截至 2010 年末，涉及农业用途的银团贷款余额 34.1 亿元。三是发展零售资产业务，资金直接反哺农村。2006 年 3 月，开始开办存单小额质押贷款。截至 2010 年末，累计发放小额质押贷款 122.11 万笔、558.54 亿元。2007 年开始试点"好借好还"小额贷款业务，2008 年 6 月，在全国 31 个省（自治区、直辖市）分行和 5 个计划单列市分行全部开办小额贷款业务。截至 2010 年末，邮储银行 4 591 个二级分行开办了小额贷款业务，在县及县以下地区累计发放小额贷款 334.27 万笔、1 885.03 亿元，占全部小额贷款累计发放金额的 69.43%[②]。

---

① 资料来源：中国人民银行农村金融服务研究小组编写的《中国农村金融服务报告 2010》。
② 资料来源：中国人民银行农村金融服务研究小组编写的《中国农村金融服务报告 2010》。

邮政储蓄银行根据市场的变化适当调整贷款产品要素，不断推出新产品。开发了设施农业贷款、再就业小额担保贷款、烟农贷款等新产品。在县域开办了个人商务贷款业务。邮政储蓄银行还根据各地特色和资金需求，积极创新抵押方式，除房产抵押贷款外，还开办了林权抵押贷款、渔船和运输船抵押贷款、仓储房产（冷库）抵押贷款，即将开办农产品仓单、盐田抵押贷款等新产品。

（六）新型农村金融机构的现状

新型农村金融机构试点于 2007 年初从四川、青海、甘肃、内蒙古、吉林、湖北等 6 省（自治区）开始，并于 2007 年 10 月扩大到全国 31 个省（自治区、直辖市）进行。截至 2010 年末，全国已组建新型农村金融机构 509 家，从地域分布看，西部地区设立 152 家、中部地区设立 153 家、东部地区设立 204 家，中西部地区占比 60%。截至 2010 年末，已开业机构发放的贷款中超过 80% 用于"三农"和小企业。新型农村金融机构的出现，提高了农村金融市场的竞争程度和运行效率，填补了部分地区农村金融服务空白，对促进提升农村金融服务水平发挥了积极作用。

2008 年 5 月，银监会和人民银行《关于小额贷款公司试点的指导意见》发布以后，在各地方政府主导下，小额贷款公司试点发展迅速。截至 2010 年末，各地已设立小额贷款公司数达到 2 451 家，比上年末增加 1 280 家；贷款余额 1 975.05 亿元，比年初增加 1 201.82 亿元。从贷款期限结构看，小额贷款公司绝大部分贷款都是短期贷款，短期贷款余额 1 952.57 亿元，占各项贷款总额的 98.86%。从资金来源看，小额贷款公司大部分资金属于自有资金，实收资本 1 780.93 亿元，占小额贷款公司资金来源的 78.6%。在盈利能力方面，小额贷款公司 2010 年实现账面利润 98.3 亿元。小额贷款公司在引导民营资本开展涉农业务方面发挥了一定作用，同时也在"银小"合作方面获得初步经验，小额贷款公司在大资金和小客户之间发挥了桥梁作用①。

第二节　陕西农村金融机构体系的现状

经过多年的发展，陕西地区已经逐步建立起了以合作性金融机构、政

---

① 资料来源：中国人民银行农村金融服务研究小组编写的《中国农村金融服务报告 2010》。

策性金融机构和商业性金融机构为支柱，以邮政储蓄银行、新型农村金融机构为补充的农村金融体系。表 2 - 3 是 2010 年陕西省农村金融发展的状况，从表 2 - 3 中可以看出，各级农村信用社是陕西农村金融的主力军，2010 年陕西省各级农村信用社有法人机构 99 个，营业网点数 2 637 个，有贷款功能的营业网点数 2 242 个，从业人员 22 658 人，这些都远远高于同期中国农业银行、中国农业发展银行、邮政储蓄银行和村镇银行的相应数值，这说明各级农村信用社在农村地区的经营网点数和从业人员数是远远高于其他金融机构的，而且各级农村信用社在各项农村金融业务方面，如各项贷款余额、农业贷款余额、各项存款余额、储蓄存款余额、获得贷款的企业数、获得贷款的农户数等，都高于其他金融机构，这也说明各级农村信用社是陕西农村地区金融服务的主要提供者。从表 2 - 3 中的数据可以看出，中国农业银行和邮政储蓄银行在陕西农村金融体系中也具有重要作用，但从他们的具体金融业务可以看出，他们的农业贷款余额占各项存款余额远远低于其他金融机构，这说明中国农业银行和邮政储蓄银行的农村地区业务在不断萎缩，在很大程度上扮演着"抽水机"的角色，把大量的资金从农村转移到城市。中国农业发展银行是政策性银行，其业务很少直接面向农村企业和农户。农村合作银行和农村商业银行大多都是由农村信用社转制而成，虽然陕西农村地区农村合作银行和农村商业银行的数量较少，但从他们各项业务指标的具体数值来看，他们在对农户提供金融服务方面的作用不容忽视。在新型农村金融机构中，2010 年陕西地区仅发展了 7 家村镇银行，贷款公司和农村资金互助社在陕西地区并没有发展（李春霄，2013）。

表 2 - 3　　　　　　　　　**2010 年陕西农村金融发展状况**

单位：个，人，万元，户

	中国农业银行	中国农业发展银行	各级农村信用社	农村合作银行	农村商业银行	邮政储蓄银行	村镇银行
法人机构	0	0	99	8	1	0	7
营业网点数	673	79	2 637	244	36	1 197	9
有贷款功能营业网点数	657	79	2 242	238	35	872	8

续表

	中国农业银行	中国农业发展银行	各级农村信用社	农村合作银行	农村商业银行	邮政储蓄银行	村镇银行
金融机构从业人员数	14 872	1 854	22 658	1 908	446	7 343	137
各项贷款余额	7 508 084	3 573 619	11 804 160	1 449 198	1 000 784	470 273	28 083
农业贷款余额	184 974	3 573 619	7 698 468	1 235 775	919 313	172 381	16 239
农户贷款余额	174 599	0	5 774 355	1 138 644	848 933	153 292	8 972
小企业贷款余额	313 038	1 731 219	2 441 285	96 122	93 380	850	14 589
不良贷款余额	295 919	963 558	1 729 083	29 994	7 759	1 838	0
各项存款余额	20 995 790	273 214	19 187 507	2 266 073	1 838 694	10 553 330	41 828
储蓄存款余额	12 148 205	0	13 949 641	1 617 951	1 046 595	9 020 376	17 217
获得贷款的企业数	1 366	1 608	258 520	497	44	5	156
获得贷款的农户数	39 867	0	2 460 669	178 113	12 422	43 211	1 444

资料来源：根据银监会发布的《中国银行业农村金融服务分布图集》和李春霄（2013）博士学位论文《农村地区金融排斥研究》整理所得。

从表2-3中可以看出在陕西的农村金融体系中，以各级农村信用社和农村合作银行为代表的合作性农村金融机构，从法人机构、营业网点数、从业人员数到各项存款余额、各项贷款余额、获得贷款的企业数和获得贷款的农户数都具有无与伦比的优势。这说明合作性的农村金融机构在陕西农村金融机构体系中占有主导地位。要发展陕西的农村金融必须进一步促进合作性农村金融机构的发展，引导合作性农村金融机构在促进陕西农村经济增长、提高农民收入中发挥更大的作用。

第三节　农村金融机构的风险分析

风险是由于不确定性所造成的损失或获益的机会。任何行业都存在风险，而所谓的金融机构的风险是指金融机构在经营与运行过程中所面临的各种不确定性所导致的损失或收益的机会。金融是现代经济的核心，对于一个国家经济增长、人民收入水平的提高具有至关重要的作用，因此，金融机构所面临的风险也成为各个国家重点关注的焦点。金融机构所面临的风险是一种经济现象，如果不加以防范和化解，就会酿成金融危机。不同金融机构所面临的风险形式是不相同的，对其的识别、防范和控制的方法也不尽相同。

农村金融机构是农村经济活动的核心。由于经济、社会和个人等因素的不确定性，使得农村金融机构的实际收益与预期收益会发生偏差，从而使农村金融机构受到损失，进而造成农村金融与农村经济的不协调发展，甚至会造成农村金融与农村经济相互制约的恶性循环。农村金融机构的风险既包括农村金融机构的内部运营风险，也包括农村金融外部环境风险。农村金融机构的内部风险往往是由于农村金融机构的经营管理造成的，外部环境风险是由于其所处的经济环境的不确定性所造成的。通过实地调研和梳理相关文献，我们发现我国农村金融机构所面临的风险主要包括四个大类，分别是信用风险、市场风险、操作风险和流动性风险。表2-4是我国农村金融机构所面临的风险的主要种类。

表2-4　　　　　　　我国农村金融机构所面临的主要风险种类

风险类别	具体表现
信用风险	违约风险、授信风险、集中决策风险、信用恶化风险
市场风险	利率风险、汇率风险、股票持仓风险、投资组合风险
操作风险	内部操作风险、体制风险、人的风险、外部事件风险
流动性风险	资产流动性风险、负债流动性风险

1. 信用风险又称违约风险或信贷风险，是指借款人或交易对方由于各种原因无法履行合同约定而构成违约，使得金融机构遭受损失的一种可能性（张玲，2000）。相对其他金融机构，农村金融机构所面临的信用风险是其所面临的最主要的风险，信用风险主要包括违约风险、授信风险、集中决策风险和信用恶化风险。国际结算银行2001年所做的报告表明，目前金融机构总的金融风险的资本分配中，大约60%的资本被分配在信用风险上。信用风险主要体现在金融机构资产质量上，衡量信用风险的代表性指标主要包括不良贷款比率、贷款迁徙率、拨备覆盖率、最大十家客户贷款比例。

2. 市场风险是指由于股价、利率、汇率等市场价格的变化而导致金融机构资产价值遭受损失的潜在可能性。市场风险主要包括利率风险、汇率风险、股市风险和商品价格风险，其中，最重要的是利率风险。利率风险主要是指由于利率变动而使银行遭受损失的可能性。利率风险包括：重新定价风险、基准风险、期权性风险和收益性曲线风险。外汇风险主要是由于外汇汇率变动而引起的，包括外汇交易风险和外汇结构风险。股票价格风险主要是指由于银行所持股票价格变动带来的风险。商品价格风险主要指银行所持各类资产商品价格变动所带来的风险隐患。

3. 操作风险是指由于不恰当的或是失败的处理方式，由人员或是系统以及外部事件等导致直接或是间接损失的风险；从广义上讲，操作风险实际上覆盖了金融机构在经营方面除信用风险、市场风险与决策风险之外的所有风险；从业务流程上看，操作风险包括后台业务、中间业务，也包括前台业务和面向客户的业务；从业务种类上来看，操作风险不仅涉及系统、模型、信息传递等管理技术问题，也包括凭证填报，实物传送等实际操作问题；从风险的严重性看，工作疏忽等小问题与恶意欺诈等犯罪行为都属于操作风险的范畴（安娜，2010）。所以，操作风险几乎存在于金融机构日常业务经营管理的每一个方面。

4. 流动性风险是指由于无法及时有效地满足现金的需求而导致金融机构遭受经济损失的可能性。流动性风险通常是由于金融资产流动的不确定性造成的。流动性风险包括资产流动性风险和负债流动性风险；金融机构筹资能力的变化对流动性的影响很大，一旦金融机构的筹资能力下降，就会迫使金融机构被动地进行资产负债调整，造成流动性风险损失；这种情况若是不断恶化，就有可能使金融机构提前进入清算，使得账面上的潜在损失转化为实际损失，甚至导致金融机构破产。对于农村金融机构来说，流动性风险与季节性变化和农民的收入有很大关系，在收获的季节，农民资金较为丰富，贷款违约率小，而在耕种时节是生产性借贷和消费性借贷集中发生的时期，使得银行的流动性风险加大。同时，由于农业生产性周期相对来说比较长，受自然灾害的影响较大，所以农村金融部门更为脆弱、流动性风险更大。

我国的农村金融机构在经营与运行过程中，以上四种风险都存在，但信用风险是其所面临的最主要风险，这是由于"三农"和农村金融自身的特点所决定的。农业是一项弱质产业，具有极大的脆弱性，受自然灾害的影响较大；农民的收入水平较低，对于突发事件等一系列风险的承受能力低；而且随着经济的全球化进程的不断深入，世界各国都纷纷采取措施保护本国的农业生产，使得国际市场上的农产品的价格波动异常频繁，这也可能导致农民的损失。这些风险都会导致已经从金融机构贷款的农户很难履行合约，违约的情况时有发生。农户的违约势必会给农村金融机构带来风险。

本 章 小 结

本章对陕西农村金融机构体系及其风险进行了分析。首先分析了我国农村金融体系的发展历程，并以中国农村金融服务的基本情况、商业性农村金融机构的现状、合作性农村金融机构的现状、政策性农村金融机构的现状、邮政储蓄银行的现状、新型农村金融机构的现状等方面分析了我国农村金融机构体系的现状，在此基础上分析了陕西农村金融机构体系的现状，并对农村金融机构所面临的风险进行了分析。

研究发现，在陕西省的农村金融体系中，以各级农村信用社和农村合作银行为代表的合作性农村金融机构，从法人机构、营业网点数、从业人员数到各项存款余额、各项贷款余额、获得贷款的企业数和获得贷款的农户数都具有无与伦比的优势。这说明合作性的农村金融机构在陕西农村金融机构体系中占有主导地位。要发展陕西的农村金融必须进一步促进合作性农村金融机构的发展，引导合作性农村金融机构在促进陕西农村经济增长、提高农民收入中发挥更大的作用。我国的农村金融机构在经营与运行过程中，信用风险、市场风险、操作风险、流动性风险等四种风险都存在，但信用风险是其所面临的最主要风险，这是由于"三农"和农村金融自身的特点所决定的，因此农村金融机构在经营与管理过程中必须重视信用风险，并加以措施防范，规避信用风险。基于以上原因，本书以陕西省为研究区域对农村合作金融机构信贷风险控制作进一步的探讨与分析。

第三章　陕西农村合作金融机构信贷风险控制历程、现状及问题

从农村合作金融机构酝酿、形成、发展和演变过程看，陕西农村合作金融机构经历了一个复杂、曲折、多变的发展过程，目前正在积极探索和深化管理体制和经营机制的改革来谋求更大的发展。但是，信贷风险控制中存在的一些问题制约着陕西农村合作金融机构的发展。

第一节　研究区域介绍

陕西省是农业大省，2011 年，农业人口占全省总人口的 64.41%，第一产业收入在农村居民家庭人均收入中所占比例为 31.89%。同时陕西工业保持了快速发展，以工业为主的中小企业经营规模不断扩大，年纳税百万元以上的中小企业、非公企业 2 190 户，其中包括多家涉及种植业、养殖业、果业、乳业、农副产品加工业、储运等众多产业的、集农产品生产、加工和销售为一体的龙头企业。但从总体来看，陕西与发达地区相比，农村经济总体仍较落后，中小企业或乡镇企业在部分地区虽然增速较快，但在规模和发展水平上仍处在较低层次，农村整体工业化程度较低，对农村经济的带动作用有限。当前正处于由传统农业向现代农业过渡时期，既有以初级生产为主的、分散和传统的生产经营主体，也出现了综合型的、现代和集约的生产经营方式，陕西"三农"的总体特征呈现出多层次性、多元化和多样性的特点。具体表现为：

一是以家庭经营为主，第一产业为农村居民家庭主要收入来源，第一产业中农业收入占比最大。2011 年，耕地面积占全省土地面积的 19.4%，2011 年陕西农村居民家庭人均纯收入 5 027.8 元，其中家庭经营收入 2 028.0 元，占人均总收入的 40.3%；以农户为单位的家庭经营模式是农村劳动力的主要经济组织形式。在家庭经营性收入中，第一产业收入占比达到 79.0%，第二、第三产业收入比重分别为 2.9% 和 18.1%。

二是工资性收入成为农村居民家庭经营收入以外的最主要收入来源。

陕西农村居民家庭人均工资性收入从 2006 年的 848.26 元提高到 2011 年的 2 384.0 元，2011 年，工资性收入占农村居民家庭全年纯收入的比例由 2006 年的 37.5% 提高到 2011 年的 47.4%，首次超过家庭经营收入所占比重。

三是转移性收入呈逐年增加趋势，财产性收入占比最小。2011 年，转移性收入在农村居民家庭人均纯收入中占比为 8.94%，较 2006 年增加了 2.75 个百分点；而财产性收入在农村居民家庭人均纯收入中占比为 3.28%，较 2006 年提高了 0.95 个百分点。

四是乡村就业人员继续从第一产业向第三产业转移，第二产业就业人数略有下降。2011 年，全省第一产业就业人数占乡村总从业人员比例为 62.4%，比 2006 年下降了 3 个百分点，同期第二产业就业人数占总从业人员比例由 14.24% 减少为 13.8%，第三产业就业人数占总从业人员比例由 20.3% 增加为 23.5%。

五是农民纯收入增长加快，城乡差距拉大。2011 年陕西农村居民人均纯收入 5 028.5 元，城乡收入比为 3.63:1。虽有所回落，但仍高于国内外公认的合理区间（1.5:1 和 2:1）。

六是区域农村经济特点鲜明，存在较大差异。陕北地区依托资源优势快速发展；关中地区是粮食主产区，依托粮食产业发展的农业初级产品加工、种养业和加工业发展迅速；陕南地区的生态农业、特色农业发展势头良好。

第二节　陕西农村合作金融机构信贷风险控制发展历程及现状

一、陕西农村合作金融机构信贷风险控制历程

(一) 孕育发展初期（1949—1978 年）

1949 年 9 月通过的《中国人民政治协商会议共同纲领》中规定："关于合作社，鼓励和扶助广大劳动人民根据自愿原则，发展合作事业。"1950 年 7 月，全国合作社工作者第一届代表会议召开，会议决定今后农村着重发展供销合作社、农业生产合作社和信用合作社，以促进农业生产和改善农民生活，发展农村中新的借贷关系。1951 年 12 月 2 日，陕西第一

个农村合作金融机构——长安县稻地江村信用合作社成立。虽然那时的信用社是由小农经济发展起来的，规模比较小，管理水平低，但陕西信用合作事业的发展正式由此起步。1951 年 8 月由中国人民银行总行和中华全国合作社联合总社下发的《关于农村信用合作工作注意要点的联合指示》指出，信用合作工作由人民银行负责组织领导。这一时期的农村合作金融机构处于发展时期，具有合作金融组织的基本性质。人民公社时期，由于"大跃进"等一系列政治运动和"文革"的影响，农村金融体制出现了多次反复，农村合作金融机构失去了合作金融的性质，先后被移交给人民公社、生产大队、银行营业所管理，变成这些部门的附属机构。1958 年农村信用合作社和银行营业所合并后下放给人民公社，成为人民公社的信用部。1959 年又将信用社下放给生产大队，成为信用分部。"文化大革命"时期，又对农村合作金融机构实行"贫下中农管理"。1970 年后，农村信用合作社逐渐变成银行的基层机构。直至 1977 年农村合作金融机构被人民银行正式确定为兼有集体金融组织和国家银行农村基层机构的双重性质，农村合作金融机构脱离了社员，合作金融组织的特点基本消失。这一阶段初期信用社对国民经济的恢复发挥了巨大的作用，后期进入多头管理的频繁波动时期，合作金融组织的"三性"名存实亡，由于"官办"信用社产权不清的制度缺陷，农信社的干部队伍、资金和业务均受到严重损害。

（二）农业银行管理时期（1979—1996 年）

"文化大革命"以后，鉴于当时把农村合作金融机构下放给地方管理，造成混乱和损失的教训，国家决定把农村合作金融机构交给国家银行管理，农村合作金融机构成为国家银行在农村的基层机构。首先交给人民银行管理，后来交给农业银行管理。这时，虽然在国家银行领导下，信用社的业务得到一些恢复，但是，由于国家银行管得过多，管得过死，使信用社丧失了自主权，而成为银行的附属，走上"官办"的道路。信用社的发展受到约束，自主权受到伤害。1983 年国务院 105 号文件明确规定，把农村合作金融机构办成合作金融组织，恢复其合作性质。农村合作金融机构"三性"——组织上的群众性、管理上的民主性、业务经营上的灵活性——有所恢复，独立性有所增强。在业务关系上农业银行不给信用社下达指令性指标。1986 年前后又组建了县联社，农村合作金融机构的自主权有所扩大，无论在机构上还是业务上都有了较快的发展。但是在农业银行的领导下，信用社的改革不彻底，合作制的原则没有得到很好的贯彻落实，民主管理在很多地方流于形式。这一阶段由于制度改革不到位、员工整体素质不高和经营上的粗放，导致资金严重不足，风险开始不断积累。

（三）人民银行管理阶段（1996—2003 年）

1996 年信用社正式从农业银行脱钩，交给人民银行管理。1996 年《国务院关于农村金融体制改革的决定》指出，农村合作金融机构管理体制的改革是农村金融体制改革的重点，改革的核心是把农村合作金融机构逐步改为由农民入股、由社员民主管理、主要为入股社员服务的合作金融组织。这一时期，国家出台了一系列有利于农村合作金融机构发展的政策，如收缩国有商业银行战线，整顿农村基金会，放宽对农村信用合作社贷款利率浮动范围的限制，支农再贷款扶持，加大国家财政投入以解决农村信用合作社的不良资产问题等，这些政策客观上强化了农村合作金融机构对农村金融市场的垄断，推动并深化了信用社改革试点工作。这一时期的信用社由于快速扩张，贷款投放过度，贷款条件把关不严，风险控制能力过低，开始形成较大面积的不良资产，开始危及到信用社自身的生存。

（四）产权改革时期（2003—2005 年）

2003 年 6 月 27 日，在江苏省农村合作金融机构改革试点的基础上，国务院出台了《深化农村合作金融机构改革试点方案》，决定扩大试点范围，将陕西等 8 省（市）列为试点单位，进行以产权为核心的农村合作金融机构改革试点，目前这项改革已在全国大部分省（市）推开，拉开了新一轮农信社改革的序幕。该方案明确指出：按照"明晰产权关系、强化约束机制、增强服务功能、国家适度支持、地方政府负责"的总体要求，加快信用社管理体制和产权制度改革，把信用社逐步办成由农民、农村工商户和各类经济组织入股，为农民、农业和农村经济服务的社区性地方金融机构。这次农村合作金融机构改革，重点解决两个问题：一是以法人为单位，改革农村信用社产权制度，明晰产权关系，完善法人治理结构；二是改革农村信用社管理体制，将信用社的管理交由地方政府负责，成立农村合作金融机构省（市）级联社。2003 年银监会成立，农信社的监管职能转入银监会。2003 年 11 月底陕西农村合作金融机构改革实施方案已通过银监会批准，这标志着陕西农村合作金融机构改革试点工作已进入全面实施阶段。这一时期由于信用环境欠佳、保障机制缺失、服务手段落后、业务创新能力不足、人才匮乏等因素导致了农村合作金融机构信贷风险形势日益严峻，且法人治理结构完善和机制转换尚需时日，内外部制约因素仍然存在，多重责任和压力致使信用社的风险很难从根本上化解，其体质、机制等深层次矛盾和问题依然存在。

（五）体制改革转型时期（2005年至今）

这一时期农村合作金融机构的生存环境发生较大的变化，农村合作金融机构实行股份制经营后，自担风险、自求平衡、自我发展的能力得到了进一步加强。随着农村合作金融机构规模的壮大，农村合作金融机构的支农力度和抗风险能力不断提高。2008年10月召开的党的十七届三中全会提出，建立现代农村金融制度，创新农村金融体制。在今后一段时期内，农村合作金融机构改革的主要任务是：进一步完善农村合作金融机构内部治理结构，改善法人治理结构，保持县（市）社法人地位稳定，发挥服务"三农"主力军作用。但是，农村合作金融不同于商业银行，它一般只在法人范围内形成一个联社，法人之外并不存在产权上的纽带关系，彼此之间还没有调动资金、互相救助的义务，因此农村合作金融依然面临比商业银行更多的不确定因素，建立全方位、多层次、灵活的农村合作金融体系，仍然尚未破题。在不断深入农村合作金融机构改革的同时，将架构并完善全面风险管理体系和机制，始终坚持不懈地抓下去，才能确保农村合作金融机构的改革成果，才能真正实现农村合作金融机构的健康发展。

二、陕西农村合作金融机构信贷风险控制现状

从1951年成立至今，陕西农村合作社已走过了62年的发展历程。截至2011年底，陕西共有农村合作金融法人机构107家（其中：农村商业银行3家，农村合作银行9家，农村信用社95家）。全省有2 921个营业网点，共有员工25 012人，服务基本覆盖到了全省所有的乡镇。2011年末，各项贷款余额为1 695亿元，各项存款余额为2 742亿元，贷款总量和增量、存款增量均列全省银行机构第一位，存款总量排全省银行机构第二位，连续七年贷款余额和增量位居全省金融机构首位，已成为一支在陕西经济社会发展中发挥重要作用的地方金融力量。陕西农村合作金融机构本着"立足陕西，服务三农"的发展定位，在支持农村产业结构调整、促进农民增收方面发挥了农村金融主力军的作用。为494万户农户建立了经济

档案，占全省农户总数的71%，其中238万户被评为信用户，占农户总数的34%，贷款农户达335万户，占农户总数的48%。2004年省联社成立后，把电子化建设作为改进信用社服务的突破口，立即启动了大集中网络建设项目，相继开发建成了综合业务网络系统和信贷管理系统。目前，全省107家联社和农村合作银行全部实现联网，做到了数据集中管理、信息资源共享、系统内资金汇划实时到账。同时，又开发了与人民银行大额、小额支付系统对接的辖区内小前置系统，成功与人民银行大额、小额支付系统对接，实现系统外异地资金实时到账，资金结算速度慢、渠道不畅的问题得到了彻底解决。同时，利用综合业务网络系统，成功发行了银行卡——富秦卡，并推出农民工卡业务，进一步丰富了服务手段。

2003年以来，作为主力军的陕西农村合作金融机构改革取得了阶段性的成果，通过中央银行的票据支持和财税政策的支持，改善了财务状况。但是受各种政策和人为因素影响，陕西农村合作金融机构历史包袱十分沉重，遗留问题突出，经营管理不善，内控制度不健全，信贷管理偏松，有章不循，导致资产质量普遍较低，大量的资金沉淀、流失，经营亏损严重，潜在的风险较大。截至2010年末，按照五级分类，全省不良贷款余额176.68亿元，不良贷款率为11.9%，高于全国农村合作金融机构不良贷款率约4.2个百分点，高于同期全国商业银行不良贷款率约11个百分点。由于人员多、成本大，盈利能力低，拨备提取率低、提高资本充足率难度较大，受上述因素的影响，目前陕西农村合作金融机构面临的信贷风险控制形势较为严峻。

第三节　陕西农村合作金融机构信贷风险控制存在的问题与挑战

在新一轮改革"花钱买机制"政策作用下，陕西农村合作金融机构信贷风险控制方面已经有了很大的改善，主要表现为：风险管理战略目标逐步明确、信贷风险控制措施进一步完善、风险管理组织架构更加优化、风险控制手段不断丰富。但是仍然存在以下不足。

一、农户信用评级方法落后，指标选择缺乏科学依据

金融机构信贷风险的客户评级能力以及评价模型的选择在很大程度上

取决于其对借款方的信息特征占有情况。由于缺乏外部的中介评级机构，同业间的信息共享建设缓慢，陕西农村合作金融机构获取客户信用评级所需资料一般从机构内部进行收集。由于各网点规模狭小，人员有限，且农户具有居住分散性、财务资料不清晰和信息不公开的特点，陕西农村合作金融机构在信用风险的客户评价方面凸显出工作量大但回报有限的矛盾。在信用评级资料有限的情况下，现代金融理论和风险评估计量技术无法提供直接的指导，农村合作金融机构需要结合自身信贷业务的独特性进行自主调试与模型转化，加之信贷风险识别量化工具产生作用的其他条件还尚未满足，长期以来，陕西农村合作金融机构的信贷风险客户评级方法偏于简单，信贷风险的管理模式表现出明显的传统特征，尚未结合实践需求导入和普及先进的、适用的风险控制技术，推进信贷风险度量和评价的模型化和数据化。信贷风险分析技术的开发和利用尚处于"手工作坊式"阶段，主要根据信贷员对本地农户的了解程度和经验判断选择认为能够体现农户偿债能力的部分定性指标和财务信息，人为设定评价体系中各项指标的权重，据此判断客户的信用级别，尚未建立起符合量化标准的客户信用评级系统，实现风险分析由定性为主向定性与定量相结合的转变。与商业银行大量运用金融工程和数理统计模型等先进方法相比，陕西农村合作金融机构在农户信用评级方面缺乏客观性和科学性，评级方法比较落后，评价指标选择和权重确定缺乏合理依据，评级结果有待检验。

二、信贷风险内控体系不健全，风险控制尚未成为组织责任

银行本身就是通过经营和管理风险获得收益的。银行类金融机构一套完整健全的信贷风险内控体系，应该实现风险控制战略、偏好、架构、过程和文化的统一，建立长效的风险控制机制，并建立与全面风险管理体系相适应的系统理念、组织架构、责任体系、制度保障、考核问责和监督评价机制，使风险控制真正成为一种组织责任。以此为参照，陕西农村合作金融机构信贷风险内控体系仍存在较大差距。主要表现为：其一，虽然在形式上设立了"三会"制度，但在实际运作中，这些应相互制衡的"三会"制度并未产生"三权"制约的实际效果，导致大多数农村合作金融机构各职能条块均不同程度地存在着对目标函数和价值诉求的模糊，缺乏发展的战略规划，习惯的短期行为制约了农村合作金融机构信贷风险内控体

系的进一步完善。在实际工作中，或片面强调业务发展，忽视风险控制在经营管理和业务拓展过程中的作用；或过于机械地强调风险控制，追求"零风险"，导致信贷业务的持续萎缩，无法提高经营效益，没有很好地实现信贷业务发展与风险控制之间的相互统一与促进。其二，信贷风险控制是一个系统工程，需要在农村合作金融机构全系统建立涵盖信贷业务的全程风险管理系统，要求无论是高级管理层还是基层人员都要确立计划、执行、控制、调整的全过程风险管理的思想，审慎对待贷款业务运行过程中的风险问题。当前，陕西农村合作金融机构尚未在全过程风险控制理念的指导下改变粗放式的经营管理模式，信贷风险内控体系不健全，尚未形成一个以风险管理部为中心、集中独立的风险控制体系，在信贷风险控制的组织、制度、环节和信息技术等要素方面均不同程度地存在不规范、不完善和流于形式等现象。其三，尚未形成全员风险管理理念。由于全员风险问责机制刚刚起步，真正的落实仍需一个过程，脱胎于计划经济的农村合作金融机构从业人员，不能有效执行各岗位的内容和标准，并清晰了解其需要承担的风险控制责任以及所应采取的风险防范措施，习惯了按部就班地完成计划指令，普遍地认为信贷风险的防控是风险管理部的职责，而忽视风险控制，这种多年延续的习惯、经验、做法严重制约了陕西农村合作金融机构信贷风险控制。同时，由于员工素质总体较差，普遍存在保守观念、知识老化等问题，导致了陕西农村合作金融机构员工对先进的风险评价、资产组合分析、风险预控和风险缓释技术缺乏了解。其四，陕西农村合作金融机构的电子化发展虽然有了一定程度的改善，但相对于其他商业银行发达的电子化建设水平，差距依然较大，制约了信贷风险控制能力和效率的提升。

三、信贷风险控制的外部环境亟须优化

农村合作金融机构信贷风险的外部环境，或直接作用于机构，影响信贷资金的配置；或间接作用于借款方，影响借款人的偿债意愿和能力，进而对机构风险控制产生诱导和激励作用。良好的外部环境能够为组织提供既合理又充分的支持，保持和优化这种环境是促进农村合作金融机构健康成长的基础条件和有效支撑。农村合作金融机构信贷风险控制水平在很大程度上受到当地农村经济发展水平的制约。良好的经济发展会对农村合作

金融机构发展提出多样化的需求，促进农村合作金融机构创新并关注资产质量及服务质量的提高。目前，传统城乡二元结构对农村经济发展产生极大的阻滞，导致农业的长期低速增长和农村消费市场的持续萎缩，农村经济总量和农村生产、消费的不足使农村合作金融机构提升信贷风险控制水平缺乏物质资源和发展动力。地方政府财政支农能力不强且增长缓慢，不合理的财政支农结构导致农业和农民在财政支农资金使用中直接受益成分的薄弱，抑制了财政支农资金促进农业经济增长和提高农民收入水平作用的有效发挥。分税制改革导致地方政府财政紧张，而地方政府在财政汲取能力弱化时，往往通过汲取金融功能的上升来弥补和替代，因此，财政收支压力加大不可避免地会强化地方政府对金融信贷的行政干预，地方政府债务成为影响陕西农村合作金融机构信贷风险控制的重要因素。征信服务才刚刚起步，征信系统尚不完善，存在信用意识与道德规范普遍缺乏的社会现状。外部监管相对简单，信息披露还不规范，市场约束尚未发挥作用，陕西农村合作金融机构信贷风险控制的外部环境有待改善。

本 章 小 结

本章对陕西农村合作金融机构信贷风险控制历程、现状及问题进行了分析。在分析过程中，首先对陕西省做了简要的介绍，分析了陕西农村合作金融机构信贷风险控制发展历程及其现状，从1951年成立至今，陕西农村合作社已走过了62年的发展历程。陕西农村合作金融机构信贷风险控制历程分为孕育发展初期（1949—1978年）、农业银行管理时期（1979—1996年）、人民银行管理阶段（1996—2003年）、产权改革时期（2003—2005年）和体制改革转型时期（2005年至今），不同阶段有不同特征。其次，描述分析了陕西农村合作金融机构信贷风险的控制现状。截至2011年末陕西农村合作金融机构贷款总量和增量、存款增量均列全省银行机构第一位，存款总量排全省银行机构第二位，连续七年贷款余额和增量位居全省金融机构首位，已成为一支在陕西经济社会发展中发挥重要作用的地方金融力量。但截至2010年末，按照五级分类，全省不良贷款余额176.68亿元，不良贷款率为11.9%，高于全国农村合作金融机构不良贷款率约4.2个百分点，高于同期全国商业银行不良贷款率约11个百分点。由于人员多、成本大，盈利能力低，拨备提取率低、提高资本充足率难度较大，受上述因素的影响，目前陕西农村合作金融机构面临的信贷风险控制形势较为严峻。最后分析了陕西农村合作金融机构信贷风险控制存在的问题与挑战，主要包括农户信用评级方法落后，指标选择缺乏科学依据；信贷风险内控体系不健全，风险控制尚未成为组织责任；信贷风险控制的外部环境亟须优化等。

第四章 陕西农村合作金融机构贷款
农户违约风险影响因素分析

农村合作金融机构作为服务"三农"的社区型地方金融机构，其服务的主体是农户和农村中小企业，数据显示目前农村中小企业贷款所占比重较小，2010年陕西农村合作金融机构的小企业贷款占比仅为21.3%，仅占两成，农户贷款是小企业贷款的3.4倍。获得贷款的农户数为176.02万户，是获得贷款小企业数的49.5倍。相关研究结论认为相比农村企业贷款，农户信贷风险具有更高的违约风险（杨栋、张建龙，2009）。因此，本书主要研究农户的信贷违约风险控制问题。作为农村中最广泛和最基础的经济主体，农户是农村金融市场最主要的需求主体，农户信贷资金的使用效率会对农村合作金融机构信贷风险控制产生重要影响，农户的信贷违约构成了农村合作金融机构信贷风险的主要来源。因此，深入探讨农户信贷违约的影响因素，构成陕西农村合作金融机构信贷风险控制研究的重要内容。本章在实地调研数据基础上，对新形势下农村合作金融机构贷款农户信贷违约风险的影响因素进行分析，以期为陕西农村合作金融机构制定客户信贷风险防控战略提供参考依据。

第一节 农户信贷违约风险的描述性统计分析

本章分析的数据来自2012年7月对陕西渭南市农村信用社贷款农户违约状况的实地调查。实地调查在农村合作金融机构网点信贷员的协助下开展，以信用社贷款记录为依据，按时偿还贷款的农户为履约户，但凡存在不良记录的农户均认定为违约户，问卷随机发放，所得样本具有一定代表性。本书共发放问卷400份，收回373份，剔除掉无效问卷52份，最后获得有效问卷284份，有效率为84.5%。

一、样本农户基本信息

（一）户主基本特征

户主通常是指在一个家庭日常生活中享有管理权，相对于其他不同家庭成员而言较为权威，能较强地影响其他家庭成员的观念和看法的人，它是由我国传统的家长权为适应现代家庭的需要演变而来的。作为家庭的主要影响者和决策者，户主的综合素质对农户家庭的经营管理能力具有决定作用，进而可直接影响农户信贷资金的使用行为。本书对样本农户户主基本特征的分析主要从户主年龄、文化程度、就业类型、信用程度和社会关系状况等方面进行分析。

1. 户主年龄。被调查农户户主的平均年龄为43.8岁。户主年龄为50岁以上、40～50岁、30～40岁和20～30岁的农户分别有157户、151户、62户和3户，分别占受访农户总数的42%、40%、17%和1%。其中，户主年龄为50岁以上的受访农户所占比重最高，其次是户主年龄为40～50岁的农户，两组农户在受访农户总数中的占比高达82%。可见，有借贷需求并发生借贷行为的绝大多数为户主年龄高于40岁的农户家庭（见表4-1）。

表4-1　　　　　　　　受访农户户主年龄情况统计　　　　单位：户，%

年龄	户数	所占比例
50岁以上	157	42
40～50岁	151	40
30～40岁	62	17
20～30岁	3	1
合计	373	100

2. 受教育程度。被调查农户户主的受教育程度统计结果中，没有上过学和接受过小学、初中教育的农户所占比重分别为23%和63%，两组农户之和在全部农户中所占的比重高达86%。接受过高中、专科及以上教育的农户所占比重分别为12%和2%。可见，被调查地区农户的文化水平整体偏低（见表4-2）。

表4-2　　　　　　　　受访农户户主文化程度情况统计　　　　单位：户，%

文化程度	户数	所占比例
小学及以下	90	23
初中	234	63
高中	43	12
专科及以上	6	2
合计	373	100

3. 户主就业经历及领域。农户家庭的生产经营能力、采用农业新技术的意愿以及信贷资金的使用效率跟农户的就业经历和领域有很大关系。户主的就业经历对开阔其眼界、提高对新事物的学习和接受能力都有积极的影响。被调查农户中，户主有外出务工经历的农户占比为 37.4%。主要从事粮食种植、特色种养殖、自营工商业和务工或公职的农户所占比重分别为 53%、21%、17% 和 9%，其中，种粮的有 197 户，所占比重最高。从事农业生产的农户占所有受访农户总数的 74%（见表 4-3）。也说明当前农村合作金融机构的贷款发放主体为从事农业生产的农户，事实上发挥着支持"三农"发展的政策性金融功能。

表4-3　　　　受访农户户主就业领域情况统计　　　单位：户，%

主要从事职业	户数	所占比例
种粮	197	53
特色种养殖	78	21
自营工商业	63	17
务工或公职	35	9
合计	373	100

4. 信用自我评估。信用自我评估是农户对自身社会评价的基本判断，农村的社会关系建立在深厚的地缘和人情关系之上，农户的社会评价作为社会资本的主要构成，对农户信贷违约行为会产生较好的预测和约束作用。85% 的被调查农户认为自身及所代表家庭信用"一般"和"较好"。14% 的农户认为自身及所代表家庭的社会信用"很好"，只有 1% 的农户认为自身社会信用"较低"。没有农户对自身信用进行最差评价（见表4-4）。

表4-4　　　　受访农户信用自我评估情况统计　　　单位：户，%

信用自我评估	户数	所占比例
很好	50	14
较好	183	49
一般	135	36
较低	5	1
合计	373	100

（二）农户家庭特征

1. 农户家庭规模。被调查地区农户家庭的主要构成方式一般为父母、子（女）以及孙子（女），样本农户家庭平均人口为4.3人。其中家庭规模为4~5人的有205户，占全部受访农户家庭的55%；家庭规模多于5人的农户（65户）的占比为17%；少于4人的农户家庭的（103户）占比为28%（见表4-5）。

表4-5　　　　　　　　被调查农户家庭规模情况　　　　　单位：户，%

家庭总人口	户数	所占比例
少于4人	103	28
4~5人	205	55
多于5人	65	17
合计	373	100

2. 农户家庭劳动力的特征。劳动人口数方面（见表4-6）：在被调查的373户农户中，16岁以上劳动力共1 202人，户均劳动力为3.2人。其中，没有劳动力的农户家庭只有1户。劳动力人口为2~4人的农户家庭占比达到83.6%。以家庭劳动力人口为2人和4人的农户家庭较为普遍，在样本农户中占比分别为27.1%和34.3%。

表4-6　　　　　　　被调查农户家庭劳动力人口情况　　　　单位：户，%

劳动力人数	户数	所占比例
0~1人	19.00	5
2~3人	184.00	52
4~5人	160.00	43
合计	373.00	100

在家庭供养人口数方面（见表4-7）：本次调查问卷设计中，家庭供养人口主要是指学龄前儿童、学生、老人和丧失劳动力的残疾人。供养人数多，相应家庭负担也会重。被调查农户家庭的供养人口多为1~2人，所占比例达到64%（237户），没有供养人口的家庭占比为29%（108户），供养人口大于3人的家庭仅有28户，所占比重为8%。可见，样本农户家庭的供养人数普遍较少，其原因可能在于，调查中发现农村地区劳动力的

年龄跨度极大，下到 16 岁儿童，上至 70 多岁老人，依然可以称为家庭的主要劳动人口。

表 4-7 　　　　　　　　　被调查农户家庭供养人口情况 　　　　　单位：户，%

供养人数	户数	所占比例
0 人	108.00	29.0
1~2 人	237.00	63.5
>3 人（含）	28.00	7.5
合计	373.00	100

在农户家庭外出务工情况方面（见表 4-8）：工业化和城市化进程中，伴随着非农就业机会的增加和收入水平的提高，农户以粮为主的收入结构呈现出弱化的趋势，打工收入成为农户增收的重要途径之一（王春超，2011）。被调查农户家庭中一半家庭（187 户）没有外出打工人口，说明存在正规借贷的农户主要进行本土经营。有 1~2 个打工人口的家庭有 147 户，所占比重为 39%，被调查地区打工人口多为年轻子女及其配偶，青年人适应能力强，就业渠道宽，有强烈的外出意愿。打工人口在 3 人以上的有 39 户，所占比重为 10%，以打工为主的农户并不构成正规借贷的主体。

表 4-8 　　　　　　　　　被调查农户家庭打工人口情况 　　　　　单位：户，%

打工人数	户数	所占比例
0 人	187.00	50.5
1~2 人	147.0	39.5
3 人以上（含）	39.00	10.0
合计	373.00	100

在农户家庭务农人口情况方面（见表 4-9）：被调查农户家庭完全不从事农业生产的家庭有 26 户，所占比重仅为 7%，调查中发现，完全不务农的主要是一些将土地租出的养殖大户，租金以实物形式支付，用于补充养殖所需饲料，另外还有一些工商大户，将土地赠予他人耕种。有 1~2 人务农的家庭占比达到 67%（250 户），有 3~5 人务农的家庭有 97 户，所占比重为 26%。说明单纯以务农为主的家庭并不是有借贷需求农户的主体，大多农户家庭都将务农之外搞兼业作为增收的理性选择。

表4-9　　　　　　　　被调查农户家庭务农人口情况　　　　单位：户，%

务农人数	户数	所占比例
0 人	26	7
1~2 人	250	67
3~5 人	97	26
合计	373	100

3. 农户家庭收入。被调查农户的家庭收入（见表4-10）在2万元以下和2万~4万元的家庭均为131户（35%）。收入在5万~10万元和10万元以上的农户家庭分别为59户（14%）和53户（16%），可见，存在正规借贷的农户家庭中，有70%的农户年收入在5万元以下，其中，35%为年收入在2万元以下的农户家庭，说明农村合作金融机构信贷投放实现了对中低收入家庭农户的覆盖，同时也反映出当前农户增收问题的现实紧迫性。

表4-10　　　　　　　　被调查农户家庭收入情况　　　　单位：户，%

家庭年收入	户数	所占比例
大于 10 万元	52	14
5 万~10 万元	59	16
2 万~5 万元	131	35
2 万元以下	131	35
合计	373	100

4. 农户家庭收入的主要来源。在对受访农户的调查中，有98%的农户回答了主要收入来源的调查问题。在全部366户中，主要收入来自种植业的有122户，所占比重为33%，在所有分类中占比最高。主要收入来自养殖业的有62户，所占比重为17%，在所有分类中占比最低。主要收入来自工资和工商服务业的农户占比均为25%（见表4-11）。被调查农户中以务农收入为主的家庭和以非农经营收入为主的家庭各占一半，可见，被调查地区获得农村合作金融机构贷款的农户中，农户家庭对农业收入的依赖性较低，这在一定程度上反映了农村合作金融机构信贷资金投放的非农经营即离农倾斜，这与贺莎莎（2008）的实证研究结论一致。

表 4 – 11　　　　　　　　被调查农户家庭主要收入来源情况　　　　单位：户，%

主要收入来源	户数	所占比例
种植	122	33
养殖	62	17
工资	90	25
自营工商服务	92	25
合计	366	100

5. 农户家庭的主要支出用途。有82%的农户回答了主要支出用途的调查问题，在全部304户中，主要支出用于农业投资的有98户，所占比重为33%，在所有分类中占比最高。其原因在于传统种植的亩均投入大致需800元/亩，包括种子、化肥、机耕、浇水等费用，搞特色种植和养殖所需投入更大。主要支出用于非农产业的有75户，所占比重为25%。主要支出用于盖房、教育和医疗的分别有56户、44户和31户，所占比重分别为18%、14%和10%。被调查农户家庭的教育支出高于3 000元/年的有160户，占全部农户家庭的比重为43%。在所有分类中，主要支出用于医疗的占比最低，说明合作医疗确实减轻了农村地区人口的医疗压力。总体而言，在存在正规借贷的农户中，主要支出用于生产性投资的农户占比为58%，用于生活性用途的农户占比为42%（见表4 – 12）。

表 4 – 12　　　　　　　　被调查农户家庭主要支出用途情况　　　　单位：户，%

主要支出用途	户数	所占比例
农业投资	98	33
盖房	56	18
教育	44	14
医疗	31	10
非农产业	75	25
合计	304	100

6. 社会关系网络。农户的社会网络状况是指农户的家庭成员，亲戚及关系很好的朋友中是否有人从政、担任村组领导或是金融机构工作人员。被调查农户中拥有上述社会关系的农户91户，占全部的比重为24%（见表4 – 13）。农户社会网络状况作为社会资本的重要组成部分，可以部分替

代资金价格，高水平的社会资本可以降低农户贷款门槛，使社会资本高的农户在申请贷款时具有竞争优势。但是，在现实制度环境中，社会资本在提高农户贷款可得性的同时，无形中加大了信贷资金的风险隐患。

表4-13　　　　　　　　受访农户社会关系情况统计　　　　　单位：户，%

社会关系	户数	所占比例
没有	282	76
有	91	24
合计	373	100

（三）农户借贷情况

1. 贷款金额。被调查农户贷款金额为1万元及以下的有142户，在全部分组变量中占比最高为38%。贷款金额在1万~2万元，2万~5万元及5万元以上的占比分别为21%、24%和17%。近年来，农村合作金融机构主要放贷金额以1万元为主，并采取授信额度随信用额度的增加而增加的办法稳步扩大授信金额。在调查中，78%的农户提出农村合作金融机构贷款额度太小的意见，说明当前农村合作金融机构在授信额度方面存在惜贷现象，无法满足农户正常生产和扩大再生产需求（见表4-14）。

表4-14　　　　　　　　受访农户贷款金额情况统计　　　　　单位：户，%

贷款金额	户数	所占比例
1万元及以下	142	38
1万~2万元	79	21
2万~5万元	89	24
5万元以上	63	17
合计	373	100

2. 贷款期限。近年来，农村合作金融机构发放贷款的期限以1年期为主，按季收息，到期收回，核定重放。71%的被调查农户贷款期限均为1年。贷款期限为1年以内的占比为9%，贷款期限为1~3年的占比为17%，贷款期限为3~5年的占比为4%（见表4-15）。贷款期限大于1年的原因可能在于，一方面，部分农户信用等级较高，资金使用周期较长。另一方面，农村合作金融机构出于迎合上级考核目标，对已发生的违约贷款，以人为延长期限的方式改变贷款属性，以达到降低本网点不良贷款的目的。

表 4 - 15　　　　　　　　受访农户贷款期限情况统计　　　　单位：户，%

贷款期限	户数	所占比例
1 年以内	32	8.6
1 年	263	70.9
1 ~ 3 年	63	17.0
3 ~ 5 年	13	3.5
合计	371	100

3. 贷款方式。由于近年来农村合作金融机构信贷资金投放的主要方式为担保贷款，因此，受访农户中以担保方式获得贷款的农户所占的比重高达83.1%。此外，还有1.6%的农户获得了抵押贷款，17.9%的农户获得了信用贷款（见表4-16）。

表 4 - 16　　　　　　　　被调查贷款农户贷款方式情况　　　　单位：户，%

贷款方式	户数	所占比例
抵押贷款	6	1
担保贷款	210	81
信用贷款	67	18
合计	373	100

4. 贷款实际用途。从贷款的实际用途来看，用于种植业投资的有 140户，占比最高（38%），用于养殖业投资的有 61 户，占比最低（16%），用于非农经营的有 86 户，占比为 23%，总体而言，被调查农户对农村合作金融机构信贷资金实际用于生产性用途的占比为 77%，用于生活性用途的占比为 23%。而大多数实际用途为生活性贷款的信贷均属于农户自行改变贷款用途（见表4-17）。

表 4 - 17　　　　　　　　被调查农户信贷资金实际用途情况　　　　单位：户，%

贷款实际用途	户数	所占比例
种植	140	38
养殖	61	16
非农经营	86	23
生活消费	85	23
合计	372	100

5. 借款情况。被调查农户中，除了信贷之外，仍然存在借款（含亲戚朋友借款和高利贷）的农户占比（51%）略高于没有借款的农户（49%）（见表4-18），说明包括农村合作金融机构在内的正规信贷尚未完全满足农户的资金需求，民间借贷活跃，脆弱的民间借贷潜藏的风险隐患也应得到足够重视。

表4-18　　　　　　　被调查农户家庭借款情况　　　　　单位：户，%

是否有借款	户数	所占比例
有	219	59
没有	154	41
合计	373	100

（四）农户信贷认知

1. 回答"是否很害怕违约所产生的后果"的371个农户中，有211个农户（57%）做出肯定的回答，有160个农户（43%）做出否定的回答（见表4-19）。说明多数农户会严肃对待信贷违约事件，会斟酌考虑农村合作金融机构所施加的违约成本问题。但是，回答"是"与"否"的农户差距很小，二者相差仅为6个百分点，反映出当前农村合作金融机构所设定的违约成本较低，一般包括存在不良贷款不得再借、发生违约后经常上门催缴、极端情况诉诸法律途径解决等，这些手段对部分农户信贷违约的威慑作用不大。

表4-19　　　　　　被调查农户正规信贷认知情况（1）　　　单位：户，%

是否很担心违约后果	户数	所占比例
是	211	57
否	160	43
合计	371	100

2. 回答"是否认为欠信用社的钱，就是欠国家的钱，国家本就应该补贴农民，有钱也不还"的370个农户中，有32个农户（9%）回答"是"，有338个农户（91%）回答"否"（见表4-20）。调查中发现，农户的这种还款理念并非来源于农村合作金融机构对信贷知识进行良好的宣传教育普及的结果，也不是因为农户对农村合作金融机构市场定位的清晰认知。

回答"否"的农户大多只是因为秉持一种朴素的信念，认为不管欠谁的钱，欠钱总归是要还的。

表 4 - 20 　　　　　　被调查农户正规信贷认知情况（2）　　　　单位：户，%

是否认为正规信贷违约是 欠国家的钱，有钱也不还	户数	所占比例
是	32	9
否	338	91
合计	370	100

3. 回答"近年来，农村合作金融机构对农户信贷的管理是否更加严格"的 346 个农户中，50% 的农户（174 户）回答"是"，30% 的农户（105 户）回答"差不多"，19% 的农户（67 户）回答"否"（见表 4 - 21）。由此可见，与汪冬梅、王茂春（2011）的研究结论一致，农村合作金融机构的新一轮改革，在信贷风险防范和控制方面显示出了相应的改革效果，农村合作金融机构的信贷风险控制意识和理念正在逐步提升。

表 4 - 21 　　　　　　被调查农户正规信贷认知情况（3）　　　　单位：户，%

近年来，金融机构对信贷资金的 管理是否更加严格	户数	所占比例
是	174	50.3
差不多	105	30.3
否	67	19.4
合计	346	100

4. 受访农户对"农村合作金融机构对农户信贷的服务态度怎么样"的回答，99% 的农户对农村合作金融机构的服务态度评价都很好（见表 4 - 22）。

表 4 - 22 　　　　　　被调查农户正规信贷认知情况（4）　　　　单位：户，%

农村合作金融机构信贷 人员的服务态度怎么样	户数	所占比例
好	356	99
不好	5	1
合计	361	100

二、农户信贷违约情况的统计分析

在受访的 373 个样本农户中，存在信贷违约的农户为 149 个，未发生信贷违约的农户为 224 个，分别占被调查农户总数的 39.9% 和 60.1%。下面分别从农户的户主特征、家庭特征、借贷特征和信贷认知特征等几个方面，运用一般统计分析方法对不同特征组农户信贷的违约情况进行描述性统计分析。

（一）农户基本特征与信贷违约

1. 户主年龄与信贷违约。在样本农户的年龄分组中，户主年龄为"50岁以上"农户的违约率最高（56%），户主年龄为"23~30 岁"农户的违约率最低（0），二者相差 56 个百分点。户主年龄为"50 岁以上"农户中，有 88 户违约，69 户履约，违约率为 56%，高于半数。其余各组的违约率均低于半数，具体情况为：户主年龄为"40~50 岁"农户的违约率为30%，有 46 户违约，105 户履约；户主年龄为"30~40 岁"农户的违约率为 24%，有 15 户违约，47 户履约；户主年龄为"23~30 岁"农户的履约率为 100%。总体来看，户主年龄为"50 岁以上"农户的违约率最高（56%），依次比户主年龄为"40~50 岁"农户的违约率高 26 个百分点，比户主年龄为"30~40 岁"农户的违约率高 32 个百分点，比户主年龄为"23~30 岁"农户的违约率高 56 个百分点，违约率随年龄段的增大而提高（见表 4 – 23）。

表 4 – 23　　　　　　户主年龄与信贷违约情况统计

年　龄	履约情况（户,%）	违约情况（户,%）	违约率（%）
50 岁以上	69（30.8）	88（59.1）	56.1
40~50 岁	105（46.9）	46（30.9）	30.5
30~40 岁	47（21.0）	15（10.1）	24.2
20~30 岁	3（1.3）	0（0.0）	0.0
合计	224（100.0）	149（100.0）	39.9

2. 户主受教育程度与信贷违约。被调查农户受教育程度分组中，户主文化程度为"小学及以下"农户的违约率最高（57%），户主文化程度为

"专科及以上"农户的违约率最低（0），二者相差57个百分点。在户主文化程度为"小学及以下"的家庭中，有51户违约，39户履约，违约率为57%，高于半数。其余各组的违约率均低于半数，具体情况为：户主文化程度为"初中"家庭的违约率为37%，有86户违约，148户履约；户主文化程度为"高中"家庭的违约率为28%，有12户违约，31户履约；户主文化程度为"专科及以上"家庭的履约率为100%。总体来看，户主文化程度为"小学及以下"家庭的违约率最高（57%），依次比户主文化程度为"初中"家庭的违约率高20个百分点，比户主文化程度为"高中"家庭的违约率高29个百分点，比户主文化程度为"专科及以上"家庭的违约率高57个百分点。随着户主文化程度的提高，其违约率不断下降（见表4-24）。

表4-24　　　　　　　户主受教育程度与信贷违约情况统计

文化程度	履约情况（户,%）	违约情况（户,%）	违约率（%）
小学及以下	39（17.4）	51（34.2）	56.7
初中	148（66.1）	86（57.7）	36.8
高中	31（13.8）	12（8.1）	27.9
专科及以上	6（2.7）	0（0.0）	0.0
合计	224（100.0）	149（100.0）	39.9

3. 户主业别构成与信贷违约。被调查农户的业别构成分组中，种植业农户的违约率最高（57%），工商服务业农户的违约率最低（18%），二者相差39个百分点。种植业农户和务工或公职类农户的违约率超过半数，具体为：种植业农户的违约率为57%，有70户违约，53户履约；务工或公职类农户的违约率为51%，有48户违约，46户履约，二者相差6个百分点。养殖类农户和工商服务类农户的违约率低于半数，具体为：工商服务类农户违约率为18%，有17户违约，76户履约。养殖类农户有13户违约，50户履约，违约率相对较高为21%，二者相差3个百分点。总体来看，种植业农户的违约率最高，依次高于务工或公职类农户26个百分点，高于养殖业农户违约率36个百分点，比工商服务类农户高39个百分点（见表4-25）。

表 4 - 25　　　　　户主业别构成与信贷违约情况统计

业别构成	履约情况（户,%）	违约情况（户,%）	违约率（%）
种植	53 (23.7)	70 (47.0)	56.9
养殖	50 (22.3)	13 (8.7)	20.6
务工或公职	46 (20.5)	48 (32.2)	51.1
工商业	76 (33.9)	17 (11.4)	18.3
合计	224 (100.0)	149 (100.0)	39.9

4. 农户信用评估与信贷违约。被调查农户信用自我评估分组中，信用自我评估为较好和一般的农户的信贷违约率分别为 46.7% 和 43.7%，信用自我评估较低农户的违约率为 100%，信用自我评估很好的农户的违约率为零（见表 4 - 26）。

表 4 - 26　　　　　被调查农户信用自我评估情况

信用自我评估	履约情况（户,%）	违约情况（户,%）	违约率（%）
很好	50 (22.3)	0 (0)	0
较好	98 (43.7)	85 (57.0)	46.4
一般	76 (33.9)	59 (39.5)	43.7
较低	0 (0)	5 (3.3)	100.0
合计	224 (1.0)	149 (100.0)	39.9

（二）农户家庭特征与信贷违约

1. 家庭规模与农户信贷违约。家庭人口"少于 4 人"农户违约率最高为 45.6%，"4～5 人"农户的违约率最低为 37.1%，二者相差只有 9 个百分点。家庭人口"少于 4 人"农户的违约率依次高于家庭人口"多于 5 人"农户的违约率 6 个百分点，高于家庭人口"4～5 人"农户的违约率 9 个百分点。各种家庭规模农户的违约率均低于半数，具体为：占全部违约农户中 31.5% 的家庭人口"少于 4 人"农户的违约率为 45.6%，有 47 户违约，56 户履约；占全部违约农户 51% 的"多于 5 人"农户的违约率为 40%，有 26 户违约，39 户履约；占全部违约农户 17.4% 的"4～5 人"农户的违约率为 37.1%，有 76 户违约，129 户履约（见表 4 - 27）。总体而言，不同家庭规模样本农户的违约率相差不大。

表 4 – 27　　　　　　信贷违约与农户家庭规模情况统计

家庭规模	履约情况（户,%）	违约情况（户,%）	违约率（%）
少于 4 人	56（25.0）	47（31.5）	45.6
4～5 人	129（57.6）	76（51.0）	37.1
多于 5 人	39（17.4）	26（17.4）	40.0
合计	224（100.0）	149（100.0）	39.9

2. 家庭供养情况与农户信贷违约。样本农户中，家庭中没有供养人口农户的违约率最高（48.1%），供养人口为"1～2 人"农户的违约率最低（36.3%），二者相差 12 个百分点。没有供养人口农户的违约率依次高于供养人口"多于 3 人"农户违约率 9 个百分点，高于供养人口"1～2 人"农户违约率 12 个百分点。供养人数各分组类别的农户信贷违约率均低于半数，具体为：占全部违约农户 34.9% 的无供养人口农户的违约率为48.1%，有 52 户违约，56 户履约；占全部违约农户 57.7% 的供养人口为"1～2 人"农户的违约率为 36.3%，有 86 户违约，151 户履约；占全部违约农户 7.4% 的供养人口为"3 人以上"农户的违约率为 39.3%，有 11 户违约，17 户履约（见表 4 – 28）。可见，供养人口数对农户信贷违约的影响不大。

表 4 – 28　　　　　　信贷违约与农户家庭供养统计情况

家庭供养人数	履约情况（户,%）	违约情况（户,%）	违约率（%）
0 人	56（25.0）	52（34.9）	48.1
1～2 人	151（67.4）	86（57.7）	36.3
>3 人（含）	17（7.6）	11（7.4）	39.3
合计	224（100.0）	149（100.0）	39.9

3. 家庭外出务工情况与农户信贷违约。打工人数为"3 人以上"农户家庭的违约率最高（54%），没有打工人口的违约率最低（31%），二者相差 23 个百分点。打工人数为"3 人以上"的违约率依次高于打工人数为"1～2 人"的违约率 6 个百分点，高于没有打工人口农户家庭的违约率 23个百分点。其中，占全部违约农户 14.1% 的打工人数为"3 人以上"的农户中，有 21 户违约，18 户履约，违约率为 54%，超过半数。其余两组农户的违约率均低于半数，具体为：占全部违约农户 38.9% 的没有打工人口

的农户中，有 58 户违约，129 户履约，违约率为 31%；占全部违约农户
47% 的打工人数为 "1~2 人" 的农户中，有 70 户违约，77 户履约，违约
率为 48%（见表 4-29）。总体而言，随着农户家庭外出务工人数的增加
其违约率递增。

表 4-29　　　　　　信贷违约与农户外出务工情况统计

打工人口数	履约情况（户,%）	违约情况（户,%）	违约率（%）
0 人	129（57.6）	58（38.9）	31.0
1~2 人	77（34.4）	70（47.0）	47.6
>3 人（含）	18（8.0）	21（14.1）	53.8
合计	224（100.0）	149（100.0）	39.9

4. 家庭务农人口与农户信贷违约。务农人数对样本农户信贷违约的影
响较小。务农人数为 "1~2 人" 农户的违约率最高（44%），没有务农人
口农户的违约率最低（26.9%），二者相差 17 个百分点。务农人数各分组
类别的农户信贷违约率均低于半数，具体为：占全部违约农户 21.5% 的务
农人数为 "3 人以上" 的农户中，有 32 户违约，65 户履约，违约率为
33%；占全部违约农户 4.7% 的没有务农人口的农户中，有 7 户违约，19
户履约，违约率为 27%；占全部违约农户 73.8% 的务农人数为 "1~2 人"
的农户中，有 110 户违约，140 户履约，违约率为 44%。总体来看，务农
人数为 "1~2 人" 农户的违约率最高（44%），依次高于务农人数为 "3
人以上" 农户的违约率 11 个百分点，高于没有务农人口农户的违约率 17
个百分点（见表 4-30）。说明务农人数对样本农户信贷违约的影响较小。

表 4-30　　　　　　信贷违约与农户务农情况统计

务农人口数	履约情况（户,%）	违约情况（户,%）	违约率（%）
0 人	19（8.5）	7（4.7）	26.9
1~2 人	140（62.5）	110（73.8）	44.0
>3 人（含）	65（29.0）	32（21.5）	33.0
合计	224（100.0）	149（100.0）	39.9

5. 家庭收入水平与农户信贷违约。年收入 "大于 10 万元" 农户的违
约率最低（7.5%），年收入低于 2 万元农户的违约率最高（61.5%），二
者相差 54 个百分点。年收入低于 2 万元农户的违约率依次高于年收入为

"2万~5万元"农户的违约率24个百分点，高于年收入为"5万~10万元"农户的违约率37个百分点，高于年收入大于10万元农户的违约率54个百分点。其中，占全部违约农户53.7%的年收入低于2万元的农户中，有80人违约，50人履约，违约率为61.5%，高于半数。其余各组农户的违约率均低于半数，具体为：占全部违约农户33.6%的年收入为"2万~5万元"的农户中，有50户违约，81人户履约，违约率为38.2%；占全部违约农户10.1%的年收入为"5万~10万元"的农户中，有50户违约，81户履约，违约率为25.4%；占全部违约农户2.7%的年收入大于10万元的农户中，有4户违约，49户履约，违约率为7.5%（见表4-31）。总体而言，家庭收入水平对样本农户信贷违约的影响很大，随着收入水平的提高农户信贷违约率呈现显著下降趋势。

表4-31　　　　　　信贷违约与农户家庭收入水平情况统计

家庭年收入	履约情况（户,%)	违约情况（户,%)	违约率（%)
大于10万元	49（21.9)	4（2.7)	7.5
5万~10万元	44（19.6)	15（10.1)	25.4
2万~5万元	81（36.2)	50（33.6)	38.2
2万元以下	50（22.3)	80（53.7)	61.5
合计	224（100.0)	149（100.0)	39.9

6. 家庭主要收入来源与农户信贷违约。主要收入来源于种植业农户的违约率依次高于主要收入来源于务工或公职类农户26个百分点，高于主要收入来源于养殖业农户违约率36个百分点，高于主要收入来源于工商服务类农户39个百分点。其中，主要收入来源于种植业农户和务工或公职类农户的违约率超过半数，具体为：占全部违约农户47.3%的主要收入来源于种植业的农户中，有70户违约，53户履约，违约率为56.6%；占全部违约农户32.2%的主要收入来源于务工或公职类农户的违约率为52.2%，有47户违约，43户履约，二者相差4.2个百分点。主要收入来源于养殖类农户和工商服务类农户的违约率低于半数，具体为：占全部违约农户11.6%的主要收入来源于工商服务类农户违约率为18.5%，有17户违约，76户履约。占全部违约农户8.9%的主要收入来源于养殖类农户有13户违约，50户履约，违约率相对较低为21%，二者相差12.1个百分点（见表4-32）。总体来看，家庭主要收入来源对样本农户信贷违约的影响很大。主

要收入来源于种植业农户的违约率最高（56.6%），主要收入来源于工商服务业农户的违约率最低（18.5%），二者相差39个百分点。

表4－32　　　　　信贷违约与农户家庭主要收入来源情况统计

主要收入来源	履约情况（户,%）	违约情况（户,%）	违约率（%）
种植业	53（24.1）	70（47.3）	56.6
养殖业	50（22.3）	13（8.9）	21.0
工资	43（19.5）	47（32.2）	52.2
自营工商服务业	76（34.1）	17（11.6）	18.5
合计	222（100.0）	147（100.0）	39.9

7. 家庭主要支出用途与农户信贷违约。家庭主要支出用于"医疗"农户的违约率最高（80.6%），主要支出用于"非农产业"农户的违约率最低（24%），二者相差57个百分点。主要支出用于"医疗"农户的违约率依次高于主要支出用于"教育"农户的违约率26个百分点，高于主要支出用于"农业投资"农户的违约率47个百分点，高于主要支出用于"盖房"农户的违约率49个百分点，高于主要支出用于"非农产业"农户的违约率57个百分点。主要支出用于"农业投资"农户的违约率高于主要支出用于"农业投资"农户的违约率10个百分点。主要支出用于"医疗"和"教育"农户的违约率均高于半数，占全部违约农户21.2%的用于"医疗"的农户中，有15户违约，6户履约，违约率为80.6%；占全部违约农户20.3%的用于"教育"的农户中，有24户违约，20户履约，违约率为54.5%。二者相差26个百分点。其余各组农户的违约率均低于半数，具体为：占全部违约农户28%的主要支出用于"农业投资"的农户中，有33户违约，65户履约，违约率为33.7%；占全部违约农户15.3%的用于"盖房"的农户中，有18户违约，38户履约，违约率为32.1%；占全部违约农户15.3%的用于"非农产业"的农户中，有18户违约，57户履约，违约率为24%。总体而言，最大支出用于生产投资的农户有173户，51户违约，122户履约，违约率为29%；最大支出用于生活消费的农户有131户，67户违约，54户履约，违约率为51%。最大支出用于生产投资农户的违约率低于最大支出用于生活投资农户的违约率22个百分点，差距较为显著（见表4－33）。

表4-33 信贷违约与农户家庭主要支出用途情况统计

主要支出用途	履约情况（户,%）	违约情况（户,%）	违约率（%）
农业投资	65（34.9）	33（28.0）	33.7
盖房	38（20.4）	18（15.3）	32.1
教育	20（10.8）	24（20.3）	54.5
医疗	6（3.2）	25（21.2）	80.6
非农产业	57（30.6）	18（15.3）	24.0
合计	186（100.0）	118（100.0）	38.8

（三）贷款性状与信贷违约

1. 贷款金额与信贷违约。从被调查农户的贷款规模来看，贷款金额为"1万元及以下"农户的违约率最高，贷款金额为"5万元以上"农户的违约率最低，二者相差60个百分点。贷款金额为"1万元及以下"农户的违约率依次比贷款金额为"1万~2万元"农户的违约率高26个百分点，比贷款金额为"2万~5万元"农户的违约率高40个百分点，比贷款金额为"5万元以上"农户的违约率高59个百分点。贷款金额为"1万~2万元"农户的违约率比贷款金额为"2万~5万元"农户的违约率高14个百分点。其中，占全部违约农户61.7%的贷款金额为"1万元及以下"的农户中，有92户违约，27户履约，违约率为64.8%，高于半数。其余各组的违约率均低于半数，具体情况为：占全部违约农户20.8%的贷款金额为"1万~2万元"农户的违约率为39%，有31户违约，48户履约；占全部违约农户14.8%的贷款金额为"2万~5万元"农户的违约率为25%，有22户违约，90户履约；占全部违约农户2.7%的贷款金额为"5万元以上"农户的违约率为6%，有4户违约，59户履约（见表4-34）。

表4-34 贷款金额与信贷违约情况统计

贷款金额	履约情况（户,%）	违约情况（户,%）	违约率（%）
1万元及以下	27（12.1）	92（61.7）	64.8
1万~2万元	48（21.4）	31（20.8）	39.2
2万~5万元	90（40.2）	22（14.8）	24.7
5万元以上	59（26.3）	4（2.7）	6.3
合计	224（100.0）	149（100.0）	39.9

2. 贷款期限与信贷违约。占全部违约农户 11.5% 的贷款期限为
"3～6个月"的农户中，有 17 户违约，15 户履约，违约率为 53.1%，高
于半数。其余各组的违约率均低于半数，具体情况为：占全部违约农户
67.6% 的贷款期限为"6个月～1年"的农户中，有 100 户违约，163 户履
约，违约率为 38%；占全部违约农户 16.9% 的贷款期限为"1～3年"农
户的违约率为 39.7%，有 25 户违约，38 户履约；占全部违约农户 3.4%
的贷款期限为"3～5年"农户的违约率为 38.5%，有 5 户违约，8 户履
约。总体来看，贷款期限为"3～6个月"农户的违约率最高，依次比贷款
期限为"1～5年"农户的违约率高 14 个百分点，比贷款期限为"6个
月至1年"农户的违约率高 16 个百分点（见表 4－35）。从被调查农户的
贷款期限来看，贷款期限为"3～6个月"农户的违约率最高（54%），贷
款期限为"6个月至1年"农户的违约率最低（38%），二者相差 16 个百
分点。

表 4－35　　　　　　　　贷款期限与信贷违约情况统计

贷款期限	履约情况（户,%）	违约情况（户,%）	违约率（%）
3～6个月	15（6.7）	17（11.5）	53.1
6个月至1年	163（73.1）	100（67.6）	38.0
1～3年	38（17.0）	25（16.9）	39.7
3～5年	8（3.6）	5（3.4）	38.5
合计	224（100.0）	147（100.0）	39.6

3. 贷款实际用途与信贷违约。在被调查农户贷款的实际用途方面，贷
款实际用于"生活消费"农户的违约率高于半数，有 46 户违约，39 户履
约，违约率为 54.1%。贷款实际用于"生产支出"各组农户的违约率均低
于半数，具体为：贷款实际用于"种植业投入"的违约农户占全部违约农
户的 45%，有 67 户违约，73 户履约，违约率为 47.9%；实际用于"养殖
业投入"的违约农户占全部违约农户的 11.4%，有 17 户违约，44 户履约，
违约率为 27.9%；贷款实际用于"非农产业投入"的违约农户占全部违约
农户的 11.4%，有 19 户违约，67 户履约，违约率为 22.1%。在贷款实际
用于生产投入的各组农户中，贷款实际用于"种植业投入"农户的违约率
最高（47.9%），依次高于贷款实际用于"养殖业投入"农户的违约率 20

个百分点，高于贷款实际用于"非农产业投入"农户的违约率25.8个百分点（见表4-36）。总体而言，贷款实际用于"生活消费"农户的违约率为54.1%，高于贷款实际用于"生产支出"农户的违约率（35.9%）18.2个百分点。

表4-36   贷款实际用途与信贷违约情况统计

贷款实际用途	履约情况（户,%）	违约情况（户,%）	违约率（%）
种植业投入	73（32.7）	67（45.0）	47.9
养殖业投入	44（19.7）	17（11.4）	27.9
非农产业投入	67（30.0）	19（12.8）	22.1
生活消费	39（17.5）	46（30.9）	54.1
合计	223（100.0）	149（100.0）	40.1

4. 贷款方式与信贷违约。受访农户的贷款方式中，抵押贷款、担保贷款和信用贷款的违约率分别为16.7%、30.0%和86.6%。信用贷款的违约率最高，抵押贷款的违约率最低，二者相差69.9个百分点。具体为抵押贷款、担保贷款和信用贷款的违约农户分别占全部违约农户的6%、60.4%和38.9%（见表4-37）。

表4-37   贷款方式与信贷违约情况统计

贷款方式	履约情况（户,%）	违约情况（户,%）	违约率（%）
信用贷款	5（2.2）	1（0.6）	16.7
担保贷款	210（93.7）	90（60.4）	30.0
抵押贷款	9（40.1）	58（38.9）	86.6
合计	224（100.0）	149（100.0）	39.9

5. 借款情况与信贷违约。从受访农户家庭借款的角度来看，在全部违约农户中，有借款的违约农户和没有借款的违约农户所占的比重分别为48.3%和51.7%，有借款农户的违约率高于没有借款农户的违约率17.5个百分点。有借款的农户有154户，其中，77户违约，76户履约，违约率为50.3%；没有借款的农户有219户，其中，72户违约，147户履约，违约率为32.9%（见表4-38）。

表 4 – 38　　　　　　　　　借款情况与信贷违约统计

家庭借款	履约情况（户,%）	违约情况（户,%）	违约率（%）
没有	147（65.9）	72（48.3）	32.9
有	76（34.1）	77（51.7）	50.3
合计	223（100.0）	149（100.0）	40.1

（四）信贷认知与信贷违约

1. 从被调查农户对违约后果的担心程度来看，很担心违约后果农户的违约率高于其他农户的违约率 46 个百分点，具体为，很害怕违约后果的农户有 211 户，其中，违约户为 127 户，履约户为 84 户，违约率为 60%；不是很担心违约后果的农户有 160 户，其中，违约户为 22 户，履约户为 138户，违约率为 14%。

2. 被调查农户是否认为"欠农信社的钱就是欠国家的钱，有钱也不还"的回答中，认为"是"农户的违约率高于认为"否"农户的违约率 18 个百分点，具体为，认为"是"的农户有 32 户，其中，违约户为 18户，履约户为 14 户，违约率为 56%；认为"否"的农户有 338 户，其中，违约户为 129 户，履约户为 209 户，违约率为 38%。

3. 被调查农户是否认为"农信社对信贷资金管理更加严格"的回答中，认为"是"农户的违约率最低为 34%，低于认为"否"农户的违约率 9 个百分点，低于认为"差不多"农户的违约率 17 个百分点，认为"差不多"农户的违约率最高为 51%。

三、农户信贷违约的方差分析

方差分析（analysis of variance），简称 ANOVA，又被译作变异数分析，主要用于类别变量内容超过两种水平，统计检验的总体超过两个的样本比较，是一种能够同时对两个以上的样本平均数差异进行检验的方法。为进一步反映农户变量的组内差异对解释农户信贷违约概率的统计学意义，本书运用方差分析法对农户变量的组内差异进行平均数假设检验。平均数假设检验是根据样本的统计数，计算推定总体平均数之间是否有显著差异，如果差异够大，大于统计上的随机差异，便可能获得显著的结果，拒绝虚无假设、接受对立假设。T 检验可用于比较两个平均数的差异，三个以上的平均数比较，则需将检验量的分子项改以平均数的差异数（组间变异），分母为随机变异，所进行的假设检验即为方差分析。

（一）户主特征变量的方差分析

1. 年龄。由于户主年龄的分组变量为4个，可对其进行单因素方差分析，比较不同年龄阶段农户信贷违约概率差异的显著性水平。首先对样本变量组进行 Bartlett 方差齐次性检验，在当前自由度下对应的 P 值为0.374，远大于0.05，说明通过了齐次性检验，无效假设 H_0 对应的 P 值为0.0000，小于0.05，可以认为不同年龄阶段农户信贷违约率的均值存在显著差异。各年龄阶段两两相对比的数据表明：50岁以上农户的违约率显著高于30～50岁农户，其余各年龄组农户信贷违约率的均数之间无显著差异。

2. 受教育水平。户主受教育水平有4个分组变量，可对其进行单因素方差分析，比较不同受教育程度下农户信贷违约率差异的显著性水平。首先对样本变量组进行 Bartlett 方差齐次性检验，在当前自由度下对应的 P 值为0.785，远大于0.05，说明通过了齐次性检验，无效假设 H_0 对应的 P 值为0.0004，小于0.05，可以认为不同受教育程度农户的信贷违约率均值存在显著差异。样本间两两对照比较的数据表明：小学及以下文化程度农户的违约率显著高于其他学历农户。其余各组间农户在信贷违约率的均数方面的差异不显著。

3. 户主的就业领域。户主的就业领域有4个分组变量，可以采用单因素方差分析对不同就业领域农户信贷违约风险差异性的显著水平。首先对样本变量组进行 Bartlett 方差齐次性检验，在当前自由度下对应的 P 值为0.000，小于0.05，说明没有通过齐次性检验。可以采用 Kruskal 和 Wallis 方法进行各组中位数检验，结果显示：不同的户主就业领域下农户信贷违约的风险不存在显著差异。

4. 户主信用自我评估。户主信用自我评估有4个分组变量，可以采用单因素方差分析对不同信用状况农户信贷违约风险差异性的显著水平。首先对样本变量组进行 Bartlett 方差齐次性检验，在当前自由度下对应的 P 值为0.000，小于0.05，说明没有通过齐次性检验。可以采用 Kruskal 和 Wallis 方法进行各组中位数检验，结果显示：信用自我评估不同的农户在信贷违约风险方面不存在显著差异。

（二）农户家庭特征变量的方差分析

1. 家庭收入水平。家庭年收入的分组变量为 4 个，可以采用 One - Way ANOVA 方法进行方差分析。样本变量组的 Bartlett 方差齐次性检验，在当前自由度下对应的 P 值为 0.543 > 0.05，说明家庭收入不同农户组的信贷违约率均值存在显著差异。样本间两两对照比较的数据表明：年收入为 2 万 ~ 5 万元的农户信贷违约率显著高于 5 万 ~ 10 万元的农户家庭；年收入少于 2 万元的农户信贷违约率显著高于年收入为 2 万 ~ 5 万元的农户家庭，其余分组间差异不显著。

2. 家庭主要收入来源。家庭主要收入渠道的分组变量为 4 个，可以采用单因素（One - Way ANOVA）方法进行方差分析。样本变量组的 Bartlett 方差齐次性检验在当前自由度下对应的 P 值为 0.031 < 0.05，说明没有通过齐次性检验，可以采用 Kruskal 和 Wallis 方法进行变量组间的中位数比较。结果显示无效假设所对应的 P 值为 0.0001，说明 4 组变量中位数有显著差异，可以认为主要收入渠道不同的各组农户存在信贷违约率均数的显著差异。样本间两两对照比较的数据表明：以种植业收入为主的农户家庭和以打工收入为主的农户家庭信贷违约率均高于以养殖业和工商业为主要收入来源的家庭，其余各组间农户的信贷违约率差异不显著。

3. 家庭主要支出用途。家庭最大支出用途的分组变量为 5 个，可以采用 One - Way ANOVA 方法进行方差分析。样本变量组的 Bartlett 方差齐次性检验，在当前自由度下对应的 P 值为 0.617 > 0.05，说明通过齐次性检验，无效假设 H_0 对应的 P 值为 0.0000，小于 0.05，说明家庭最大支出用途不同的农户在信贷违约方面存在显著差异。样本间两两对照比较的数据表明：最大支出用于农业投资和盖房的农户违约率显著低于用于医疗支出的农户；最大支出用于子女教育和医疗支出的农户违约率显著高于用于非农投资的农户。其余组间差异不显著。

4. 是否种粮户。因为该特征有两个分组变量，不能采用单因素方差分析，所以对其进行 T 检验。结果显示 F 统计量为 1.1733，在当前的自由度下 P 值大于 0.05，说明通过了齐次方差检验。无效假设 H_0 对应的 P 值为 0.000 < 0.05，结果说明种粮农户与其他农户在信贷违约方面存在显著差异。

5. 家庭非正规借贷。农户家庭是否存在借款的分组变量有两个，不能使用 One – Way ANOVA 方法进行方差分析，所以对其进行两组数据的样本 T 检验。在齐次方差检验中，农户家庭是否有借款与农户信贷违约率齐次性检验的 F 统计量为 0.8810，在当前的自由度下 P 值为大于 0.05，说明两组农户信贷违约率的方差具有齐次性。在此前提下检验两组数据均值是否相等，无效假设 H_0 对应的 P 值为 0.000 < 0.05，结果说明有借款农户与没有借款农户的信贷违约率存在显著的均值差异。

6. 家庭社会关系。农户家庭是否存在借款的分组变量有两个，不能使用 One – Way ANOVA 方法进行方差分析，所以对其进行两组数据的样本 T 检验。在齐次方差检验中，农户家庭是否有借款与农户信贷违约率齐次性检验的 F 统计量为 129.34，在当前的自由度下 P 值为 0 < 0.05，说明两组农户信贷违约率的方差不具有齐次性。在此前提下检验两组数据均值是否相等，无效假设 H_0 对应的 P 值为 0.079 > 0.05，结果说明农户不同的社会关系状况下信贷违约不存在显著的均值差异。

（三）贷款性状变量的方差分析

1. 贷款金额。贷款金额的分组变量为 4 个，可以采用 One – Way ANOVA 方法进行方差分析。对样本变量组进行的 Bartlett 方差齐次性检验，在当前自由度下对应的 P 值小于 0.05，说明不具有齐次方差性，可以采用 Kruskal 和 Wallis 方法进行变量组间的中位数比较。结果显示无效假设 H_0 所对应的 P 值为 0.0001 < 0.05，说明贷款金额不同的农户在信贷违约率均值上存在显著差异。样本间两两对照比较的数据表明：贷款金额小于 2 万元的农户违约率显著高于贷款金额大于 2 万元农户；贷款金额小于 1 万元的农户违约率显著高于大于 1 万且小于 2 万的农户。

2. 贷款期限。贷款期限的分组变量为 3 个，可以采用 One – Way ANOVA 方法进行方差分析。对样本变量组进行的 Bartlett 方差齐次性检验，在当前自由度下对应的 P 值小于 0.05，说明不具有齐次方差性，可以采用 Kruskal 和 Wallis 方法进行变量组间的中位数比较。结果显示无效假设 H_0 所对应的 P 值为 0.0001 < 0.05，说明贷款金额不同的农户在信贷违约率均值上存在显著差异。样本间两两对照比较的数据表明：贷款期限为 1 年以内的农户违约率高于 1 年以上 2 年以下的贷款农户。

3. 贷款方式。贷款金额的分组变量为 3 个，可以采用 One – Way ANOVA 方法进行方差分析。对样本变量组进行的 Bartlett 方差齐次性检验，在当前自由度下对应的 P 值小于 0.05，说明不具有齐次方差性，可以采用 Kruskal 和 Wallis 方法进行变量组间的中位数比较。结果显示无效假设 H_0 所对应的 P 值为 0.0001 < 0.05，说明贷款金额不同的农户在信贷违约率均值上存在显著差异。样本间两两对照比较的数据表明：信用贷款显著高于担保贷款和抵押贷款。其余组间差异不显著。

（四）信贷违约认知变量的方差分析

1. 对待违约的态度与违约的方差分析。因为该特征的分组变量有两个，所以对其进行 T 检验。结果显示 F 统计量为 1.0158，在当前的自由度下 P 值为 0.9216 > 0.05，说明具有齐次方差性。无效假设 H_0 对应的 P 值为 0 < 0.05，结果显示存在显著的组间差异。

2. 主观努力程度与违约的方差分析。因为该特征的分组变量有两个，所以对其进行 T 检验。结果显示 F 统计量为 1.3194，在当前的自由度下 P 值为 0.1781 > 0.05，说明具有齐次方差性。无效假设 H_0 对应的 P 值为 0 < 0.05，结果显示存在显著的组间差异。

第二节 农户信贷违约风险影响因素的实证分析

一、研究方法

本章对农户信贷违约概率的度量和评估采用 Logit 回归模型。农户信贷违约是很多因素共同作用的结果，同时信贷违约被分为履约和违约两种情形，因此，采用 Logit 二元选择回归模型，运用借款人过去的信息资料对其信贷违约概率作出解释。

模型如下：

$$\text{Logit}(P) = \ln\left[\frac{P}{1-P}\right] = \alpha + \sum_{i=1}^{k} \beta_i x_i$$

或者

$$P(y = j | x_i) = \frac{\exp(\beta_0 + \beta_1 x_1 + \cdots + \beta_k \chi_k)}{1 + \exp(\beta_0 + \beta_1 x_1 + \cdots + \beta_k \chi_k)} \quad j = 0, 1 \quad (4.1)$$

其中，y 为农户信贷违约情况，当 $y = 0$ 时，不违约；当 $y = 1$ 时，农户违约；x_i 为 k 个影响农户贷款是否违约的因素；α 为截距项，β_i 为各自变量的回归系数。

二、农户信贷违约影响因素的预期判断

综合现有研究基础，本书认为户主个体特征、家庭收支结构、对违约的认知以及贷款性状等因素共同决定着农户违约的可能性。具体将通过模型检验以下预期判断：

1. 受教育水平的提高对农户经营的技术效率有显著提高作用（李谷成，2008；章立，2012）。同时，教育也会提高农户对投资风险的评估能力，增强信贷资金使用的积极性和主动性，都有助于提高农户信贷资金的使用能力和偿债能力。

判断1：农户受教育程度越高，信贷违约率越低。

2. 工业化进程中，伴随着非农就业机会的增加和收入水平的提高，农户以粮为主的收入结构呈现出弱化的趋势，打工收入成为农户增收的重要途径之一（王春超，2011）。同时，土地种植的多元化开发和养殖业开展也成为农户增加第一产业经营收入的理性选择。本书假定经营方式的转变可以降低农户违约的可能性。

判断2：家庭以打工为主的农户信贷违约率低于以本土经营为主的农户。

判断3：种粮户信贷违约率高于有其他收入来源的农户。

3. 农户收支状况对农户违约情况有决定性影响作用，家庭经营能力强，收入情况好的农户违约可能性小；而家庭负担越大，其违约可能性会越大。反映农户家庭负担的指标包括家庭供养系数，劳动力人口以及最大支出用途等。

判断4：农户家庭收入越高，信贷违约率越低。

判断5：农户家庭负担越重，信贷违约率越高。

4. 农户正规金融无法满足的刚性信贷需求，会转向民间借贷，甚至高利贷。发生借款的贷款农户其家庭债务规模相对较大，信贷违约的可能性较高。若涉及高利贷，由高息决定农户还款次序，会对农户信贷偿还行为产生不利影响。

判断6：有借款的农户，信贷违约率高。

5. 当前，农户实际信贷需求表现出多层次和个性化的特点，与商业化经营的正规金融制度安排不匹配（周宗安，等，2012），同时，农户从传

统农作物种植为主，逐渐进行经营结构转型，其信贷资金需求结构会相应调整，对信贷产品设计提出了新的要求。

判断7：贷款性状与农户信贷违约显著相关。具体包括：贷款金额越大，农户信贷违约率越高；贷款期限越长，农户信贷违约率越高；贷款利率越高，农户信贷违约率越高；担保贷款和抵押贷款的违约率低于信用贷款的违约率。

6. 农户的信贷认知决定其信贷行为，农户认知与行为偏差是导致农户贷款违约率提高的因素之一（王冀宁，2007）。

判断8：农户信贷违约认知与农户违约显著相关，包括：对违约后果很担心的农户违约率低；主观还款意愿强的农户违约率低。

三、主要统计指标描述

通过运用Logit对农户信贷违约影响因素进行回归分析，将被调查农户过去的信贷偿还情况作为因变量。信贷偿还分三种情况：按期偿还，延期未还和延期已还。本书将按期归还设为履约，用变量0表示，将延期已还和延期未还均设为违约，用变量1表示。解释变量主要为前文方差分析中显著差异的特征变量，并在此基础上，进行适当调整。具体见表4－39。

表 4 - 39　　　　　　　　　　　　评价指标体系

类型		代码	变量名称	变量定义
因变量		Y	违约情况	0 = 履约（按时偿还贷款）；1 = 违约（延期已还和延期未还）
自变量	个体特征	AG	年龄（岁）	≥50 = 1；50 ~ 40 = 2；40 ~ 30 = 3；≤30 = 4
		EA	文化程度	1 = 小学；2 = 初中；3 = 高中；4 = 大专及以上
		LF	劳动力人口数	有劳动能力的人数之和
		SR	家庭供养系数	儿童，老人，学生及病人等非劳动人口数/家庭人口数
		JN	打工人口	外出打工人口数
	经济结构	IC	主要收入渠道	1 = 种植；2 = 养殖；3 = 工资；4 = 工商服务
		GP	是否种粮农户	0 = 以种粮收入为主；1 = 以种植经济作物、养殖及其他收入为主
		FI	家庭总收入（万元）	>10 = 1；5 ~ 10 = 2；2 ~ 5 = 3；≤2 = 4
		FB	是否有借款	1 = 有；0 = 没有
		SC	最大支出用途	1 = 农业投资；2 = 盖房；3 = 教育；4 = 医疗；5 = 非农产业

续表

类型	代码	变量名称	变量定义
自变量	LA	贷款金额（万元）	≤1=1；1~2=2；2~5=3；>5=4
	LR	贷款利率	贷款时的实际利率
	LT	贷款期限	≤6个月=1；6个月~1年=2；2~3年=3；3年以上=4
	LM	贷款方式	1=抵押；2=担保；3=信用
	AT	对待违约态度	您很担心违约所产生的后果吗？1=是；2=不是
	EF	主观努力程度	您会尽最大可能地不拖欠信用社的贷款吗？1=是；2=不是

（贷款性状：LA、LR、LT、LM；违约认知：AT、EF）

在284个有效样本农户中，违约农户为110个，履约农户为174个，违约与履约农户特征见表4-40。从表4-40中可以看出，履约农户的年龄、文化程度、家庭供养系数和家庭收入均值高于违约农户；是否种粮户和是否有借款在履约和违约农户之间有显著差异；履约户贷款金额、期限和方式的均值均高于违约户，利率略低于违约户；违约和履约农户在对违约后果担心程度方面的差异小于主观努力程度的差异。

表4-40　　　　　　　　　数据统计结果

变　　量	履　　约		违　　约		总　　体	
	平均值	标准差	平均值	标准差	平均值	标准差
年龄	1.91	0.77	1.52	0.67	1.76	0.76
文化程度	2.06	0.67	1.71	0.60	1.92	0.66
劳动力人口数	3.28	1.13	3.29	1.23	3.28	1.17
家庭供养系数	0.25	0.19	0.23	0.20	0.24	0.19
打工人口	0.76	1.07	1.18	1.24	0.92	1.16
主要收入渠道	2.56	1.21	2.10	1.15	2.38	1.21
是否种粮农户	0.56	0.50	0.35	0.48	0.48	0.50
家庭总收入	2.92	1.44	4.04	1.15	3.35	1.44

变　量	履　约		违　约		总　体	
	平均值	标准差	平均值	标准差	平均值	标准差
是否有借款	0.34	0.48	0.51	0.50	0.41	0.49
最大支出用途	2.72	1.67	2.76	1.44	2.74	1.58
贷款金额	2.81	0.95	1.63	0.84	2.35	1.07
贷款利率	3.11	4.12	4.10	5.04	3.50	4.52
贷款期限	2.20	0.52	2.12	0.77	2.17	0.63
贷款方式	2.02	0.20	2.38	0.51	2.16	0.39
对待违约态度	1.46	0.50	1.45	0.50	1.46	0.50
主观努力程度	1.20	0.40	1.10	0.30	1.16	0.37
样本个数	174		110		284	

四、模型的回归结果及分析

本章采用 Stata10.0 软件对此次调查的 284 个有效样本进行 Logit 回归处理。表 4 –41 是采用最大似然估计法对各个自变量作用的似然比检验，表 4 –42 是总体回归结果，从中可以看出模型拟合情况较好，说明本书所选择的农户变量能够较好地解释农户信贷违约的可能性。

表 4 –41　　　　　　　　各个自变量的似然比检验

变量	LRχ^2（1）	P	变量	LRχ^2（1）	P
AG	0.68	0.4111	FB	5.94	0.0148
EA	8.12	0.0044	SC	1.40	0.2368
LF	0.19	0.6670	LA	21.80	0.0000
SR	0.22	0.6370	LR	0.16	0.6907
JN	6.52	0.0106	LT	2.88	0.0894
IC	0.74	0.3910	LM	20.03	0.0000
GP	5.6	0.0180	AT	0.18	0.6728
FI	4.69	0.0303	EF	10.39	0.0013

表4 –42   Logit 模型回归结果

变量	系数	Z 值	P 值
年龄	– 0. 2411	– 0. 85	0. 397
文化程度	– 0. 8340 ***	– 2. 70	0. 007
劳动力人口数	– 0. 1470	– 0. 71	0. 478
家庭供养系数	0. 0354	0. 03	0. 975
打工人口	0. 4561 **	2. 58	0. 010
主要收入渠道	0. 1633	0. 82	0. 410
是否种粮农户	– 0. 8533 **	– 2. 31	0. 021
家庭总收入	0. 3741 **	2. 07	0. 039
是否有借款	0. 9021 **	2. 44	0. 015
最大支出用途	0. 1446	1. 17	0. 241
贷款金额	– 0. 8979 ***	– 4. 43	0. 000
贷款利率	– 0. 0168	– 0. 38	0. 706
贷款期限	0. 5024	1. 70	0. 109
贷款方式	2. 3300 ***	3. 97	0. 000
对待违约态度	– 0. 1409	– 0. 39	0. 697
主观努力程度	– 1. 5953 ***	– 3. 02	0. 003
常数项	– 2. 5438	– 1. 08	0. 280
Log likelihood	– 109. 046		
LRχ^2 （16）	161. 07		
Pseudo R^2	0. 4248		
样本量	284		

注：*** 、** 、* 分别表示在1% 、5% 、10% 的显著性水平。

1. 农户文化程度与违约负相关，且在1% 的水平显著，与预期判断 1 一致。可见，提升农村地区教育水平，提高农户获取和捕捉技术创新信息、领悟和掌握新技术的能力以及合理评估新技术风险并理性决策的能力，可以提高农户对信贷资金的经营管理能力和使用效率，降低违约发生率。但是，目前农村地区的教育水平不容乐观。本次被调查农户中拥有专科以上学历人口的家庭占比不到10% 。这也与一些学者对农村公共服务满意度的调查发现的农户满意度最差的一项就是教育投入不足的结论相契合（方凯，2012）。

2. 以本土经营为主的家庭违约率低于以打工为主的家庭，且在5%的水平显著，与预期判断2不一致。出现这种情况可能的原因有：一是本次调研形式是入户调查，口头询问所得的打工收入不够翔实，不能客观反映现实情况。二是外出打工人员对农村信贷依赖度较低，拥有不良贷款就不能再贷款这类惩罚措施对其没有威胁，对已发生贷款的还款意识较差。三是被调查农户普遍反映外出打工人口仅能自给自足，较少上交家庭。本次被调查农户中外出打工人员的平均年龄为25岁，初高中文化程度占比为91.2%，打工青年的收入水平不高，但开支较大。

3. 种粮户的违约率高于有其他收入农户的违约率，且在5%的水平显著，预期判断3成立。种粮农户大都以收定支，尚可维持基本的收支平衡，储蓄空间很有限，遇到额外的大宗开支，便需被动举债，这种生存性生活借贷具有较高的贷款违约率。被调查地区种粮户人均年收入约为2 600元，而儿子娶妻（含盖房）的开销为12万元左右，供养大学生花费约为1万元/年，种粮户的收入只能维系简单生活开支，很容易滑向入不敷出的窘境，寻找种粮以外的收入来源是大多数农户的理性选择。同时，25.9%的种粮户由于种养殖及其他投资失败违约，而农户种养殖及其他投资失败导致的违约占全部违约的40.5%（见图4-1），可见，其他收入来源能够改善农户生存性借贷依赖，降低违约率，但同时也构成潜在的违约风险点。

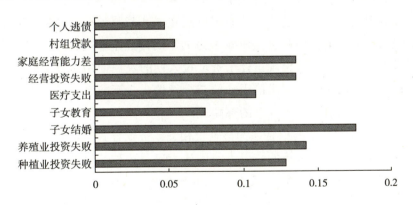

图4-1　样本农户信贷违约原因统计

4. 农户年收入与农户违约显著负相关，与预期判断4一致。作为信用社信贷资金的投放重点，收入高的农户对信贷资金使用的活跃程度也相对较高。调研中发现，出于对重新申请贷款手续复杂的考虑，同时信用社相应推出信用额度随还款情况不断增长的激励措施，经济能力强的农户一般都是每年都会贷款，按季度付息，信用社不催本金，保证收益，手续也简单。

5. 年龄，劳动力人数，家庭供养系数，家庭最大支出用途和家庭主要收入渠道对农户违约没有显著影响。这主要反映出导致农户违约的原因并非直接来自家庭负重，预期判断 5 不成立。通过调查发现导致家庭负担重的原因主要有供养人口多、子女教育、儿子娶妻和盖房。其中，农村按人分地，供养人口都有基本的土地收入作为保障。教育和儿子娶妻都是子女抚养的必要活动，农户对此有清楚的预期，通常会为此提前进行储蓄积累；合作医疗降低家庭医疗负担；另外，为改善生活条件而盖房的人谈不上是负担，盖房本身是负担可又不得不盖的多半原因来自儿子要娶妻。因此，家庭负担相关变量并未对农户违约形成显著影响，也在一定程度上说明，农户生存性借贷状况得到了有效改善。

6. 是否有借款与农户违约显著正相关，与预期判断 6 一致。一方面，本次调查中有 46.8% 的违约户发生过借款。因为但凡存在不良贷款记录，该农户就会被取消申请贷款的资格，没有了正规借贷途径，一旦遇到大宗支出，农户只能求助于民间借贷以解燃眉之急。另外，借过高利贷的违约农户占比达到 18%，反映出部分农户资金需求的刚性特征。另一方面，36.7% 的履约户也发生过借款。原因可能在于，养殖和种植业资金的使用周期较长，而目前信用社贷款期限多为 1 年期，且按季度收息。即便只收息不催本金，也难免会出现正处于资金投入期的农户使用借款周转信用社贷款的情况。同时也反映出信用社放贷金额偏小、不能满足扩大再生产需要和贷款手续复杂、灵活性差的弊端。

7. 农户贷款金额与信贷违约显著负相关，贷款方式与信贷违约显著正相关。结合前面方差分析的结果，我们认为出现这种情况的原因在于：当前，农村信用社为保障资金安全，采取对信用户提高信用额度的奖励方法，只有重复贷款且表现出较强还款能力的大户才能获得较大贷款金额，一般农户只有 1 万元的贷款额度，且样本农户中 40% 的违约发生于 20 世纪 90 年代，贷款金额大多为小于 1 万元的信用贷款，而目前农村信用社主要发放的由 3～5 户保证的担保贷款，表现出良好的违约控制。数据显示，样本农户所属信用社近四年的不良贷款率年平均降幅为 2.45%，不良贷款

额年平均减少27.18万元（见图4-2）。此外，调查显示47.7%的履约户
提出扩大贷款金额的信贷要求，显示出当前农村信用社农户信贷资金使用
金额扩大，期限延长的需求趋势。

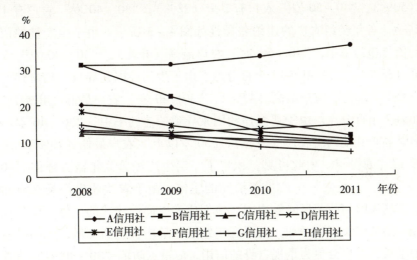

图4-2　样本农户所属农村信用社不良贷款率

8. 农户还款的主观努力程度对农户违约的影响非常显著。违约农户还
款的主观努力程度要高于履约户。反映出淳朴的农户本身是很注重信用
的，存在未偿还的贷款能够使农户产生较强的思想负担，也反映了农户虽
然非常想还款，却无奈自身入不敷出的收支状况下无力偿还的现状。

第三节　农户信贷违约风险差异分析

对农户信贷违约主要原因的调查分析显示，149户存在信贷违约的农
户主要是由于生产性原因、生活性原因和由于赌博、意外变故及恶意逃债
原因导致的信贷违约。其中，由于生产性因素导致的信贷违约农户有64
户，所占比例为43%，由于生活性因素导致的信贷违约农户有67户，所
占比例为45%，其他原因导致的信贷违约农户有18户，所占比例为12%。
农户信贷违约原因的差异性如下。

一、户主年龄与违约差异

由于生产性原因导致信贷违约的农户有64户，"50岁以上"农户有
38户（59%），"40～50岁"农户有21户（21%），"30～40岁"农户有

5 户（8%）；由于生活性原因导致的违约有 67 户，其中，"50 岁以上"农户有 41 户（61%），"40~50 岁"农户有 20 户（30%），"30~40 岁"农户有 6 户（9%）；恶意违约的农户有 18 户，其中，"50 岁以上"农户有 9 户（50%），"40~50 岁"农户有 5 户（28%），"30~40 岁"农户有 4 户（22%）。各年龄组农户的违约差异性如图 4-3 所示：由于生产性原因导致的信贷违约率中，"40~50 岁"农户最高（46%），"30~40 岁"农户最低（33%），二者相差 13 个百分点。由于生活性因素导致的信贷违约率中，"50 岁以上"农户最高（47%），"30~40 岁"农户最低（40%），二者相差 7 个百分点。由于恶意违约因素导致的违约率中，"30~40 岁"农户显著高于其他两组农户（27%），"50 岁以上"农户最低（10%），二者相差 17 个百分点。由此可见，积累了一定生产经验又年富力强的"40~50 岁"农户，是农村生产投资活动的主体，由于农牧业生产具有自然风险、市场风险与政策风险等原因，他们成为生产性违约的主体。生活性违约随年龄的增长逐渐增加，而恶意违约随年龄增长逐渐降低，说明随着年龄的增长，农户会更为重视自身的信用，应重点防范"30~40 岁"贷款农户的恶意违约风险。

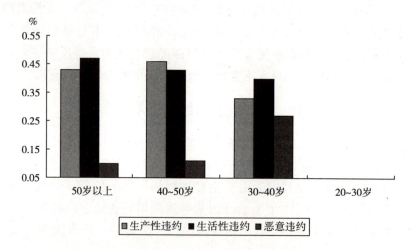

图 4-3 户主年龄与违约差异

二、户主文化程度与违约差异

由于生产性原因导致信贷违约的农户有 64 户，其中，户主文化程度为

"小学及以下"农户有 20 户（31%），"初中"农户有 38 户（59%），"高中"农户有 6 户（9%）；由于生活性原因导致的违约有 67 户，其中，户主文化程度为"小学及以下"农户有 25 户（37%），"初中"农户有 39 户（58%），"高中"农户有 3 户（4%）；恶意违约的农户有 18 户，其中，户主文化程度为"小学及以下"农户有 6 户（33%），"初中"农户有 9 户（50%），"高中"农户有 3 户（17%）。文化程度各分组农户的违约差异性如图 4-4 所示：由于生产性原因导致的信贷违约率中，户主文化程度为"高中"农户最高（50%），户主文化程度为"小学及以下"农户最低（39%），二者相差 11 个百分点，户主文化程度为"初中"居中（44%）。由于生活性因素导致的信贷违约率中，户主文化程度为"小学及以下"农户最高（49%），户主文化程度为"高中"农户最低（25%），二者相差 24 个百分点，户主文化程度为"初中"农户居中（45%）。由于恶意违约因素导致的违约率中，户主文化程度为"高中"农户最高（25%），户主文化程度为"初中"农户最低（10%），二者相差 14 个百分点，户主文化程度为"小学及以下"农户居中（12%）。通过比较可见，随着户主文化程度的提高，生产性违约小幅上升，生活性违约下降趋势明显，提高农户受教育程度能够显著降低农户对生存性借贷的依赖，提高信贷资金使用水平。

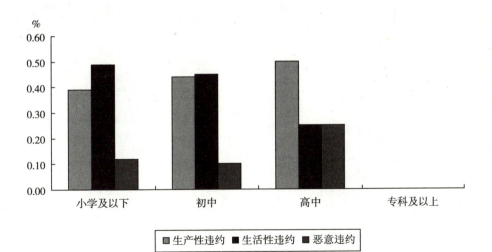

图 4-4　户主文化程度与违约差异

三、家庭年收入与违约差异

由于生产性原因导致信贷违约的农户有 64 户，其中，家庭年收入"大于 5 万元"的农户有 10 户（16%），"2 万~5 万元"的农户有 24 户（38%），"2 万元及以下"的农户有 30 户（47%）；由于生活性原因导致的违约有 67 户，其中，家庭年收入"大于 5 万元"的农户有 6 户（9%），"2 万~5 万元"的农户有 18 户（27%），"2 万元以下"的农户有 43 户（64%）；恶意违约的农户有 18 户，其中，家庭年收入"大于 5 万元"的农户有 3 户（17%），"2 万~5 万元"的农户有 8 户（44%），"2 万元及以下"的农户有 7 户（39%）。家庭收入各分组农户的违约差异性如图 4-5 所示：由于生产性原因导致的信贷违约率中，家庭年收入"大于 5 万元"的农户最高（53%），家庭年收入"低于 2 万元"的农户最低（38%），二者相差 15 个百分点，家庭年收入"2 万~5 万元"的农户居中（48%）。由于生活性因素导致的信贷违约率中，家庭年收入"低于 2 万元"的农户最高（54%），家庭年收入"大于 5 万元"的农户最低（32%），二者相差 22 个百分点，家庭年收入"2 万~5 万元"的农户居中（36%）。由于恶意违约因素导致的违约率中，家庭年收入"大于 5 万元"和家庭年收入"低于 2 万元"的农户相同（16%），家庭年收入"2 万元及以下"的农户较低（9%）。通过比较可知，随着农户家庭收入的增长，

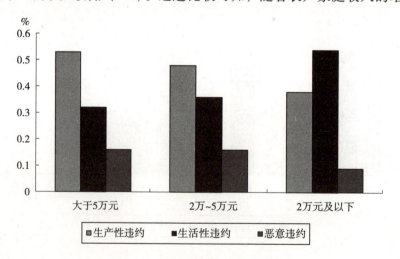

图 4-5　家庭年收入与违约差异

生活性违约显著下降，生产性违约逐渐上升，可见，生活性违约主要源于低收入家庭对生存性信贷资金的需求和依赖，农户增收能够有效降低生活性违约。

四、家庭经营类型与违约差异

由于生产性原因导致信贷违约的农户有 64 户，其中，家庭主要经营类型为"种植"的农户有 29 户（45%），来自"养殖"的农户有 7 户（11%），来自"工资"的农户有 17 户（27%），来自"工商服务"的农户有 11 户（17%）；由于生活性原因导致的违约有 65 户，其中，家庭主要经营类型为"种植"的农户有 32 户（49%），来自"养殖"的农户有 5 户（8%），来自"工资"的农户有 23 户（35%），来自"工商服务"的农户有 5 户（8%）；恶意违约的农户有 18 户，其中，家庭主要经营类型为"种植"的农户有 8 户（47%），来自"养殖"的农户有 1 户（6%），来自"工资"的农户有 7 户（41%），来自"工商服务"的农户有 1 户（6%）。家庭主要经营各类型农户的违约差异性如图 4-6 所示：由于生产性原因导致的信贷违约率中，从高到低依次排序家庭主要经营类型为"工商服务"的农户（65%）；家庭主要经营类型为"养殖"的农户（54%）；家庭主要经营类型为"种植"的农户（42%）；家庭主要经营类型为"工资"的农户（36%）。由于生活性因素导致的信贷违约率中，从高到低依次排序家庭主要经营类型为"工资"的农户（49%）；家庭主要经营类型为"种植"的农户（46%）；家庭主要经营类型为"养殖"的农户（38%）；家庭主要经营类型为"工商服务"的农户（29%）。由于恶意违约因素导致的违约率中，从高到低依次排序家庭主要经营类型为"工资"的农户（15%）；家庭主要经营类型为"种植"的农户（12%）；家庭主要经营类型为"养殖"的农户（8%）；家庭主要经营类型为"工商服务"的农户（6%）。此外，家庭主要经营类型为"工商服务"农户和来自"养殖"农户由于生产性因素导致的违约率分别高于因生活性因素导致的违约率 36 个和 16 个百分点；家庭主要经营类型为"种植"农户和来自"工资"农户源于生产性因素导致的违约率分别低于因生活性因素导致的违约率 4 个和 13 个百分点。

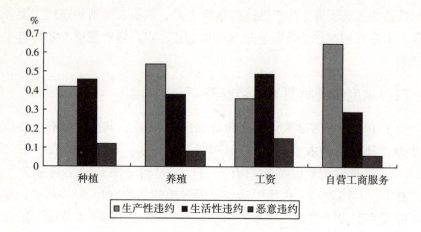

图 4 – 6　家庭经营类型与违约差异

五、是否种粮户与违约差异

由于生产性原因导致信贷违约的农户有 64 户，种粮户有 33 户（52%），非种粮户有 31 户（48%）；由于生活性原因导致违约的农户有 67 户，种粮户有 48 户（72%），非种粮户有 19 户（28%）；恶意违约的农户有 18 户，种粮户有 14 户（78%），非种粮户有 4 户（22%）。是否种粮户的违约差异性如图 4 – 7 所示：由于生产性原因导致的信贷违约率中，种粮户的违约率（35%）低于非种粮户的违约率 18 个百分点；由于生活性因

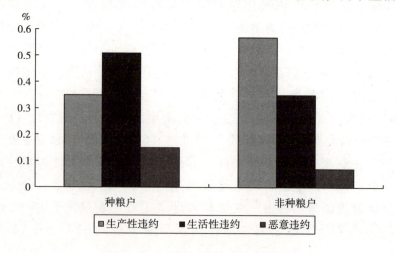

图 4 – 7　是否种粮户的违约差异

素导致的信贷违约率中，种粮户的违约率（51%）高于非种粮户的违约率16个百分点；由于恶意违约因素导致的违约率中，种粮户的违约率（15%）高于非种粮户的违约率8个百分点。对比可见，种粮农户对生活性信贷资金的依赖程度高于非种粮农户，恶意违约发生率也高于非种粮农户。

六、家庭非正规借款与违约差异

由于生产性原因导致信贷违约的农户有64户，家庭没有发生借款的农户有37户（58%），发生借款的农户有27户（42%）；由于生活性原因导致违约的农户有67户，家庭没有发生借款的农户有34户（51%），发生借款的农户有33户（49%）；恶意违约的农户有18户，家庭没有发生借款的农户有11户（61%），发生借款的农户有7户（39%）。有无借款农户的违约差异性如图4-8所示：由于生产性原因导致的信贷违约率中，有借款的贷款农户违约率（48%）高于无借款农户的违约率10个百分点；由于生活性因素导致的信贷违约率中，发生借款的贷款农户违约率（43%）低于没有借款的贷款农户违约率4个百分点；由于恶意违约因素导致的违约率中，没有发生借款的贷款农户违约率（15%）高于有借款的贷款农户8个百分点。对比发现，没有借款农户的生活性违约高于生产性违约，存在借款农户的生产性违约高于生活性违约。

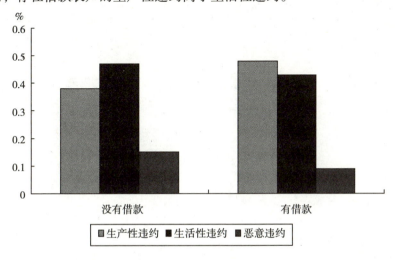

图4-8　非正规借款情况与违约差异

七、贷款规模与违约差异

由于生产性原因导致信贷违约的农户有 64 户，其中，贷款金额为"1万元及以下"的农户有 39 户（61%），贷款金额为"1万~2万元"的农户有 13 户（20%），贷款金额为"2万~5万元"的农户有 10 户（16%），贷款金额为"5万元以上"的农户有 2 户（3%）；由于生活性原因导致违约的农户有 67 户，其中，贷款金额为"1万元及以下"的农户有 40 户（60%），贷款金额为"1万~2万元"的农户有 16 户（24%），贷款金额为"2万~5万元"的农户有 9 户（13%），贷款金额为"5万元以上"的农户有 2 户（3%）；恶意违约的农户有 18 户，其中，贷款金额为"1万元及以下"的农户有 13 户（72%），贷款金额为"1万~2万元"的农户有 2 户（11%），贷款金额为"2万~5万元"的农户有 3 户（17%），贷款金额为"5万元以上"的农户没有。贷款规模各分组农户的违约差异性如图 4－9 所示：由于生产性原因导致的信贷违约率中，贷款金额为"5万元以上"的农户最高（50%）；贷款金额为"1万~2万元"和"1万元及以下"的农户最低（42%），两者相差 8 个百分点，贷款金额为"2万~5万元"的农户居中（45%）；由于生活性因素导致的信贷违约率中，贷款金额为"1万~2万元"的农户最高（52%），贷款金额为"2万~5万元"的农户最低（41%），二者相差 11 个百分点；贷款金额为"5万元以上"和"1万元及以下"的农户分别为 50% 和 42%；由于恶意违约因素导致的

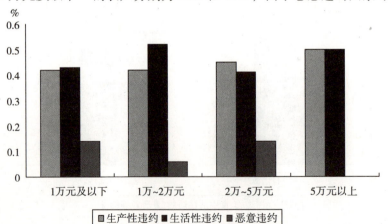

图 4－9　贷款规模与违约差异

违约率中，贷款金额为"1万元及以下"和"2万~5万元"的农户最高（14%），贷款金额为"5万元以下"农户最低为零，贷款金额为"1万~2万元"的农户居中（6%）。此外，贷款金额为"1万元及以下"的农户和"1万~2万元"的农户由于生产性因素导致的违约率分别低于因生活性因素导致的违约率1个和10个百分点；贷款金额为"2万~5万元"的农户源于生产性因素导致的违约率高于因生活性因素导致的违约率4个百分点，贷款金额为"5万元以上"农户二者持平。

八、贷款方式与违约差异

由于生产性原因导致信贷违约的农户有64户，其中，保证担保贷款的农户有37户（58%），信用贷款的农户有27户（42%）；由于生活性原因导致违约的农户有66户，保证担保贷款的农户有41户（62%），信用贷款的农户有25户（38%）；恶意违约的农户有12户，保证担保贷款农户有7户（58%），信用贷款农户有4户（33%）。贷款方式各分组农户的违约差异性如图4-10所示：由于生产性原因导致的信贷违约率中，信用贷款农户的违约率（52%）高于保证担保贷款农户的违约率（42%）10个百分点；由于生活性因素导致的信贷违约率中，信用贷款农户的违约率（48%）高于保证担保贷款农户的违约率（46%）2个百分点；由于恶意违约因素导致的违约率二者相当。对比可得，信用贷款的生产性和生活性

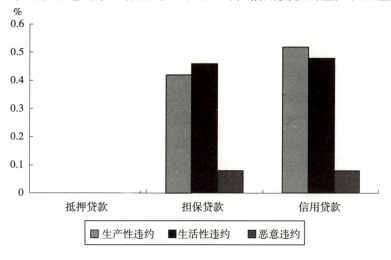

图4-10 贷款方式与违约差异

违约均高于担保贷款，担保贷款中的生活性违约高于生产性违约，而信用贷款中的生产性违约高于生活性违约。

九、贷款期限与违约差异

由于生产性原因导致信贷违约的农户有63户，其中，贷款期限为"3~6个月"的农户有13户（21%），贷款期限为"6个月~1年"的农户有40户（63%），贷款期限为"1~3年"的农户有10户（16%），贷款期限为"3~5年"的农户没有；由于生活性原因导致违约的农户有67户，其中，贷款期限为"3~6个月"的农户有8户（12%），贷款期限为"6个月~1年"的农户有39户（58%），贷款期限为"1~3年"的农户有14户（21%），贷款期限为"3~5年"的农户有6户（9%）；恶意违约的农户有18户，其中，贷款期限为"3~6个月"的农户有6户（33%），贷款期限为"6个月~1年"的农户有10户（56%），贷款期限为"1~3年"的农户有1户（6%），贷款期限为"3~5年"的农户有1户（6%）。贷款期限各分组农户的违约差异性如图4－11所示：由于生产性原因导致的信贷违约率随贷款期限的延长而逐渐降低，依次为48%、45%、40%和0，贷款期限为"3~6个月"的农户最高，贷款期限为"3~5年"的农户最低，两者相差48个百分点；由于生活性因素导致的信贷违约率随贷款期限的延长而逐渐升高，依次为86%、56%、44%和30%，贷款期限为"3~5年"的农户最高，贷款金额为"3~6个月"的

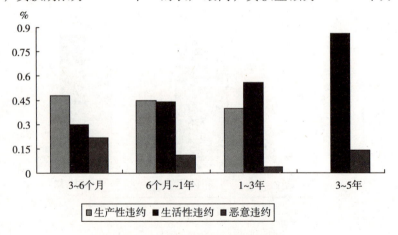

图4－11　贷款期限与违约差异

农户最低，二者相差 56 个百分点；由于恶意违约因素导致的违约率中，贷款期限为"3～6 个月"的农户最高（22%），贷款期限为"1～3 年"农户最低为 4%。对比可见，贷款期限延长后，生活性违约会显著增加，说明生活性的违约贷款大多会发生沉淀，同时也有部分增加是因为金融机构试图通过"放水养鱼"实现不良资产转化，但结果追加放贷失败。生产性违约会随贷款期限延长逐渐降低，直至 3 年期以上的贷款中不存在生产性违约，金融机构可通过调整贷款期限以降低生产性违约。

本 章 小 结

本章在借鉴已有研究成果的基础上，以入户调研数据为基础，运用统计分析、方差分析和 Logit 模型对农户信贷违约风险影响因素进行了实证研究，得出以下主要结论：

1. 农户信贷违约情况的统计分析显示，户主年龄为"50 岁以上"农户的违约率最高，户主年龄为"23～30 岁"农户的违约率最低，违约率随年龄段的增大而提高；户主文化程度为"小学及以下"家庭的违约率最高，户主文化程度为"专科及以上"家庭的违约率最低，随着户主文化程度的提高，其违约率不断下降；种植业农户的违约率最高，工商服务类农户违约率最低；信用自我评估较低农户的违约率为 100%，信用自我评估很好的农户的违约率为零。农户家庭特征与信贷违约情况中，家庭人口"少于 4 人"农户违约率最高，"4～5 人"农户的违约率最低。家庭中没有供养人口农户的违约率最高，供养人口为"1～2 人"农户的违约率最低；打工人数为"3 人以上"农户家庭的违约率最高，没有打工人口的违约率最低；务农人数对样本农户信贷违约的影响较小；年收入"大于 10万元"农户的违约率最低，年收入低于 2 万元农户的违约率最高；主要收入来源于种植业农户的违约率最高，主要收入来源于工商服务类农户的违约率最低；家庭主要支出用于"医疗"农户的违约率最高，主要支出用于"非农产业"农户的违约率最低。贷款性状与信贷违约情况中，贷款金额为"1 万元及以下"农户的违约率最高，贷款金额为"5 万元以上"农户的违约率最低；占全部违约农户 11.5% 的贷款期限为"3～6 个月"的农户中，违约率为 53.1%；贷款实际用于"生活消费"农户的违约率为54.1%；受访农户的贷款方式中，抵押贷款、担保贷款和信用贷款的违约率分别为 16.7% 、30.0% 和 86.6% ；有借款的违约农户和没有借款的违约农户所占的比重分别为 48.3% 和 51.7% ，有借款农户的违约率高于没有借款农户的违约率 17.5 个百分点。

2. 农户信贷违约的方差分析显示，50 岁以上农户的违约率显著高于 30~50 岁农户；小学及以下文化程度农户的违约率显著高于其他学历农户；不同的户主就业领域下农户信贷违约的风险不存在显著差异；信用自我评估不同的农户在信贷违约风险方面不存在显著差异。农户家庭特征中，年收入为 2 万~5 万元的农户信贷违约率显著高于 5 万~10 万元的农户家庭；年收入少于 2 万元的农户信贷违约率显著高于年收入为 2 万~5 万元的农户家庭；以种植业收入为主的农户家庭和以打工收入为主的农户家庭信贷违约率均高于以养殖业和工商业为主要收入来源的家庭；大支出用于农业投资和盖房的农户违约率显著低于用于医疗支出的农户；最大支出用于子女教育和医疗支出的农户违约率显著高于用于非农投资的农户；种粮农户与其他农户在信贷违约方面存在显著差异；有借款农户与没有借款农户的信贷违约率存在显著的均值差异。贷款性状中，贷款金额小于 2 万元的农户违约率显著高于贷款金额大于 2 万元农户；贷款金额小于 1 万元的农户违约率显著高于大于 1 万元且小于 2 万元的农户；贷款期限为 1 年以内的农户违约率高于 1 年以上 2 年以下的贷款农户；信用贷款显著高于担保贷款和抵押贷款。其余各组无显著差异。

3. 农户信贷违约风险影响因素的实证分析显示：（1）文化程度越高，农户信贷违约率越低。农户受教育程度是反映农村地区社会发展程度的重要指标，影响到农户增收能力的持续性和稳定性。加大农村地区教育事业投入，对改善农户信贷资金的使用效率、降低农户信贷违约风险具有重要意义。（2）农户家庭负担重和主观还款努力程度差并不是违约的直接原因，家庭收入与农户信贷违约显著负相关。说明虽然农户生存性借贷状况得到了有效改善，但缺乏有效收入支撑仍是农户违约的主要影响因素，而农户的朴实与守信依然是农村金融机构信贷风险控制的社会基础。可见，提高农户收入水平仍是降低农户信贷违约风险的根本出路。农户信用评级中应加重对家庭收入指标的权重，以期更为真实地反映农户违约的可能性。同时，正如孟加拉经济学家穆罕默德·尤努斯所持"穷人比富人更值得信赖"的观点，作为弱势行业中的弱势群体，农户更珍惜自己的荣誉和所获得的贷款机会，应当重视社会资本利用和培育在控制农户信贷违约风险中的作用。（3）以发展本土经营为主农户的违约率低于以打工收入为主的农户；只有种粮收入而无其他收入来源的种粮户违约率较高。说明虽然打工收入成为农民增收主要途径之一，但其并未发挥降低农户违约率的作用。农户信贷违约率的降低主要依赖于本土经济的发展，并且，光靠种粮是不行的，应使高效农业成为农户重要的经济来源。由此可以看出，对农户信贷违约的考察中，仅考虑家庭收入水平是不够的，将农户家庭的经济结构角度纳入农户信用评级的考察体系可能更为合理。（4）农户发展特色种养殖业和经商的资金需求量大且周期长，正规金融信贷金额偏小，民间借贷活跃。特色种养殖与经商风险较大，投资失败导致的违约率很高。说明农业现代化发展亟须突破旧的金融体系束缚，农村合作金融机构信贷风险控制也需要在新的环境下实现新的均衡。

4. 不同特征农户信贷违约风险产生的原因（生产性原因违约、生活性原因违约和恶意违约方面）存在显著差异，研究发现随着年龄的增长，农户会更为重视自身的信用，应重点防范"30~40岁"贷款农户的恶意违约风险；提高农户受教育程度能够显著降低农户对生存性借贷的依赖，提高信贷资金使用水平；农户增收能够有效降低生活性违约；家庭主要经营类型为"工商服务"农户和来自于"养殖"农户由于生产性因素导致的违约率远高于因生活性因素导致的违约率，家庭主要经营类型为"种植"农户和来自于"工资"农户源于生产性因素导致的违约率稍低于因生活性因素导致的违约率，种粮农户对生活性信贷资金的依赖程度高于非种粮农户，恶意违约发生率也高于非种粮农户；没有借款农户的生活性违约高于生产性违约，存在借款农户的生产性违约高于生活性违约；贷款金额为"1万元及以下"的农户和"1万~2万元"的农户主要源于生活性因素导致的违约；贷款金额为"2万~5万元"的农户源于生产性因素导致的违约；信用贷款的生产性和生活性违约均高于担保贷款，担保贷款中的生活性违约高于生产性违约，而信用贷款中的生产性违约高于生活性违约；贷款期限延长后，生活性违约会显著增加，说明生活性的违约贷款大多会发生沉淀，同时也有部分增加是因为金融机构试图通过"放水养鱼"实现不良资产转化，但结果追加放贷失败。农村合作金融机构可以据此调整信贷结构，有差别地扶持农户提高信贷资金的使用效率。

第五章　陕西农村合作金融机构
信贷风险内控体系评价

银行是通过经营和管理风险而获取收益的特殊企业，银行生存和发展的前提和首要环节就是健全信贷风险内控体系。农村合作金融机构信贷风险内控体系的完善，可以通过有效的激励和约束机制，提高风险控制水平，避免信贷资金可能发生的违约损失，保障信贷资金安全。长期以来，由于体制和政策等多方面原因，农村合作金融机构具有浓厚的行政性和制度性特征，存在"所有者缺位"和"内部人控制"等激励约束机制弱化现象，加之行政干预、缺乏外部竞争以及监管有效性不足等外部因素，直接导致了粗放的经营模式下对健全信贷风险内控体系的长期忽视。面对日益增长的竞争压力，针对农村合作金融机构信贷风险内控体系的发展现状，借鉴商业银行的风险控制体系，完善农村合作金融机构的信贷风险内控体系，构筑信贷风险控制内部防线，成为农村合作金融机构必须解决的重大课题。本章综合采用层次分析法（AHP法）和模糊综合评价法对陕西农村合作金融机构信贷风险控制体系的完善程度进行综合评价，以期为提高陕西农村合作金融机构信贷风险内控体系建设提供科学依据，更好地支持陕西农业及农村经济的发展。

第一节　农村合作金融机构信贷风险
内控体系评价指标体系

在借鉴现有研究成果的基础上（张维，2010；孙继伟，2011；方金兵，2009），笔者认为，当前农村合作金融机构信贷风险控制的指标体系是由组织控制、制度控制、过程控制和技术控制4个一级指标和法人治理结构、风险管理部职能等21个二级指标共同构成（如表5-1至表5-9所示）。

一、信贷风险组织控制要素

组织要素是农村合作金融机构业务运行和实施管理的组织方式，作为农村合作金融机构业务经营活动的资源配置载体和业务流程的固化形态，是贯彻组织目标的基础和保障组织效率的前提（连平，2010；王霄勇，2010）。农村合作金融机构信贷风险组织控制的主要内容包括风险管理相关的部门设置及其功能和权限、部门之间的相互关系、风险控制对业务运行实施监督的模式等。具体测度指标包括表5-1所示内容。

表5-1　　　　　　　　　　　　组织控制要素测度指标

测度变量	测度指标
组织控制因素	法人治理结构
	风险管理部职能
	部门设置及分工
	风险稽核审计与持续改进

1. 公司治理，又称法人治理，是使企业所有者与经营者的权责与利益形成合理制衡的制度安排，其核心是通过一整套权责分工合理地配置控制权和剩余索取权，协调利益相关者之间的关系，以形成科学的制衡机制和自我约束机制，保证企业的决策和经营效率。法人治理包括内部治理和外部治理，法人内部治理也被称为法人治理结构。农村合作金融机构法人治理结构涉及社员（股东）代表大会、理事会、监事会、经营管理层相互之间相互制衡的权责分配体系。主要是指股东投票选举产生股东代表大会，股东代表大会选举产生董事会和监事会，选聘经营管理层，构建"三会一层"的治理架构，形成决策、执行、监督"三权分立"的制衡和约束机制。作为内部控制体系的最高层次，建立和完善有效的公司治理机制是保证机构可持续运营的重要基础和前提（张兰，2007），公司治理结构将影响到农村合作金融机构整体风险控制的目标设定、风险控制战略的制定以及风险偏好等，作为影响信贷风险控制成效的根本因素，完善的法人治理结构是农村合作金融机构信贷风险内部控制的坚实基础。

2. 风险管理部是在管理层领导下具体实施各类别风险管理的牵头组织部门，负责拟定风险管理政策和制度，开发风险控制技术，对各类风险牵头进行风险的识别、评估、监测报告和控制。在信贷经营过程中，农村合作金融机构面临的风险涉及各个业务操作环节，其中无论哪个环节出现纰漏，都有可能引发重大损失，且各环节微小风险的累积，有可能经由汇聚形成巨大的风险，同时，金融机构所面临的风险环境更是不断变化的，需要及时地发现风险问题，及时采取相应对策和措施，这些显然是风险的定期检查和事后的稽核审计监督难以实现的，需要风险管理部门对整体风险进行动态性地及时预测、度量、分析和调整。独立设置风险管理部，一方面可以增强风险管理中的部门协调性，提高风险控制效率；另一方面可以降低风险控制成本。当前，具备目标明确、结构清晰、职能完备、功能强大的风险管理部，已经成为金融管理现代化的重要标志。

3. 农村合作金融机构作为一种经济活动主体，必须通过恰当的组织结构来实现组织的目标，达到最优的组织绩效。结构确定组织体系的总格局，构成组织体系的基本框架，描述和规定组织体系的权责与行为主体之间的相互关系。农村合作金融机构信贷风险控制功能必须依据合理的组织结构才能产生，同时，只有能够发挥有效信贷风险控制功能的组织结构才是有意义的。信贷风险控制的组织机构产生组织体系的静态风险控制特性，信贷风险控制功能产生组织体系的动态风险控制特性，两种特性相互依存，共同构成农村合作金融机构信贷风险组织控制的完整概念。农村合作金融机构信贷风险的组织控制建设主要包括规范化、权力分配和协调机制三个维度。其中规范化可以降低差异性对组织的影响；权力分配是组织中信贷风险控制权力的配置情况；协调机制是指由分工形成的信贷风险控制各部门之间实现相互合作，协调运转的整合安排。农村合作金融机构信贷风险控制功能的发挥很大程度上受制于组织结构的状况，要求实现信贷风险控制功能与组织结构的动态统一。

4. 稽核审计部门是农村合作金融机构信贷风险内部控制系统的重要组成部分，其主要功能是负责按照所属单位负责人或权力部门的要求，对风险控制内设机构及其部门领导人的任期风险管理责任，风险相关的财政政策、财务收支及其他经济活动，本单位及所属单位经济管理和效益的风险状况等进行审计与稽核监督，评价和监督由管理层设计并负责执行的风险管理、内部资本充足评估、内部控制和治理程序的充足性和有效性，其内容包括贷款安全保证稽核、贷款岗位责任落实稽核、贷款操作规范稽核、贷款投向稽核、贷款风险度稽核和信贷档案管理稽核等。稽核审计作为一种监督手段的一个核心概念就是"风险评估"，作为组织内部的一种客观、独立的评价、确认和咨询活动，它通过应用规范系统的方法审查和改善信贷风险控制和治理过程的效果，以其广泛而独有的价值内涵，在信贷风险控制中发挥着综合经济监督和信息服务监督的双重功能，服务于金融机构有效内部控制的保持和信贷风险的防范，是评价和改善金融机构风险控制及经营管理过程的有效性所必需的，在防范和化解信贷风险中起着举足轻重的作用。

二、信贷风险制度控制要素

农村合作金融机构信贷风险制度的控制（见表 5 - 2）是由规定、政策、措施、方法和程序等组成的一整套管理机制和框架体系。作为农村合作金融机构信贷风险控制的基本规则依托，制度控制要素以全面、有效、独立和审慎为原则，通过对机构各部门、岗位和工作人员的职责约束、衡量与纠正，发挥着控制和防范信贷风险的作用，是保障信贷资金营运安全性、流动性和效益性的前提条件。作为农村合作金融机构信贷风险内控体系的重要组成部分，完备有效、科学严谨的信贷风险控制制度是形成一个组织风险识别和看待风险的基础，决定着组织架构、风险监督、信息沟通等其他风险控制要素作用的发挥和效率的实现。同时，农村合作金融机构信贷风险控制制度的范畴既包括显性的规则章程，也包括隐性的风险文化。在既定的公司法人治理框架下，农村合作金融机构信贷风险内控制度是否完善，不仅取决于信贷风险管理相关规范条例的周密与严谨，是否符合全面风险管理的要求，还取决于风险文化的特性和激励机制。

表 5 - 2　　　　　　　　　　制度控制要素测度指标

测度变量	测度指标
制度控制	机构管理层的重视程度
	风险管理规范和分级授信
	薪酬激励机制
	风险责任落实
	信贷文化/风险偏好

1. 信贷风险环境集中反映为与信贷风险管理政策制定和实施相关的领导层对内部控制重要性的认知与态度。农村合作金融机构的高层管理人员在风险控制制度和文化建设中起关键性的作用，董事会和经理层的风险理念、管理哲学与经营风格，及其风险监控、引导责任的适时发挥可能会极大地影响信贷风险的控制环境。其中包括：管理层对风险内控的重视程

度；管理层是否能将信贷风险内控系统的建设和发展置于战略发展的高度长远地考虑；是否将信贷风险管理作为实现经营发展目标和财务收支目标的重要管理手段和程序；管理层信贷管理的风险偏好、控制风险的方法和所采取的行动；管理当局对风险信息披露和风险信息环境所持的态度和重视程度等。只有最高管理者对信贷风险控制在机构经营发展中的地位和职能给予足够的重视，不断加大高级管理层对风险控制战略的支持力度，切实转变风险观念、管理风格和控制方式，提高董事会的风险治理决策水平以及强化董事会的驱动作用，才能保证农村合作金融机构从全面风险管理的要求和原则出发，培育良好的信贷风险内部控制环境。

2. 风险管理规范主要是指组织中信贷风险相关的规则、程序和命令指示等，分级授信的管理制度是指按照区别对待、权责相等、动态调整的原则，对所属关键信贷业务岗位、信贷管理职能部门和网点授予贷款业务权限的具体规定。划分信贷经营管理权限是信贷风险管理制度的一项基本内容，要求根据农村合作金融机构所在地区社会经济发展状况、存贷规模、不良贷款率和内部治理水平，合理确定各级农村合作金融机构农户贷款和固定与流动资产贷款的审批权限，并报备银行监督部门和行业管理协会作为风险监管和贷款检查的依据。完善信贷风险管理规范，严格授信管理，可以有效防范贷款发放中的越权违规行为，推进农村合作金融机构信贷风险控制由粗放管理向集约管理的转变。

3. 薪酬激励机制作为一种普遍采用的重要物质激励方式，是指企业为了实现预期效益而施加给员工的一种作用力，其目的是为了获得更大的投入产出效益。"理性经济人"假设认为人都是"自利"的，其原始的行为驱动力是来源于自身利益最大化的追求。企业以利润的获取为出发点来组织生产运营活动，员工以薪酬的获取为出发点贡献自己的效力和服从。薪酬激励拥有巨大的力量，有学者研究发现，员工的潜能在缺乏有效激励时仅发挥出 20%～30%，而其余 70%～80% 的潜能依赖于科学有效的激励机制才能被激发。农村合作金融机构可以通过薪酬激励机制，有效降低委托—代理过程中经营者和所有者之间利益目标函数不一致的程度，降低代理成本和提高管理效率。实行风险调整的激励制度，将薪酬激励与风险控制联系起来，就可以将风险控制置于委托—代理问题的根本上，即员工风险控制的自觉性和能动性。这样一方面可以将风险理念渗透在日常工作中，激发员工自主落实风险控制职责。另一方面可有效克服员工过度关注当期业绩的短期行为，避免利润最大化追求下长期风险隐患加剧和发展动力不足等问题。

4. 农村合作金融机构风险控制要求在明晰各个部门职能的同时，明确其对信贷风险内部控制失效所要承担的相应责任，建立完善而系统的责任考核措施和追究处罚管理办法，使农村合作金融机构信贷风险控制实现责、权、利的均衡统一。例如，高级管理层应对信贷风险内部控制整体运行的效率和有效性负责，并对控制失效产生的重大损失承担责任；风险管理部领导要对信贷风险隐患排查、风险问题报告和风险监督检查等方面承担相应责任；客户经理与审批部门要对贷款的发放、管理和清收等按比例承担责任。当前，农村合作金融机构已经认识到信贷风险责任落实的重要性，普遍实行了信贷责任终生追究制、不良贷款终生追究制和信贷资产的零风险制度等，将其作为警示从业人员信贷业务行为，改善信贷资产质量和提升信贷风险控制水平的重要手段。

5. 新制度经济学将制度提供的一系列规则划分为两个大类。一类是正式规则，是指人们刻意创造的一些形式化规则和程序，这些规则和程序构成人们行动的外在限制和规定。作为一种外在安排，正式规则往往是通过强制性的方式建立的。另一类是非正式规则，是指人们在无意识中形成的一种共同的文化价值，主要包括风俗习惯、道德观念、意识形态和伦理规范等，它具有持久的生命力，使人们对外在制度安排框架中规定的权利义务形成一种共享的价值认同和共同的行为预期。在这种价值模式的内在约束下，人们自觉地按照各自的角色及功能进行有序互动和沟通。农村合作金融机构信贷风险文化表现为一种内嵌于制度和人文环境之中的氛围和条件，它强调"人"在风险控制中的核心地位，贯彻"以人为本"的经营理念，通过风险控制思想主线和脉络，影响员工的风险意识，将风险控制内化为从业人员的思维方式、价值理念和职业态度，渗透到日常行为方式和工作习惯中，实现风险控制的自觉性，使员工能够自觉遵守和奉行组织的风险价值偏好，共同为实现组织愿景而努力。

三、信贷风险过程控制要素

农村合作金融机构信贷风险过程控制即为信贷活动的全流程风险管

理，指从产品设计、贷前调查、审查审批、发放到回收的全过程管理，是
对信贷业务前、中、后三阶段的连续和动态管理，强调信贷流程所经过环
节各项职责的落实情况。严谨科学的环节设计与流程安排，对农村合作金
融机构风险控制具有重要的影响作用。环节设计与流程安排直接影响信贷
发生的可能性（彭志军，2011），是否按照严格的逻辑设计各个环节，详
细分解各环节的职权与职责，并使其顺序得当，衔接紧密，直接影响到员
工能否有效执行各环节的岗位内容和标准，清晰了解其需要承担的风险控
制责任以及所应采取的风险防范措施。农村合作金融机构信贷业务运行的
业务流程主要是：信贷产品开发与设计—客户评级—贷前调查—"三位一
体"授信审批—授信核批—发放审核—贷后检查—风险预警—不良资产清
偿回收（见表5-3）。

表5-3 过程控制要素测度指标

测度变量	测度指标
过程控制	信贷产品设计
	客户信用评级
	贷前调查
	贷中审查
	贷后检查
	风险预警体系
	不良资产清收/化解

1. 信贷产品开发与设计。银行业的实质就是经营风险，把各种风险内
化后对风险要素进行定价和组合，继而转嫁给信贷客体并得到收益。农村
合作金融机构是通过不同信贷产品的开发设计来满足不同信贷需求的，信
贷产品不仅是金融机构的服务商品，同时也是借贷风险的控制工具。如果
农村合作金融机构提供的信贷产品不能与这些贷款的信贷风险相匹配，将
会带来合约设计瑕疵以及管理漏洞，进而放大信贷风险。

2. 客户信用评级是农村合作金融机构为降低信贷风险、规范授信业
务而采用的内部信用评级。"内部信用风险评级"是银行对被评级对象
授信承受能力、可信任程度和具体信贷工具风险状况的确认与客观评价。
金融机构信用风险的客户评级能力以及评价模型的选择在很大程度上取
决于其对借款方的信息特征占有情况。构建信贷风险客户信用评级系统

体系是授信的前提条件，如果不能对客户风险进行准确评价，就不能准确授信。

3. 贷前调查的主要业务内容包括：首先，受理客户贷款申请书，按要求向贷款人索要基本情况资料、有关证件和保证担保人的相关证明文件。根据贷款户的收入水平和机构、信用情况、投资项目和发展前景等因素，初步评定客户信用度。然后，调查贷款的安全性、合法性、盈利性等情况，核实保证担保人的情况，初步测度贷款风险度；其次，对所属机构审批权限以上的贷款，由本单位负责人和信贷员写出贷与不贷的意见后，报送其上级机关审批；最后，执行获得审批贷款，签订贷款合同发放贷款。贷前调查可以优化信贷投向，从源头上防范信贷风险，前移风险关口。

4. 贷中审查主要进行报审资料完整性和真实性的核实。一是审查贷款人是否符合相关规则所要求的授信条件，贷款人和担保人的法人资格及信誉度；二是对贷款手续是否完备、贷款人和担保人的资产负债及经营情况进行核实，并对贷款可能产生的经济效益进行预测。三是完成包含贷与不贷意见的审查报告，报送贷款决策人审批。

5. 贷后管理是指从贷款发放直至贷款本息收回过程中进行的信贷管理行为的总称，其主要目标是通过对贷款本身、借款方和担保等因素的跟踪、检查和分析，及时发现信贷资金运行中存在的问题，继而采取管理措施，及时地防范、控制和化解信贷风险，优化信贷资产质量。贷后管理的主要任务是落实融资后续管理要求，其内容包括信贷作业监督、信贷档案整理移交、资金流向监管、贷款风险分类、客户分析评价和贷后管理考核等方面，是信贷风险控制的重要组成内容。

6. 风险预警系统是对机构相关风险信息进行不间断的实时动态监控，并获取一定时效范围内的机构内外部环境信息，在分析借贷资金运营状况的基础之上，通过一系列指标和统计数据的观察和模型计量手段的运用，对机构可能面临的信贷风险进行提早发现和识别，判别风险来源、程度、范围和走势，及时向决策部门发出信号，为风险决策与管理赢得一定的主动权。建立科学有效的信贷风险预警机制是现代金融监管体系的重要内容（宋荣威，2007；孙继伟，2011）。

7. 贷款五级分类中不良资产包括次级、可疑和损失三类。不良资产增加应收未收利息，其存在不仅会影响农村合作金融机构的资本成本，还会导致农村合作金融机构增加专项准备金的计提，进而影响农村合作金融机构的税后利润。当前我国农村合作金融机构在不良资产实际处理过程中采用的手段主要是上门催缴和减免利息，其他手段包括：通过诉讼方式实现债权的回收、通过拍卖抵押物回笼资金偿还不良贷款，以及对于穷尽一切追收手段仍无法收回的贷款申报核销等。

四、信贷风险技术控制要素

1. 人力资源是农村合作金融机构的核心资源，人作为劳动力要素中最基本、最活跃的要素，是内控系统得以完善和有效实施的决定力量和源泉。一切内控都是由人来设计和执行的，若缺乏合理的人力资源，任何组织和制度都会形同虚设，丧失存在的意义。农村合作金融机构信贷风险控制的有效性，最终来源于具有风险防范意识和精通风险控制技术的员工。任何控制体系中，人既是控制客体，更是控制主体，人力资源所具备的能够被使用、开发和发展的内在特质，决定了员工的风险控制素质是做好农村合作金融机构信贷风险内控体系的根本。

2. 农村合作金融机构的计算机支持系统，不仅可以提高业务处理的效率，也可以通过对农村合作金融机构存放汇兑业务的全流程监控，实现风险管控中机器硬约束与制度软约束的有效结合（张啸川、李家军，2007），为农村合作金融机构信贷风险控制提供技术保障和支持。其中，农村合作金融机构可以通过核心业务系统实现对存贷业务等资金运行的监督与管理；通过管理信息系统，为绩效考核提供准确依据；通过银行信贷登记咨询系统整合了信贷业务数据，实现了金融系统间的信息共享，为金融机构了解客户的资信及经营情况以防范信贷风险、提高贷款效率提供了手段；通过档案管理系统建立对应于全功能银行系统的电子影像数据后台存储利用平台，实现与业务处理系统和风险控制系统之间的数据对接与共享，为加强风险内控管理、贷后管理及化解资产风险发挥积极作用。

3. 信息管理是指充分运用电子技术手段，将业务流程和相关工作编制成信息化的运作程序系统，使各项业务和管理都转换成标准化、智能化和自动化的电子流，通过完善的基础统计报表体系、数据分析体系进行明确计量、科学分析、精准定性，以数据报表的形式进行记录、查询、汇报、公示及存储，用数据作为真实客观的决策依据，对业务发展状况进行监控，并指导管理工作的开展。建立先进的信息管理系统，可以极大地改善农村合作金融机构内外部的信息传导与沟通，降低信息的传递成本，提高信息沟通的效率，增强信贷风险的反应能力和决策效率，更好地实现机构的高效运作和强化风险控制效率。

表 5-4　　　　　　　　　　　技术控制要素测度指标

测度变量	测度指标
技术控制	员工素质
	计算机支持系统
	信息管理
	岗位资格管理及全员培训
	风险分析技术的开发与应用

4. 岗位资格管理可以严格人事进入渠道和门槛，提高员工基本素质。全员培训可以按照农村经济和现代金融发展的客观要求，提高员工业务能力和对政策的理解与执行能力，增强员工的开拓意识和服务精神，加快信贷风险控制技术提升和电算化应用，进而推动农村合作金融机构在有效控制信贷风险的前提下，实现经营渠道的拓展和经营效率的改善。

5. 风险分析技术的开发与应用，可以通过对信贷资金运行的经营成本、潜在风险以及贷款损失的可能性进行动态计量，提高风险控制的科学性、准确性和精细化。提高农村合作金融机构的信用风险控制技术水平，将有利于制定正确的信贷决策、确定合理的风险收益水平和科学的风险定价，而这些都对控制经营成本，实现预期经营目标和收入目标产生积极作用。同时，风险分析技术的开发和应用还有利于农村合作金融机构准确地计量信贷风险的监管成本，提高整体资金运营的效率，增强农村合作金融机构的核心竞争力。

第二节　描述性统计分析

本章研究所采用的数据来源于 2012 年 6—9 月对陕西农村合作金融机构信贷风险内控体系的调查数据。调查对象为农村合作金融机构的县级联社负责人，共发放问卷 120 份，收回有效问卷 72 份，有效问卷率为 60%。问卷分为两个部分，第一部分参考 Likert 的五点量表法进行测量，将被调查者对农村合作金融机构内控体系的评价结果分为"非常完善"、"比较完

善"、"一般"、"不太完善"和"很不完善"。问卷第二部分要求受访者按
影响程度对农村合作金融机构信贷风险内控体系四项一级指标及其所属二
级指标进行排序。

一、组织控制要素统计分析

在农村合作金融机构信贷风险组织控制要素完善程度的回答中，"不
太完善"的统计结果显示，选择"法人治理结构"的比重最高，为16%；
选择"风险稽核审计与持续改进"的比重最低，为7%，二者相差9个百
分点。在"较为完善"的统计结果中，选择"合理的部门设置及分工"的
占比最高，为46%。选择"独立的风险管理部"的比重最低，为32%；
在全部四个因素中，均没有出现"非常不完善"的评价。说明受访从业人
员对农村合作金融机构的部门设置和风险稽核审计的认可程度比较高，对
法人治理结构和风险管理部的完善程度评价较差（见表5-5）。

表5-5　　　　　　　　　组织控制要素评价结果统计

测度指标	非常完善	较为完善	一般	不太完善	很不完善
法人治理结构	2（3%）	31（43%）	23（32%）	16（22%）	0（0%）
风险管理部职能	4（6%）	22（32%）	33（46%）	13（18%）	0（0%）
部门设置及分工	0（0%）	33（46%）	27（37%）	12（17%）	0（0%）
风险稽核审计与持续改进	2（3%）	30（42%）	33（45%）	7（10%）	0（0%）

1. 在被调查人员对所在机构"法人治理结构完善程度"的回答中，认
为农村合作金融机构法人治理结构"非常完善"、"较为完善"、"一般"、
"不太完善"的分别有2人、31人、23人和16人，所占比重分别为3%、
43%、32%和22%。其中，认为所在机构法人治理结构"较为完善"的占
比最高为43%；22%的从业者认为所在机构法人治理结构"不太完善"。
调查中发现，长期以来，由于缺乏有效的法人治理结构，导致陕西农村合
作金融机构各职能条块对目标函数和价值诉求的模糊，缺乏发展的战略规
划，习惯的短期行为成为农村合作金融机构信贷风险内控体系进步和完善
的主要障碍。陕西农村合作金融机构信贷风险控制法人治理结构方面的问
题形成是一个长期的过程，同时也是多因素共同作用的结果。2003年启动
的新一轮农村信用社改革已经进行了近十年的改革实践，央行的注资和优

惠政策的支持在化解农村合作金融机构历史包袱、控制区域性和系统性支付风险问题等方面发挥了积极的正向激励作用，陕西农村合作金融机构的资产质量和同口径下的财务经营状况明显改善，不良贷款率逐年降低。但是，作为本次改革的关键，陕西农村合作金融机构在完善法人治理结构和增强经营发展能力方面尚未表现出显著的改革成效，仍不同程度地存在所有者缺位以及由于剩余控制权和索取权不对称导致的产权制度的残缺。总体而言，陕西农村合作金融机构仍未打破原有的行政管理模式，法人治理结构还不够完善。主要表现为股东大会、董事会、监事会和经营管理层的权利与职责不够清晰，相互制衡机制有待明确，经营管理层的决策水平有待提升，部分农村合作金融机构商业化转型过程中，清退原有的社员入股，全部转为企业股和员工股，这在一定程度上提高了股东参与和监督农村合作金融机构经营管理的可能性和积极性，增加了股东大会的影响程度和谈判能力。但是由于法人治理的完善是对高层管理者权力的限制，他们作为改革的助推者和组织者，是难以割舍他们手中的权力的。因此，调查发现多数陕西农村合作金融机构的实际控制权仍掌握在理事长一人身上，主要负责人集决策权、经营权和人事权于一身，无法实现相互监督、相互制衡的权力运行格局。不完善的法人治理结构会削弱制度规范的严肃性，认为对制度规范的重视是"戴着镣铐的舞蹈"，是用条框束缚自己的手脚，还会导致经营活动中对短期经济利益的过度追求，重视业务拓展，忽视风险控制与防范，不利于农村合作金融机构的可持续发展。

2. 被调查人员对所在机构"风险管理部的完善程度"的回答中，认为农村合作金融机构风险管理部"非常完善"、"较为完善"、"一般"、"不太完善"的分别有 4 人、22 人、33 人和 13 人，所占比重分别为 6%、31%、46% 和 18%。其中，认为所在机构风险管理部"一般"的占比最高为 46%；18% 的人认为所在机构"不太完善"。风险管理部的主要职能是收集、分析、处理和发布风险信息，有效识别（Identify）、度量（Measure）和监控（Monitor）金融机构的各类风险，其功能在于保持对金融机构整体风险的统一认识。为了有效地履行职责，风险管理部需要在该领域具有可靠的判断能力、丰富的实践经验和精湛的专业技能。当前，陕西农村合作金融机构几乎都按要求设立了独立的风险控制部，但只有"形"而无"神"，无论是其履职能力抑或是履职效果，都与设立风险管理部的初衰相距甚远，仅作为普通职能部门发挥简单的监督作用。此外，风险管理部缺乏相应的独立性和权威性，不能够与"前台（front－desk）"保持清晰的界限和微妙的平衡，影响其独立、客观和清晰地识别与度量风险，不能完全发挥其对风险规避、风险防控的价值，也没有对业务发展发挥出相应的保驾护航作用。

3. 被调查人员对所在机构"组织结构和权责体系的完善程度"的回答中，认为农村合作金融机构组织结构和权责体系"较为完善"、"一般"、"不太完善"的分别有33人、27人和12人，所占比重分别是46%、37%和17%。其中，认为所在机构组织结构和权责体系"较为完善"的占比最高为46%；17%的受访者认为所在机构"不太完善"。没有人认为农村合作金融机构的组织结构和权责体系"非常完善"。作为农村合作金融机构信贷风险控制运行的前提，组织结构和权责体系不仅直接影响业务运行过程中的风险识别、监测和反应，还影响机构信息和沟通系统、监控活动的设计和执行以及风险责任追究等后续风险控制行为。现阶段，信息技术发展改变了信息收集和处理的方式，信息不再是管理者的专有权利，也不再是严格地按等级序列传递，变化的信息沟通方式必然引起相关权力运行及企业管理方式的变化，继而引发组织结构形式的相应变化。调查发现，现有陕西农村合作金融机构组织架构具有浓厚的传统职能型组织结构的特征，部门设置与行政级别相适应，表现出强烈的行政化倾向，不同程度地表现出纵向科层化和横向部门化下层次多、环节多、部门多的特征。同时，由于人为地将业务流程划为不同阶段并归属于不同部门，而在高度的专业化和分工基础上产生的部门主义和本位主义，导致横向协调差和内耗严重，影响了风险决策的效率和执行力。

4. 被调查人员对所在机构"风险稽核审计职能的发挥程度"的回答中，认为农村合作金融机构风险稽核审计职能发挥"非常完善"、"较为完善"、"一般"、"不太完善"的分别有2人、30人、33人和7人，所占比重分别为3%、42%、45%和10%。其中，认为所在稽核审计职能发挥"一般"的占比最高为45%；认为所在"不太完善"的占比仅为10%。调查发现，当前陕西农村合作金融机构的内部审计与稽核范围相对狭窄，主要进行常规业务层面的财务型事后审计，很少进行事前、事中的风险防范活动审计，不能有效覆盖所有风险环节，无法及时控制风险隐患，往往查出问题时风险已经发生，损失早已不可避免。审计和稽核的模式主要是审查会计记录和各项报表，检查业务办理过程的合规性和各项制度的执行情况，在制订计划、确认目标、安排工作底稿、确定报告途径方面缺乏专业标准，靠经验和习惯做法的随意性较大，缺乏科学性，"含金量"不高。同时，审计与稽核的权限和职能发挥必须在服从机构利益的前提下工作，其人员配备和职务升迁受同级领导的制约，导致内审人员开展工作受到干扰和局限，审计意见难以落实，监督结果和建议的执行程度大打折扣。

二、制度控制要素统计分析

在农村合作金融机构信贷风险制度控制要素完善程度的回答中，"不太完善（重视）"的统计结果显示，选择"风险责任落实"的比重最高，为14%；选择"机构管理层的重视程度"的比重最低，为3%，二者相差11个百分点。"非常完善（重视）"的统计结果显示，选择"薪酬激励机制"的比重最高，为8%；选择"机构管理层的重视程度"的比重最低，为0，二者相差6个百分点。同时在"较为完善（重视）"的统计结果中，选择"机构管理层的重视程度"的占比最高，为82%。在全部四个因素中，只有1人认为农村合作金融机构风险管理规范和分级授信"非常不完善"。说明受访的从业人员认为农村合作金融机构的薪酬激励机制的完善程度最高，对机构管理层的风险控制重视程度认可程度比较高，而对风险责任落实的评价较差（见表5-6）。

表5-6　　　　　　　　制度控制要素评价结果统计

测度指标	非常完善	较为完善	一般	不太完善	很不完善
机构管理层的重视程度	0（0）	59（82%）	11（15%）	2（3%）	0（0）
风险管理规范和分级授信	1（1%）	42（60%）	23（32%）	5（6%）	1（1%）
薪酬激励机制	8（11%）	26（36%）	29（40%）	9（13%）	0（0）
风险责任落实	2（3%）	33（46%）	27（38%）	10（14%）	0（0）
信贷文化/风险偏好	3（4%）	29（40%）	31（43%）	9（13%）	0（0）

具体的统计结果如下：

1. 被调查人员对所在机构"管理层对信贷风险控制的重视程度"的回

答中，认为领导对信贷风险控制"较为重视"、"一般"和"不太重视"的分别有59人、11人和2人，所占比重分别为82%、15%和3%。其中，认为管理层对信贷风险"较为重视"的占比最高为82%；认为"不太重视"的占比仅3%；没有人认为所在机构管理层"很不重视"风险控制。随着农村合作金融机构商业化改革的推进，自主经营、自负盈亏的经营模式激发经营管理层对利润的追求和重视，深刻意识到信贷风险效益观所强调的防范风险等于制造利润的理念，汪冬梅（2011）调查发现绝大多数农村合作金融机构的高层管理人员都很重视对风险的管理和防范，并设置专门的领导小组进行风险监管，显示出农村合作金融机构的风险控制意识正在逐步提高。

2. 被调查人员对所在机构"风险管理规范和分级授信完善程度"的回答中，认为农村合作金融机构风险管理规范和分级授信"非常完善"、"较为完善"、"一般"和"不太完善"的分别有1人、42人、23人和5人，所占比重分别为1%、60%、32%和6%。其中，认为所在机构风险管理规范和分级授信"较为完善"的占比最高为60%；认为"不太完善"的占比仅为6%；没有人认为所在机构风险管理规范和分级授信"很不完善"。当前，陕西农村合作金融机构建立了较为完备的信贷风险管理规范，设立了统一的信贷执行标准和要求，执行了严格的授信业务的分级管理制度。调查发现，有些信贷风险内部规范只是简单复制了相关的法律法规或同业制度，缺乏适合自身信贷业务经营特点个性化规定，在制度控制力和可操作性方面有待进一步完善。而由于缺乏制度落实的相关激励与配套措施，信贷风险的管理规范也多为"写在纸上、贴在墙上"的应付上级主管部门检查和监管的表面文章。

3. 被调查人员对所在机构"薪酬激励制度的完善程度"的回答中，认为农村合作金融机构信贷风险薪酬激励制度"非常完善"、"较为完善"、"一般"和"不太完善"的分别有8人、26人、29人和9人，所占比重分别为11%、36%、40%和13%。其中，认为所在机构薪酬激励制度"一般"的占比最高为40%；认为所在机构薪酬激励制度"不太完善"的占比仅为13%；没有人认为所在机构信贷风险薪酬激励制度"很不完善"。薪酬激励制度是维护农村合作金融机构内部控制的利益风向标，决定着从业人员工作努力的方向，是风险控制的动力机制。当前，陕西农村合作金融机构建立了贷款风险考核指标体系，把有问题贷款控制率、预期贷款催收率、呆滞呆账贷款转化率等作为信贷人员的主要考评指标，并与工资奖金挂钩，奖罚兑现。并辅之以四项制度：即贷款第一责任人制度、贷款损失责任追究制度、授权授信管理制度和客户化管理制度等一系列风险控制相关的薪酬管理办法，发挥着控制风险增量的有效作用。但是由于在现实的背景下，职务升迁仍是农村合作金融机构最主要的激励手段，而官本位惯性思维与不完善的约束机制相结合，会从根本上引发各级管理者美化业绩、文过饰非的内在冲动，导致短期利益驱动下，侧重考虑组织的稳定性，强调薪酬的保健因素，忽略组织发展所需的薪酬激励作用，制约了机构的发展。

4. 被调查人员对所在机构"信贷风险责任落实的完善程度"的回答中，认为农村合作金融机构信贷风险责任落实制度"非常完善"、"较为完善"、"一般"和"不太完善"的分别有 2 人、33 人、27 人和 10 人，所占比重分别为 3%、46%、38% 和 14%。其中，认为所在机构信贷风险责任落实制度"较为完善"的占比最高为 46%；认为责任落实制度"不太完善"的占比为 14%；没有人认为所在机构信贷风险责任落实制度"很不完善"。调查发现陕西农村合作金融机构在信贷风险责任落实方面尚存在一定的认识误区和抵触情绪，认为责任追究会挫伤基层信贷人员的积极性，在信贷责任落实过程中有多一事不如少一事和怕得罪人的思想障碍，责任追究尺度不严格，对风险责任落实避重就轻，甚至应付敷衍，象征性地罚款了事，并且没有正面激励只有负面约束，与信贷责任落实制度的初衷存在较大差距。同时，责任认定决定着责任落实的客观与公正，风险责任认定工作具有很强的政策性，对实施风险责任认定工作者的自身修养、业务素质和实践经验都有很高的要求，农村合作金融机构信贷风险责任认定目前处于经验管理阶段，尚未开发出科学的程序和方法，这在一定程度上制约了责任落实的客观与公正。同时，由于风险控制责任落实过程涉及多个部门，例如，风险责任认定由风险管理部负责，而责任人由相关部门进行处理。实际工作中各部门工作的衔接配合问题，也影响到了信贷风险责任落实的效果。此外，信贷档案的完整齐备是落实信贷风险责任的基础条件，农村合作金融机构基层单位信贷基础管理工作薄弱，档案材料不全或漏缺，只能通过谈话等途径重新确认责任认定依据，配套机制不健全也增加了信贷责任落实的难度。

5. 被调查人员对所在机构"信贷风险文化建设的完善程度"的回答中，认为农村合作金融机构信贷风险文化"非常完善"、"较为完善"、"一般"和"不太完善"的分别有2人、29人、31人和9人，所占比重分别为4%、40%、43%和13%。其中，认为所在机构信贷风险文化"一般"的占比最高为43%；认为所在机构信贷风险文化"不太完善"的占比13%；没有人认为所在机构信贷风险信贷文化"很不完善"。先进信贷风险文化的创建，是防范代理错位保证理性经营、保障信贷流程稳健运行的基础。调查中发现，当前陕西农村合作金融机构信贷风险文化建设总体较为薄弱，普遍存在着重规章制度建设，轻员工思想政治教育；重业务拓展，轻风险文化建设的问题。

三、过程控制要素统计分析

在农村合作金融机构信贷风险过程控制要素完善程度的回答中，"不太完善"的统计结果显示，选择"贷后检查"的比重最高，为29%；选择"贷中审查"的比重最低，为4%，二者相差25个百分点。在"非常完善"的统计结果中，选择"贷后审查"的比重最高，为8%；选择"贷前调查"和"贷中审查"的比重最低，为0，二者相差8个百分点。在"较为完善"的统计结果中，选择"贷中审查"的占比最高，为60%。4人全部选择"非常不完善"，其中有2人认为农村合作金融机构的信贷产品设计环节"非常不完善"，2人认为资产处置与清收环节"非常不完善"。可见，受访的从业人员对贷中审查环节的认可程度比较高，对贷后检查环节的评价存在两种极端，其"非常完善"和"很不完善"的评价均为最高，其原因可能与当前农村合作金融机构的贷后检查环节存在重程序到位而轻实质效果的两面性有很大关系（见表5-7）。

表5-7　　　　　　　　过程控制要素评价结果统计

测度指标	非常完善	较为完善	一般	不太完善	很不完善
信贷产品设计	4（6%）	21（29%）	28（39%）	17（24%）	2（3%）
客户信用评级	2（3%）	19（26%）	38（53%）	13（18%）	0（0）
贷前调查	0（0）	30（42%）	32（44%）	10（14%）	0（0）
贷中审查	0（0）	43（60%）	26（36%）	3（4%）	0（0）
贷后检查	6（8%）	11（15%）	34（47%）	21（29%）	0（0）
风险预警体系	2（3%）	40（55%）	18（25%）	12（17%）	0（0）
资产处置/清收	2（3%）	26（36%）	30（42%）	12（17%）	2（3%）

1. 被调查人员对所在机构"信贷产品设计"的回答中，认为农村合作金融机构信贷产品设计情况"非常好"、"较好"、"一般"、"不太好"和"很不好"的分别有4人、21人、28人、17人和2人，所占比重分别为6%、29%、39%、24%和3%。其中，认为所在机构信贷产品设计"一般"的占比最高，为39%；认为所在机构信贷产品设计"不太好"的比重为24%；还有3%的人认为所在机构信贷产品设计"很不好"。结合上一章对农户信贷违约影响因素的实地调查，当前农村合作金融机构的信贷产品设计仍停留在与传统粮食种植和普通养殖的资金使用周期相匹配的产品设计阶段，不同程度地存在滞后现象，甚至简单粗放地将信贷产品统一为一年期1万元的贷款投放标准，没有根据农户家庭和生产特征的新变化，以灵活多样的产品设计满足多样的金融需求，在贷款规模和期限结构方面与农业产业化、规模化和"公司＋农户"等产业链的融资需求存在矛盾，成为了农村合作金融机构信贷风险控制的制约因素之一。

2. 被调查人员对所在机构"客户信用评级的完善程度"的回答中，认为农村合作金融机构客户信用评级"非常完善"、"较为完善"、"一般"、"不太完善"的分别有2人、19人、38人和13人，所占比重分别为4%、26%、53%和18%。其中，认为所在机构客户信用评级"一般"的占比最高为53%；认为所在机构客户信用评级"不太完善"的占比为18%；没有人认为所在机构客户信用评级"很不完善"。金融机构信贷风险的客户评级能力以及评价模型的选择在很大程度上取决于其对借款方的信息特征占有情况。调查发现，一方面，由于缺乏外部的中介评级机构，同业间的信息共享建设缓慢，农村合作金融机构获取信用风险评价所需资料一般由机构内部进行收集，农村合作金融机构规模狭小，人员有限，辖区农户和中小企业评级信息采集工作量巨大。另一方面，由于农户具有分散性、贷款规模小，财务资料不健全和信息不公开的特点，中小企业具有财务数据和档案不健全、信息透明度较低的特点，农村合作金融机构很难获得全面真实有效的评估资料。所以，陕西农村合作金融机构在信用风险的客户评价方面凸显出工作量大但回报有限的矛盾。同时，由于评估所需资料的局限，农村合作金融机构在对贷款对象的信用风险评价中尚未采用先进的信用风险评估方法和模型，其客户信用评级方法仍旧根据经验判断选择认为能够体现农户和中小企业偿债能力的部分定性指标和财务信息，人为设定评价体系中各项指标的权重，据此判断客户的信用级别。可见，当前农村合作金融机构客户评价的基础数据库不够充实，评价指标选择和权重确定缺乏合理依据，评级结果有待检验。当然，随着国家对中小企业数据库的建设和人民银行信贷登记咨询系统的完善，农村合作金融机构信用评价信息的可获得性有所增强，农村合作金融机构可以借鉴信贷管理模型的设计和运行思想，结合实践需求推进信用风险度量和评价的模型化、数据化，逐步建立起符合量化标准的客户信用评级系统。

3. 被调查人员对所在机构"贷前调查的完善程度"的回答中，认为农村合作金融机构贷前调查"较为完善"、"一般"和"不太完善"的分别有30人、32人和10人，所占比重分别为42%、44%和14%。其中，认为所在机构贷前调查"一般"的占比最高为44%；认为所在机构贷前调查"不太完善"的占比为14%；没有人认为所在机构贷前调查"非常完善"和"很不完善"。贷前调查要求对贷款申报项目进行实地调查，按规定要求提供相关资料并形成调查报告逐级审批。对农户贷款贷前调查的规定是进行双人实地调查，但由于陕西农村合作金融机构网点人员不足，加之农户贷款规模较小，实践中一些网点便自行简化运行流程，由信贷员或者其网点负责人一人办理贷前审查，只是在业务调查表上进行了信贷员和网点负责人的双人签名。贷前调查存在对农户的还款能力和担保情况掌握不充分的问题：在调查农户家庭收支时，有的以农户自述为依据，有的以农户用信需求为依据，准确度较差，主观随意性大，对农户自有资金投入、民间借贷资金和贷款期间发生的现金流量了解不透；对保证担保人的资料掌握不够翔实，对其在民间借贷和对外担保方面的情况不够了解，无法判断其担保代偿能力；贷款用途比较笼统，分不清是从事农业生产活动还是从事生产经营活动，更不知晓是否用于生活消费，也不乏为迎合放贷审查进行的修改，与贷款实际用途差距较大。

4. 被调查人员对所在机构"贷中审查制度的完善程度"的回答中，认为农村合作金融机构贷中审查"较为完善"、"一般"和"不太完善"的分别有43人、26人和3人，所占比重分别为60%、36%和4%。其中，认为所在机构贷中审查"较为完善"的占比为60%；认为所在机构贷中审查"不太完善"的占比仅为4%；没有人认为所在机构贷中审查"非常完善"和"很不完善"。当前，陕西农村合作金融机构在贷款审查和发放阶段实行审贷分离制度。在审贷分离模式下，审查人员负责对权限内的贷款进行贷款审查和法律审查：审查贷款资料是否完整、合法、有效，贷款用途、金额、期限、利率和还款方式是否符合规定；贷款担保是否符合规定；审批贷款文件、贷款投放量和贷款风险的合法性。贷款审查通常由业务部门、风险管理部、贷审会以及高层管理者共同完成。首先由业务部门对贷款方进行贷前调查，然后以报告的形式交由风险稽核管理部门或由贷审会讨论通过并由高级管理层审批。由于贷款的审查过程不与农户和中小企业直接接触，无法掌握所需审查的第一手资料，全部是对调查人员所提供的资料进行审查，审查出现问题的时候，还需通过信贷调查部门与贷款方的沟通联系，这在无形中导致了贷款审查对贷款调查的依赖，削弱了贷款审查职能的发挥，有可能产生信贷人员的道德风险，致使其为了通过贷款审批，对贷款调查材料进行粉饰，对贷款审批造成误导，影响贷款发放中资金流向的准确把握。

5. 被调查人员对所在机构"贷后管理的完善程度"的回答中，认为农村合作金融机构贷后管理"非常完善"、"较为完善"、"一般"和"不太完善"的分别有 6 人、11 人、34 人和 21 人，所占比重分别为 8%、15%、47% 和 29%。其中，认为所在机构贷后管理"一般"的占比最高为 47%；认为所在机构贷后管理"不太完善"所占比重较高为 29%；没有人认为所在机构贷前调查"很不完善"。调查发现，整体来看农村合作金融机构贷后管理环节薄弱，贷后检查流于形式。业务部门在负责贷后管理的同时还要对新授信和续投信项目进行贷前调查，且无论是贷款发放，检查还是收回，都要求填写详细的管理报表到联社报批，并应付岗位要求和上级的检查，信贷员工作精力有限，为报表所累，挤占和影响了贷后调查的工作时间和热情，信贷员大都以业务繁忙为借口，消极敷衍贷款的跟踪检查管理，尤其是忽略上级点贷或干预的大额贷款贷后管理。贷后调查重视静态数据，忽视动态情况分析，对借款方的财务运营和非财务因素变动知之甚少，无法翔实、准确地反映贷款的使用情况和贷款偿还能力的变动趋势。贷后管理人员的风险识别技能和水平有限，业务能力参差不齐，习惯于凭个人直觉和借款人的表面现象进行风险判断，贷后报告中的风险分析主要是罗列财务数据，缺乏对偿债能力和现金流量的技术性分析，无法准确识别和计量贷款潜在的风险。

6. 被调查人员对所在机构"信贷风险预警体系"的回答中，认为农村合作金融机构信贷风险预警体系"非常完善"、"较为完善"、"一般"和"不太完善"的分别有2人、40人、18人和12人，所占比重分别为3%、55%、25%和17%。其中，认为所在机构信贷风险预警体系"较为完善"的占比最高为55%；认为所在机构信贷风险预警体系"不太完善"的占比为17%；没有人认为所在机构信贷预警体系"很不完善"。当前，陕西农村合作金融机构信贷风险预警体系存在的问题主要包括：部分检测指标对风险而言意义不大，更多地带有考核计划任务完成情况的意义，风险监管意图不够明确；部分指标缺乏落实或难以考察，例如，对管理能力的评价主要根据其管理制度是否完善、管理措施是否齐备等方面进行规范评估，无法反映其制度执行和管理能力的真实情况；还有部分指标在实际信贷风险监测中并未发挥作用。

7. 被调查人员对所在机构"不良资产的转化与清收情况如何"的回答中，认为农村合作金融机构不良资产的转化与清收情况"非常好"、"较好"、"一般"、"不太好"和"很不好"的分别有2人、26人、30人、12人和2人，所占比重分别为3%、36%、42%、17%和3%。其中，认为所在机构不良资产的转化与清收情况"一般"的占比最高为42%；认为所在机构不良资产的转化与清收情况"很不好"的占比为3%。调查中发现，当出现不利于贷款方还款的因素时，陕西农村合作金融机构在处理不良贷款中较为普遍的做法是催缴和清收，在不良资产的转化方面积极性不高且效果不好，在及时采取措施帮助其控制违约因素以维护信贷资金安全方面，农村合作金融机构信贷员发挥的作用非常有限。

四、技术控制要素统计分析

在农村合作金融机构信贷风险技术控制要素完善程度的回答中，在"不太完善"的统计结果中显示，选择"员工素质"的比重最高，为26%；选择"相关业务培训"的比重最低，为11%，二者相差15个百分点。在"非常完善"的统计结果显示，选择"计算机支持系统"的所占比重最高，为4%；选择"相关业务培训"和"风险分析技术"的比重最低，为0，二者相差4个百分点。同时在"较为完善"的统计结果中，选择"相关业务培训"的占比最高，为53%（见表5-8）。

表5－8　　　　　　　　技术控制要素评价结果统计

测度指标	非常完善	较为完善	一般	不太完善	很不完善
员工素质	2（3%）	24（33%）	27（38%）	19（26%）	0（0）
计算机支持系统	3（4%）	33（46%）	24（33%）	12（17%）	0（0）
信息管理	2（3%）	27（38%）	32（44%）	11（15%）	0（0）
岗位资格管理及全员培训	0（0）	38（53%）	26（36%）	8（11%）	0（0）
风险分析技术开发与应用	0（0）	19（26%）	42（58%）	11（15%）	0（0）

具体统计情况如下：

1. 被调查人员对所在机构"员工素质"的回答中，认为农村合作金融机构员工素质情况"非常完善"、"较完善"、"一般"和"不太完善"的分别有2人、24人、27人、19人，所占比重分别为3%、33%、38%和26%。其中，认为所在机构人员素质"一般"的占比最高为38%；认为所在机构人员素质"不太完善"的比重较高为26%。没有人认为所在机构信贷人员素质"很不完善"。调查发现由于管理体制原因，陕西农村合作金融机构存在员工的录用和淘汰机制不畅，人员结构失调，员工整体素质较低的问题。员工的信贷风险防范意识淡薄，风险控制业务素质较低，风险控制主观性强，随意性大，无法适应现代信贷风险控制发展和创新的需要。同时，员工的离农化倾向严重，对农业经济发展，农业生产规律和农村社会行为规则不够了解，缺乏服务"三农"的意识与情感。

2. 对所在机构"风险控制相关计算机支持系统的完善程度"的回答中，认为农村合作金融机构信贷风险计算机支持系统"非常完善"、"较完善"、"一般"和"不太完善"的分别有3人、33人、24人和12人，所占比重分别为4%、46%、33%和17%。其中，认为所在机构信贷风险计算机支持系统"较为完善"的占比最高为46%；认为"不太完善"的比重为17%。没有人认为所在机构信贷风险计算机支持系统"很不完善"。调查发现，陕西农村合作金融机构在风险控制相关的计算机支持系统建设和硬件维护等方面已经接近国内银行业信息科技风险控制的先进水平，但是对其功能的开发利用尚处于较低的水平。信息系统的真正使用价值不高，在提供组织运行、管理和决策所需的信息编辑、模型分析运算、及时的反馈和应对突变等方面功能发挥有限，信贷风险管理中大量的实际需求并未得到相应满足。在利用信息技术实现机构集约化经营过程中，仅对信息技术进行了最低的标准化层次的开发，只是改变了原来信息采集和记录的方式，做到了物理的分析处理，尚未真正做到逻辑的分析处理，发挥其自动化和智能化的巨大潜力，与风险控制要求和业务发展需求仍存在较大差距。

3. 被调查人员对所在机构"风险控制相关信息管理的完善程度"的回答中，认为农村合作金融机构风险相关信息管理"非常完善"、"较完善"、"一般"和"不太完善"的分别有2人、27人、32人和11人，所占比重分别为3%、38%、44%和15%。其中，认为所在机构风险相关信息管理"一般"的占比最高为44%；认为所在机构风险相关信息管理"不太完善"的比重为15%。没有人认为所在机构信贷风险相关信息管理"很不完善"。农村合作金融机构从20世纪90年代中后期开始，逐步采用计算机系统和网络技术进行业务处理和内部管理。当前，陕西农村合作金融机构信息系统已经可以成熟运行对信息数据的采集与分类、适时地查询和方便地修改，主要提供统计报表和综合查询功能，提高了信息的单位时间处理量和准确性。但是由于启用时间短，业务基础薄弱，人员素质限制，同时，由于信息系统的整体性和稳定性不足，数据和公文在系统流转过程中，仅靠电子文件的执行信息传递的效果极差，信号损失严重，无法迅速传递、反馈和分析风险信息，进而排查风险隐患，制约了信贷风险内控体系的高效运行。

4. 对所在机构"风险控制相关培训制度的完善程度"的回答中，认为农村合作金融机构风险相关培训"较为完善"、"一般"和"不太完善"的分别有38人、26人和8人，所占比重分别为53%、36%和11%。其中，认为所在机构风险相关培训制度"较为完善"的占比最高为53%；认为所在机构风险相关培训"不太完善"的比重为11%。没有人认为所在机构信贷风险相关培训制度"很不完善"。在调查过程中发现，近年来，随着金融业务电算化水平的提高和电子银行业务的积极推广，陕西农村合作金融机构在信息科技化方面确立了自主可控发展战略，不断加强对从业人员的相关技能培训力度，通过现场培训、电话培训和视频培训等手段，对员工进行包括各种操作规范、信息系统介绍、报表填报方法以及金融礼仪等方面的相关培训。但是，由于人力资源基础薄弱和缺乏计算机使用技能的支撑，金融风险相关理论发展和现代计量技术的培训徒有形式，多数员工对信贷风险内控原则、内容、方法和评价理解不深不透，对风险决策、识别、度量、规避、转移和分散等理论和方法更是知之甚少，极大地限制了陕西农村合作金融机构信贷风险控制技术培训的实际效果。

5. 对所在机构"风险控制技术开发与应用"的回答中，认为所在机构信贷风险控制分析技术"较为先进"、"一般"和"不太先进"的分别有29人、42人和11人，所占比重分别为26%、58%和15%。其中，认为所在机构信贷风险控制相关分析技术"一般"的占比最高为58%；认为所在机构信贷风险控制相关分析技术"不太先进"的比重为15%。没有人认为所在机构信贷风险计算机支持系统"很差"。有效的风险控制既要能够充分掌握各类关乎信贷风险的信息，又要具备分析和处理信息的能力。由于农村合作金融机构主要面对的是分散的小农，缺少抵押和担保，且因其作为生活和生产的综合体而难以获得准确的信用评级所需信息，所以，农村合作金融机构信贷风险控制在适用现代金融理论和风险评估计量技术方面，需要结合自身信贷业务的独特性进行自主调试与模型转化，同时，由于信贷识别量化工具产生作用的其他条件还尚未满足，目前农村合作金融机构信贷风险分析技术的开发和利用尚处于"手工作坊式"阶段，风险分析主要依赖信贷员对本地农户的了解程度和经验判断，远未实现信贷风险分析技术的先进性和普及化。

第三节　农村合作金融机构信贷风险内部体系评价实证分析

一、研究方法

本章采用模糊评价法测算农村合作金融机构信贷风险内控体系的完善程度。农村合作金融机构负责人对信贷风险内部控制体系的评价是对主观感受的一种模糊描述，信贷风险的内控体系是一系列相互制约的程序、方法和措施的总称，因此评价结果不是绝对的非此即彼，以一个模糊集合来表示评价结果更为合理。模糊综合评价是以模糊数学为基础，在模糊集合论的基础上，将元素"属于"集合的概念模糊化，根据不同的元素对同一个集合不同的隶属关系构建模糊集合，适用于"两级对立不充分"事物的定量分析，众多学者将模糊数学的原理运用于信贷风险的研究（宋荣威，2007；窦玉丹，2011；秦颖，2008）。模糊评价模型由评价体系、指标权重、评判矩阵和量化分数构成，首先归纳影响因素，建立指标体系。其次，收集相关数据，利用层次分析法确定指标权重；然后，构建模糊评判矩阵表示指标间的模糊关系。最后，用模糊聚类分析对评价结果进行归类和综合评价，并量化得出评价分数。

二、权重的确定

（一）评价指标权重设定的步骤

单个评价指标只能反映信贷风险控制某一方面的完善程度，不同的方面对内部风险控制体系产生影响的大小是不一样的，因此，必须划分各评价指标的重要程度，赋予其合理的权数。为避免定性分析和经验判断的主观性，在借鉴国内外已有研究成果的基础上，笔者选择采用层次分析法（The Analytic Hierarchy Process，AHP）对实地调研数据进行处理来确定评价指标的权重，以确保评价指标权重的客观性。

层次分析法（AHP）是由美国运筹学家萨迪（T. L. Saaty）在20世纪70年代首先提出的，作为一种新的用来处理复杂社会问题的决策方法，因其具有实用、系统和灵便等特性，层次分析方法被广泛应用于经济、社会和技术等诸多领域。其主要思想是：首先对复杂问题中的各种因素进行划分，建立相互联系的有序层次，然后根据某些判断标准定量化地度量每一层次中各个元素的相对重要性，并通过数学计量推算出各个元素重要性的相对权重，并对测算结果进行调整、研究与分析。

按照层次分析法（AHP）的基本思路，一般通过三个步骤来确定指标体系的权重：

1. 根据不同元素的性质和预期达到的目标，将需解决的问题分解为不同的组成因素，按照各组成因素间的隶属关系和相互影响进行分层聚类组合，构建一个有序的、阶梯的层次结构体系。

2. 依据一定标准定量表示模型中各层次因素的相对重要性，再通过数学方法确定各个层次中的组成要素的相对重要性权值。

3. 对各个层次因素及其组成要素的相对重要性权值进行综合运算，得出阶梯层次结构中的最低层相对于最高目标的相对重要次序的组合权值。

（二）评价指标权重的实现

1. 构建阶梯层级结构。本书参考新巴塞尔资本协议的全面风险管理相关要求，结合陕西农村合作金融机构信贷风险内控体系的实际情况，最终确定了 4 个一级指标和 21 个二级指标，按照层次分析法（AHP）要求，把信贷风险评价指标从高到低划分成决策目标层（最高层）、中间要素层以及备选方案层（最低层）三层，构建了基于 AHP 法的农村合作金融机构信贷风险内控体系评价的层次结构模型。如表 5 - 9 所示。

表 5 - 9　　　　　信贷风险内控机制评价指标体系的层次结构

目标层	一级指标	二级指标
信贷风险内控体系 A	组织控制因素 B_1	法人治理结构 B_{11}
		风险管理部职能 B_{12}
		部门设置及分工 B_{13}
		风险稽核审计与持续改进 B_{14}
	制度控制因素 B_2	管理层的重视程度 B_{21}
		风险管理规范和分级授信 B_{22}
		薪酬激励机制 B_{23}
		风险责任落实 B_{24}
		信贷文化/风险偏好 B_{25}
	环节控制因素 B_3	信贷产品设计 B_{31}
		客户信用评级 B_{32}
		贷前调查 B_{33}
		贷中审查 B_{34}
		贷后检查 B_{35}
		风险预警体系 B_{36}
		资产处置/清收 B_{37}
	技术控制因素 B_4	员工素质 B_{41}
		计算机支持系统 B_{42}
		信息管理 B_{43}
		岗位资格管理与全员培训 B_{44}
		风险分析技术开发与应用 B_{45}

2. 构建指标体系的判断矩阵。以农村合作金融机构联社负责人对信贷风险内控体系各要素影响程度的基本排序为依据，通过计算确定各级指标的相对重要性矩阵。按照表 5 – 10 的标准，采用 1 – 9 标度法处理各重要性矩阵，综合所有的 c_{ij} 值，将其排列成矩阵形式 $(c_{ij})_{n \times n}$，得到信贷风险内控体系各指标的判断矩阵，所有矩阵满足条件 $c_{ij} > 0$，$c_{ij} = 1/c_{ji}$，且 $c_{ii} = 0$。所得判断矩阵在 AHP yaahp6. 0 软件中均通过一致性检验，C·R 分别为 0. 000、0. 0454、0. 0797、0. 0656、0. 0807，均小于 0. 1，说明权重分配通过一致性检验，较为合理。

表 5 – 10　　　　　　　　　　萨迪标度表

标度	含义
1	B_i 与 B_j 相比，具有同等重要性
3	B_i 与 B_j 相比，一个因素比另一个因素稍微重要
5	B_i 与 B_j 相比，一个因素比另一个因素明显重要
7	B_i 与 B_j 相比，一个因素比另一个因素强烈重要
9	B_i 与 B_j 相比，一个因素比另一个因素极端重要
2、4、6、8	上述两个判断的中间值
倒数	B_i 与 B_j 互为倒数，即 $c_{ij} = 1/c_{ji}$

表 5 – 11　　　　　　　　　　数据标准化处理准则

参考得分	适用范围	参考得分	适用范围
1/2	(0. 42, 0. 5)	1	[0. 5, 1. 5)
1/3	(0. 29, 0. 42]	2	[1. 5, 2. 5)
1/4	(0. 23, 0. 29]	3	[2. 5, 3. 5)
1/5	(0. 18, 0. 23]	4	[3. 5, 4. 5)
1/6	(0. 16, 0. 18]	5	[4. 5, 5. 5)
1/7	(0. 13, 0. 16]	6	[5. 5, 6. 5)
1/8	(0. 12, 0. 13]	7	[6. 5, 7. 5)
1/9	(0. 00, 0. 13]	8	[7. 5, 8. 5)
		9	[8. 5, +∞)

表 5 – 12　　　　　　　　　　　　组织控制因素判断矩阵

二级指标	B_{11}	B_{12}	B_{13}	B_{14}
法人治理结构 B_{11}	1	1	2	1
风险管理部职能 B_{12}		1	1	2
部门设置及分工 B_{13}			1	1
风险稽核审计与持续改进 B_{14}				1

表 5 – 13　　　　　　　　　　　　制度控制因素判断矩阵

二级指标	B_{21}	B_{22}	B_{23}	B_{24}	B_{25}
管理层的重视程度 B_{21}	1	2	1	1	2
风险管理规范和分级授信 B_{22}		1	2	1	2
薪酬激励机制 B_{23}			1	2	2
风险责任落实 B_{24}				1	4
信贷文化/风险偏好 B_{25}					1

表 5 – 14　　　　　　　　　　　　环节控制因素判断矩阵

二级指标	B_{31}	B_{32}	B_{33}	B_{34}	B_{35}	B_{36}	B_{37}
信贷产品设计 B_{31}	1	1	1/2	2	2	1	1
客户信用评级 B_{32}		1	1/3	1	3	1	1/2
贷前调查 B_{33}			1	1/2	2	1	1
贷中审查 B_{34}				1	1	1	2
贷后检查 B_{35}					1	1	1
风险预警体系 B_{36}						1	1/2
资产处置/清收 B_{37}							1

表 5 – 15　　　　　　　　　　　　技术控制因素判断矩阵

二级指标	B_{41}	B_{42}	B_{43}	B_{44}	B_{45}
员工素质 B_{41}	1	2	1/2	2	1
计算机支持系统 B_{42}		1	1	1	2
信息管理 B_{43}			1	2	1
岗位资格管理与全员培训 B_{44}				1	1
风险分析技术开发与应用 B_{45}					1

表 5 - 16 信贷风险内控体系各指标判断矩阵

一级指标	组织控制要素	制度控制要素	环节控制要素	技术控制要素
组织控制要素	1	1	1	1
制度控制要素		1	1	1
环节控制要素			1	1
技术控制要素				1

3. 指标体系的权重。运用 AHP yaahp6.0 软件获得陕西农村合作金融机构信贷风险各要素影响作用的权重如表 5 - 17 所示。可见，受访机构负责人认为，法人治理结构和风险管理部职能对陕西农村合作金融机构信贷风险内控体系的影响作用最大，而信贷文化及偏好的影响作用尚不够显著。

表 5 - 17 农村合作金融机构信贷风险内控体系评价权重

一级指标	权重	二级指标	相对权重	绝对权重
组织控制要素 B_1	0.25	法人治理结构 B_{11}	0.2929	0.0732
		风险管理部职能 B_{12}	0.2929	0.0732
		部门设置及分工 B_{13}	0.2071	0.0518
		风险稽核审计与持续改进 B_{14}	0.2071	0.0518
制度控制要素 B_2	0.25	管理层的重视程度 B_{21}	0.2506	0.0626
		风险管理规范和分级授信 B_{22}	0.2182	0.0545
		薪酬激励机制 B_{23}	0.2182	0.0545
		风险责任落实 B_{24}	0.2182	0.0545
		信贷文化/风险偏好 B_{25}	0.0950	0.0237
环节控制要素 B_3	0.25	信贷产品设计 B_{31}	0.1541	0.0385
		客户信用评级 B_{32}	0.1264	0.0316
		贷前调查 B_{33}	0.1990	0.0498
		贷中审查 B_{34}	0.1541	0.0385
		贷后检查 B_{35}	0.0979	0.0245
		风险预警体系 B_{36}	0.1145	0.0286
		资产处置/清收 B_{37}	0.1541	0.0385
技术控制要素 B_4	0.25	员工素质 B_{41}	0.2254	0.0563
		计算机支持系统 B_{42}	0.1962	0.0491
		信息管理 B_{43}	0.2589	0.0647
		岗位资格管理与全员培训 B_{44}	0.1487	0.0372
		风险分析技术开发与应用 B_{45}	0.1708	0.0427

三、确定模糊关系评判矩阵

本书运用隶属统计法计算农村合作金融机构信贷内控指标的测评值，即统计出被调查者对农村合作金融机构信贷风险内控各指标现状的评价中各评价等级 $E_k(k = 1, 2, 3, 4, 5)$ 的归属频数 g，计算公式为 $q_{ij} = g_{ij}/n$，则指标 B_{ij} 隶属于 E_k 的隶属度就是 q_{ij}。据此得出计算二级指标模糊关系矩阵为

$$F_1 = \begin{bmatrix} 0.03 & 0.43 & 0.32 & 0.22 & 0.00 \\ 0.06 & 0.31 & 0.46 & 0.18 & 0.00 \\ 0.00 & 0.46 & 0.38 & 0.17 & 0.00 \\ 0.03 & 0.42 & 0.46 & 0.10 & 0.00 \end{bmatrix}$$

$$F_2 = \begin{bmatrix} 0.00 & 0.82 & 0.15 & 0.03 & 0.00 \\ 0.01 & 0.60 & 0.32 & 0.06 & 0.01 \\ 0.11 & 0.36 & 0.40 & 0.13 & 0.00 \\ 0.03 & 0.46 & 0.38 & 0.14 & 0.00 \\ 0.04 & 0.40 & 0.43 & 0.13 & 0.00 \end{bmatrix}$$

$$F_3 = \begin{bmatrix} 0.06 & 0.29 & 0.39 & 0.24 & 0.03 \\ 0.03 & 0.26 & 0.53 & 0.18 & 0.00 \\ 0.00 & 0.42 & 0.44 & 0.14 & 0.00 \\ 0.00 & 0.60 & 0.36 & 0.04 & 0.00 \\ 0.08 & 0.15 & 0.47 & 0.29 & 0.00 \\ 0.03 & 0.56 & 0.25 & 0.17 & 0.00 \\ 0.03 & 0.36 & 0.42 & 0.18 & 0.01 \end{bmatrix} \qquad (5.1)$$

$$F_4 = \begin{bmatrix} 0.03 & 0.33 & 0.38 & 0.26 & 0.00 \\ 0.02 & 0.38 & 0.44 & 0.15 & 0.00 \\ 0.00 & 0.53 & 0.36 & 0.11 & 0.00 \\ 0.04 & 0.46 & 0.33 & 0.17 & 0.00 \\ 0.00 & 0.58 & 0.26 & 0.15 & 0.00 \end{bmatrix}$$

四、单因素评价

（一）组织控制要素评价

运用模糊综合评价模型对信贷风险控制的组织要素进行评价。由表5－17可知B_{11}、B_{12}、B_{13}在B_1中的权重W_1，B_1中B_{11}、B_{12}和B_{13}对应的模糊矩阵为F_1，故B_1的评价E_1为

$$E_1 = W_1 \cdot F_1$$

$$= \begin{bmatrix} 0.29 & 0.29 & 0.21 & 0.21 \end{bmatrix} \times \begin{bmatrix} 0.03 & 0.43 & 0.32 & 0.22 & 0.00 \\ 0.06 & 0.31 & 0.46 & 0.18 & 0.00 \\ 0.00 & 0.46 & 0.38 & 0.17 & 0.00 \\ 0.03 & 0.42 & 0.46 & 0.10 & 0.00 \end{bmatrix}$$

$$= \begin{bmatrix} 0.03 & 0.39 & 0.40 & 0.17 & 0.00 \end{bmatrix} \tag{5.2}$$

由（5.2）式可以看出：当前陕西农村合作金融机构信贷风险内控体系组织要素的完善程度一般，其"一般"和"不太完善"程度之和高于半数，为57%，"较为完善"的程度为39%，说明农村合作金融机构信贷风险的组织控制还有较大的提升空间。

（二）制度控制要素评价

运用模糊综合评价模型对信贷风险控制的制度要素进行评价。由表5－17可知B_{21}、B_{22}、B_{23}、B_{24}和B_{25}在B_2中的权重W_2，B_2中B_{21}、B_{22}、B_{23}、B_{24}和B_{25}对应的模糊矩阵为F_2，故B_2的评价E_2为

$$E_2 = W_2 \cdot F_2$$

$$= \begin{bmatrix} 0.25 & 0.21 & 0.21 & 0.21 & 0.10 \end{bmatrix} \times \begin{bmatrix} 0.00 & 0.82 & 0.15 & 0.03 & 0.00 \\ 0.01 & 0.60 & 0.32 & 0.06 & 0.01 \\ 0.11 & 0.36 & 0.40 & 0.13 & 0.00 \\ 0.03 & 0.46 & 0.38 & 0.14 & 0.00 \\ 0.04 & 0.40 & 0.43 & 0.13 & 0.00 \end{bmatrix}$$

$$= \begin{bmatrix} 0.03 & 0.55 & 0.32 & 0.09 & 0.00 \end{bmatrix} \tag{5.3}$$

由（5.3）式可以看出：当前农村合作金融机构信贷风险内控体系制度要素的完善程度较高，其"较为完善"的程度达到了55%，"一般"和"不太完善"的程度仅为41%，说明陕西农村合作金融机构的信贷风险防范制度较为健全。

（三）过程控制要素评价

运用模糊综合评价模型对信贷风险控制的过程控制要素进行评价。由表5－17可知B_{31}、B_{32}、B_{33}、B_{34}、B_{35}、B_{36}和B_{37}在B_3中的权重W_3，B_3中B_{31}、B_{32}、B_{33}、B_{34}、B_{35}、B_{36}和B_{37}对应的模糊矩阵为F_3，故B_3的评价E_3为

$$E_3 = W_3 \cdot F_3$$
$$= \begin{bmatrix} 0.15 & 0.13 & 0.20 & 0.15 & 0.10 & 0.11 & 0.15 \end{bmatrix} \times$$
$$\begin{bmatrix} 0.06 & 0.29 & 0.39 & 0.24 & 0.03 \\ 0.03 & 0.26 & 0.53 & 0.18 & 0.00 \\ 0.00 & 0.42 & 0.44 & 0.14 & 0.00 \\ 0.00 & 0.60 & 0.36 & 0.04 & 0.00 \\ 0.08 & 0.15 & 0.47 & 0.29 & 0.00 \\ 0.03 & 0.56 & 0.25 & 0.17 & 0.00 \\ 0.03 & 0.36 & 0.42 & 0.18 & 0.01 \end{bmatrix}$$
$$= \begin{bmatrix} 0.03 & 0.39 & 0.41 & 0.17 & 0.01 \end{bmatrix} \tag{5.4}$$

由（5.4）式可以看出：当前农村合作金融机构信贷风险过程控制要素的完善程度一般，"一般"和"不太完善"程度之和高于半数，为58%，其"较为完善"的程度仅为39%，说明农村合作金融机构信贷风险的过程控制还有较大的提升空间。

（四）技术控制要素评价

运用模糊综合评价模型对信贷风险控制的组织要素进行评价。由表5－17可知B_{41}、B_{42}、B_{43}、B_{44}和B_{45}中的权重W_4，B_4中B_{41}、B_{42}、B_{43}、B_{44}和B_{45}对应的模糊矩阵为F_4，故B_4的评价E_4为

$$E_4 = W_4 \cdot F_4$$
$$= \begin{bmatrix} 0.22 & 0.19 & 0.25 & 0.14 & 0.17 \end{bmatrix} \times$$
$$\begin{bmatrix} 0.03 & 0.33 & 0.38 & 0.26 & 0.00 \\ 0.02 & 0.38 & 0.44 & 0.15 & 0.00 \\ 0.00 & 0.53 & 0.36 & 0.11 & 0.00 \\ 0.04 & 0.46 & 0.33 & 0.17 & 0.00 \\ 0.00 & 0.58 & 0.26 & 0.15 & 0.00 \end{bmatrix}$$
$$= \begin{bmatrix} 0.02 & 0.45 & 0.36 & 0.17 & 0.00 \end{bmatrix} \tag{5.5}$$

由（5.5）式可以看出：农村合作金融机构工作人员对信贷风险控制技术和信息支持完善程度的评价较高，其"较为完善"和"一般"程度之和达到了81%，"不太完善"的程度仅为17%。但这与实地调查情况相矛盾，出现这种情况的原因可能在于，农村合作金融机构人员素质有限，对先进的信息处理技术和风险控制评估模型缺乏了解，实际工作中靠习惯和经验办事，对信息技术的依赖程度和有效需求有限，这在某种程度上影响了评价的客观性。

五、综合评价及量化结果

（一）信贷风险内控体系的综合评价

对农村合作金融机构信贷风险内控体系进行综合评价，由式（5.2）、（5.3）、（5.4）、（5.5）可构造 A 中 B_1、B_2、B_3、B_4 对应的模糊矩阵 F_5，表 5-17 可知 B_1、B_2、B_3、B_4 在 A 中的权重 W_5，由此可求出 A 的评价 E_5 为

$$E_5 = W_5 \cdot F_5$$

$$= \begin{bmatrix} 0.25 & 0.25 & 0.25 & 0.25 \end{bmatrix} \times \begin{bmatrix} 0.03 & 0.40 & 0.40 & 0.17 & 0.00 \\ 0.04 & 0.55 & 0.32 & 0.09 & 0.00 \\ 0.03 & 0.39 & 0.41 & 0.17 & 0.01 \\ 0.02 & 0.45 & 0.36 & 0.17 & 0.00 \end{bmatrix}$$

$$= \begin{bmatrix} 0.03 & 0.45 & 0.37 & 0.15 & 0.00 \end{bmatrix} \tag{5.6}$$

由（5.6）式可看出，农村合作金融机构信贷风险内控体系总体完善程度一般，"一般"和"不太完善"程度之和超过半数，"非常完善"和"较为完善"程度之和仅为48%，说明陕西农村合作金融机构信贷风险内控体系仍需进一步完善。

（二）评价结果的量化处理

对评语集 E = {非常完善，较为完善，一般，不太完善，很不完善} 进行量化，"非常完善"量化为9分，依此类推，其余评价分别量化为7分、5分、3分和1分。用列向量 $Y = \begin{bmatrix} 9 & 7 & 5 & 3 & 1 \end{bmatrix}$ 表示量化值。量化结果 $N = E \cdot Y$，其中，最终的评价结果量化值 N 的取值范围为 0~10，分值越高，说明农村合作金融机构信贷风险内控体系的完善程度良好，相反，则表明农村合作金融机构信贷风险内控体系不佳。量化结果如表 5-18 所示。

表 5 - 18   **模糊综合评价结果**

一级指标	非常完善	比较完善	一般	不太完善	很不完善	量化结果
组织控制要素	0.03	0.40	0.40	0.17	0.00	5.57
制度控制要素	0.04	0.55	0.32	0.09	0.00	6.06
过程控制要素	0.03	0.39	0.41	0.17	0.01	5.52
技术控制要素	0.02	0.45	0.36	0.17	0.00	5.64
整体评价	0.03	0.45	0.37	0.15	0.00	5.70

由表 5 - 18 可以看出，陕西农村合作金融机构信贷风险内控体系的总体得分为 5.70 分，处于中等偏上水平，说明存在较大的改善空间。四类控制要素的量化结果依次为制度控制要素（6.06 分）＞技术控制要素（5.64 分）＞组织控制要素（5.57 分）＞过程控制要素（5.52 分）。制度控制要素的评价最为良好，过程控制要素的评价最为不佳，说明农村合作金融机构信贷风险内控制度相对健全，而全程风险控制理念尚未良好地渗透于农村合作金融机构的风险控制实践。同时各组之间的得分差异不大，最高分和最低分相差 0.46，显示出陕西农村合作金融机构信贷风险内控体系各要素是相互钳制、共同发挥作用的。

本 章 小 结

本章在对陕西农村合作金融机构县级联社负责人的调研数据基础上，运用层次分析法（AHP）和模糊综合评价法对农村合作金融机构信贷风险内控体系进行评价，主要结论有：

1. 本章所选取的描述陕西农村合作金融机构信贷风险内部控制的指标体系由组织控制、制度控制、过程控制和技术控制 4 个一级指标和法人治理结构、风险管理部职能等 21 个二级指标共同构成。

2. 单个评价指标只能反映信贷风险控制某一方面的完善程度，不同的方面对风险控制内控体系产生影响的大小是不一样的。本章采用层次分析法确定陕西农村合作金融机构信贷风险内控体系各指标的影响程度，结果显示影响作用由大到小依次为：公司治理结构、风险管理部职能、信息管理、领导的重视程度等。

3. 模糊综合评价结果显示，四类控制要素中，制度控制要素（6.06 分）完善程度的评价最高，其次为技术控制要素（5.64 分）和组织控制要素（5.57分），过程控制要素完善程度的评价最低（5.52分）。说明农村合作金融机构信贷风险内控制度相对健全，而全程风险控制理念尚未良好地渗透于农村合作金融机构的风险控制实践。同时各要素之间的得分差异不大，说明信贷风险内部控制作为一个系统，各要素是相互钳制、共同发挥作用的，应采取全面风险管理优化方案。

4.陕西农村合作金融机构信贷风险内控体系完善程度的模糊综合评价结果为5.70分，总分10分，属于中等偏上水平，存在较大的提升空间。

第六章 陕西农村合作金融机构信贷风险外部影响因素分析

农村合作金融机构最大的特点之一就是植根于农村，服务于辖区内"三农"，是地方性金融机构。而各农村地区在经济发达程度、政策环境、信用状况和文化习俗方面差别很大，因此，运营环境可能是影响农村合作金融机构信贷风险的重要因素。本章以陕西县域农村合作金融机构2006—2010年的面板数据为基础，对陕西农村合作金融机构信贷风险控制的外部影响因素进行实证分析，以期为优化农村金融生态环境提供科学依据，推动农村合作金融机构信贷风险控制的自主提升与深化。

第一节 农村合作金融机构信贷风险控制外部影响因素分析

农村合作金融机构属于地方性金融机构，受政策限制，我国农村合作金融机构不能进行跨地区经营，服务范围仅限于所属县域。与一般的商业性金融机构相比，农村合作金融机构表现出组织形式简单，资产规模有限，市场功能特定化，服务区域本地化等社区银行的典型特征（孟建华，2006）。作为具有"社区性"特点的金融机构，农村合作金融机构的经营行为和绩效水平除了受自身综合治理水平等内在因素制约外，还受到县域经济发展水平、县域金融市场发育等外部环境的影响。外部环境是指农村合作金融机构赖以生成、运行和发展的经济、政治和社会环境。良好的外部环境能够为组织提供既合理又充分的支持，建立和保持良好的外部环境是有效促进农村合作金融机构健康成长的基础条件和有效支撑。基于已有的研究文献，我们认为对于陕西县域农村合作金融机构而言，农村经济发展，地方政府干预和金融市场发育是主要影响其信贷风险控制的外部环境。

一、农村经济发展水平

金融深化论的核心观点认为，一个国家的金融体制与该国的经济发展之间存在着一种互相刺激和相互制约的关系，蓬勃发展的经济通过增加国民收入和增加各经济单位对金融服务的需求，刺激金融业的开展，而受到阻滞的经济发展反过来会限制资金的积累和对金融服务的需求，从而不利于金融业的发展。

新中国成立初期，在历史条件和国际环境的制约下，我国的发展战略确立为以经济高速增长为主要目标的重工业导向。重工业属于资本高度密集型产业，在当时的条件下，我国资本的原始积累十分有限，外资引进能力也很薄弱，优先发展重工业必须依靠一种新的制度安排，即实行工农业产品价格的"剪刀差"，通过政府统一的资源调配，从农业中提取工业现代化发展所需的资本积累，并由此形成了一整套包括统购统销、人民公社、户籍制度等在内的城乡隔离的二元经济体制。城乡二元结构对农村经济发展产生极大的阻滞，由于工业现代化是以牺牲农业的长远发展为代价的，工业过高的积累率使农村居民自主消费不足，导致了农业的长期低速增长和农村消费市场的持续萎缩。农村经济的弱质性在很大程度上决定了农村金融的发展水平。其一，国家公共财政对农业的投入和攫取比例的失衡直接引导了其他社会资本的流向；其二，农业产出的成本与效益失衡使其难以吸收和积累追逐利益最大化的商业资本；其三，农村内部产业结构的失衡使金融服务缺少竞争和创新机制；其四，农村经济发展的区域失衡则使金融资源的配置也出现严重的失衡状态；其五，农村生产和消费的不足使农村金融市场失去持续发展的动力（刘仁伍，2006）。

经济决定金融，金融问题的根子在于经济本身。帕特里克的"需求追随"理论认为金融是现代社会经济发展的产物，经济主体对金融服务的需求导致了金融机构、金融资产与负债和相关金融服务的产生和发展。农村合作金融机构信贷风险控制水平也在很大程度上受到当地农村经济发展水平的制约。主要表现为农村经济总量为农村合作金融机构提升信贷风险控制水平提供物质资源和发展动力，经济发展和产出规模决定当地农户的收入水平，进而决定农户储蓄和消费能力，通过影响农村金融的资金吸纳制约农村金融发展规模。同时，良好的经济发展会对农村合作金融机构发展提出多样化的需求，促进农村合作金融机构创新并关注资产质量及服务质量的提高。农村合作金融机构的风险控制，其发展的长期源泉和动力依赖于农村经济发展基础上各主体对金融服务的需求和态度。因此，农村地区经济发展水平的差异，会导致不同地区农村信用合作金融机构信贷风险控制的能力存在着与生俱来的差距。如果农村地区经济发达，农村居民收入高，那么，就有足够的经济能力来支撑金融投资，信贷投资会表现出良好的成长性和收益性，这不但会提高人们进行储蓄与投资的积极性，更会影响到人们对于信用和风险的认识和态度，降低农村合作金融机构的信贷风险（熊德平，2009）。因此，笔者假设1：农村合作金融机构所在县域农村经济越发达，其信贷风险会越低。本章选择农村居民人均纯收入（NI）显示各区县的农村经济发展水平，反映农村合作金融机构风险控制所面临的项目选择环境（王俊芹，2010；梁静雅，2012）。

二、地方政府对农业发展的重视程度

（一）财政支农的必要性及其方式

财政支农是指政府采取的一种旨在支持和保护农业的财政政策，目的是为了实现农业的宏观调控目标，也可以看做是地方政府及涉农部门的一种投资过程和行为。政府部门之所以要运用财政政策工具支持农业发展，一方面，是因为农业是经济再生产与自然再生产相互交织的生产过程，具有天然的弱质性，即受到自然灾害的影响，使农业生产表现出不稳定性；又受到市场价格的制约，由于农业生产周期长导致市场调节的滞后性，使农产品价格出现波动性，农业生产的波动性和不稳定性需要外部力量予以平衡；另一方面，农业是人类生存和发展的基础，是最主要的物质生产部门，农业是人类生产活动的起点，没有农业的发展，就谈不上第二产业和第三产业的发展，农业构成国民经济的基础，是其他所有物质与非物质生产部门生存和发展的必要条件。总之，农业是人类生存、国家自立和社会安定之本。对农业的支持和保护主要是指两个方面：一方面是通过改善农业的基础设施和基本生产条件提高农业综合生产能力，另一方面是通过构建公平和稳定的市场环境保障农业生产和农民持续增收。财政支农的方式主要包括投资、补贴、补助等支出政策和轻税、减免、退税等税收政策。支出政策方面，财政支农资金包括基本建设投资、支援不发达地区支出、农业综合开发支出、科技三项费用、农业科学事业费、支援农村生产支出、农林水气等部门建设费、水利建设基金等。税收政策方面，国家财政对农业农村实行轻税和税收优惠政策，包括对加工农产品增值税实行进项税抵扣政策，对农产品及加工出口品实行优先退税政策，2006年取消了农业税等。此外，国家财政还通过清理、取消各种不合理收费，减轻农民的额外负担，通过利用外资支持农业农村的发展。

（二）我国财政支农状况分析

郭玉清（2006）计算出政府支农效益最大的财政支农投入规模为占第一产业生产总值的比例为8.26%。何振国（2006）估算出农业GDP的47.2%左右是我国财政支农支出的最优规模。以此为参照，我国财政支农支出尚存在较大差距。大部分学者（李焕彰、钱忠好，2004；魏朗，2007）认为当前中国财政支农支出总量不足，相对规模下降，应加大财政支农力度。其可能的原因在于：一方面，农业投资具有强外部性，投资效益对地方政府财政的贡献率较低，在获取财政支持方面竞争力弱于工商业。另一方面，财税体制改革财权集中、事权下放格局下，地方政府财政困难，而农业投资不具备凸显政绩的优势，对地方政府无法产生有效激励，导致地方政府财政支农能力不强且增长缓慢。也有学者认为（朱钢，1998）大幅度提高财政总支出中支农支出的比例是不现实的，同时也是缺乏依据的，我国财政支农支出目前已达到相当的规模。事实上，财政支农并不仅仅是资金注入的过程，支农资金结构对其效用的发挥存在关键影响作用，并且财政支农资金数量的增加还需要结合完善的农村金融市场机制，实现对支农资金的有效配置。当前我国财政支农资金中中央政府出资为辅、地方政府的配套资金承担大头，改革开放以来，地方政府财政支农支出在财政支出中所占比重加速下降，财政支农资金投入增长缓慢。同时，中央政府无法细致管理资金流向，支农资金由地方政府管理，存在支农资金预算执行偏差。财政支农资金用于"政策性补贴"和"农林水气事业费"的比重占主体，远高于"农业基本建设"和"支援生产支出"费用，其中"农林水气事业费"主要用于各级涉农行政部门的事业经费开支，"农业基本建设"以大型水利建设项目为主，中小型基础设施所占比重较小，而通过扶持农业科技研发、现代农业产业化和农产品流通的财政支农资金在实际操作中流向了农业管理部门、科研院所和企业，可见，不合理的财政支农结构会导致农业和农民在财政支农资金使用中直接受益成分的薄弱，抑制财政支农资金促进农业经济增长和提高农民收入水平作用的有效发挥。

（三）财政支农与农村合作金融机构信贷风险控制

由于农业生产的特殊性，使农业资金的使用具有明显的季节性、风险性和非均衡性，因而政府在保证充分的农业资金供给、弥补农业吸纳资金水平低、能力差的不足等方面给予重视和参与成为各国的共同特征（焦瑾璞，2007）。世界农业发展的经验表明，国家财政对农业的投资支出以及对农业的支持和保护不仅是促进该国农业发展的关键，同时也是国家宏观经济政策中极其重要的组成部分。地方政府在"三农"领域的公共产品提供、基础设施建设、公共服务水平等方面的财政支农资金投入，以及由此形成的政策引导功能，作用于农业资本存量、农业研发能力、农业基础设施、农村居民生活补贴和社会保障等方面，对促进农业生产要素数量及生产率的提高，改善农村居民生存状态，提高居民对信贷产品的消费意愿和偿还能力都有积极的影响作用，对于农村合作金融机构信贷风险的控制会产生积极作用。因此，笔者假设2：农村合作金融机构所在县域政府对农业发展扶持力度越大，其信贷风险越低。本章选取地方政府财政支农资金（GS）反映当地政府对"三农"发展的财政支持情况（李晓嘉，2012），其中2006年的财政支农资金用财政支出中支援农业生产支出、科技三项支出和农林水利气象部门事业费三项数据之和，2007年之后用财政支出中的农林水事务支出数据。

三、地方政府对农村合作金融机构的干预程度

（一）财政分权导致地方财政紧张

1994年，中国开启财政分权化改革，旨在通过向地方政府转移财政收支权力，强化地方政府在地方公共物品供给中的信息及管理成本优势，保证地方公共产品和公共服务有效提供。尽管分税制改革可能会带来诸多好处，提高了地区经济发展的积极性，也缓解了中央财政紧张的问题，但中央和地方财政失衡的问题也随之产生和积累起来，随着财政分权的改革，地方政府的财政赤字增加，为公共支出进行债务融资的压力增加。World Bank（2012）报告中指出，中国大概70%的公共支出发生在地方，省级以下政府负担着50%以上的公共支出。然而，承担着庞大而重要的公共服务支出的地方政府，直至2011年，其财政收入才首次超过中央财政收入。可见，分税制改革事实地阻断了地方政府财权与事权之间的联系，导致地方

政府财政紧张，债务不断累积。地方政府在财政汲取能力弱化时，往往通过汲取金融功能的上升来弥补和替代。因此，财政收支压力加大不可避免地会强化地方政府对金融信贷的行政干预。

（二）宏观财政政策激励地方政府债台高筑

2005 年之前的地方政府债务主要源于财政收支缺口，是被动形成的。2005 年综合性财政改革措施实施以后，尤其在美国次贷危机影响下，2008 年我国开始实行积极的财政政策和适度宽松的货币政策，同时启动了人民币 4 万亿元的经济刺激计划，地方政府债务规模急剧增大，且开始由被动的负债转变为主动的债务融资。审计署（2011）报告显示，截至 2010 年底，除 54 个县级政府没有政府性债务外，全国省、市、县三级地方政府性债务余额达到 10.7 万亿元人民币。地方政府融资平台亦如雨后春笋般，从 2008 年的 2 000 个左右，上升至目前的 1 万个左右，扩张速度惊人。同时，七成地方融资平台存在于区县政府一级①。如此巨大的债务规模和众多的融资平台，地方政府对金融信贷的行政干预昭然若揭。截至 2010 年，人民币 4 万亿元的经济刺激计划基本完成。因此，本章研究采用 2006—2010 年五年的数据（龚强，2011）。

（三）商业银行退出县级投融资平台

相关调查分析显示，1997 年之前，大型商业银行不良资产的历史形成中，将近 80% 的不良资产都或多或少地与政府干预相关。亚洲金融危机发生后，国家叫停要求大型商业银行必须对国有企业提供信贷支持的做法，并通过法律明确规定了商业银行决定贷款的自主性。2003 年，国家启动了大型商业银行的股份制改造，全面推动大型商业银行体制机制改革。2005 年 10 月起，几家大型商业银行相继上市，地方政府对商业银行的干预程度大大降低。另有资料显示，工行、中行、建行、交行以及其他上市的股份制商业银行已经很少涉及并逐步退出对县级投融资平台的贷款，县级地方政府对商业银行的行政干预程度大大降低，那么，如此庞大的债务融资从哪里来呢？

（四）农村合作金融机构成为县级融资平台放贷主力

农村合作金融机构是农村地区正规金融机构的主力军，维持其持续运

---

① 穆迪. 2011. 中国地方债务规模低估 3.5 万亿元. http://www.caijing.com.cn/2011 - 07 - 05/110765570.html.

营，避免其破产倒闭是中央政府与地方政府实现双赢纳什均衡解。地方政府正是看中了中央不可能完全放弃农信社，因而便借助"三农"问题的政治化向农信社"寻租"。由于存在政策性支农任务，中央很难分辨信用社的不良资产是有意为之，还是政策性负担所致，即便分辨得出，也会因为"多而不倒"无法实施有效处罚。信用社便无辜沦为地方政府要挟中央的"人质"。2003 年由行政推动的信用社改革，终究也难逃新一轮注资博弈下中央花钱埋单，清算历史包袱的路径依赖，成为地方政府攫取中央资金的渠道（陈健，2007；林毅夫，2000；王琛，2011）。时红秀（2010）指出，目前"国有银行、国有资产、国有资源"三者共生的制度环境下，没有破产清算的预算约束，是造成地方政府债务问题的根本原因。资料显示，从县级投融资平台的贷款数据看，农村合作金融机构贷款基本占到全部贷款的 70% ~ 80%[①]，可见，农村合作金融机构已经成为县级融资平台放贷主力，地方政府债务成为影响农村合作金融机构信贷风险控制的重要因素。

　　总之，在分税制改革和宽松的宏观经济政策共同作用下，地方政府的自由裁量权演绎出"弱财政，强金融"的金融控制战略，通过对金融资源的控制来抵补不断下降的财政收入（张杰，2007；马勇，2009）。地方政府将维系行政支出的被动负债，变为以城市建设和基础设施投资为主的债务融资行为，表现出严重的过度支出倾向，由此引发的地方政府债务风险，已成为各方关注的焦点。据审计署（2011）报告显示，县级地方政府2010 年底的债务余额为 2.84 万亿元人民币，来源于银行贷款的债务占比达到 79%。同期，上市成功的商业银行逐步退出了对县级投融资平台的贷款，农村合作金融机构成为县级融资平台的放贷主力。如此巨大的债务规模，地方政府对农村合作金融信贷的行政干预昭然若揭。而地方政府行政干预下贷款投向的误差，会使资金流入"投入—沉淀—再投入—再沉淀"的恶性循环之中，导致农村合作金融机构存量风险的累积和增量风险的叠加。因此，笔者假设 3：农村合作金融机构所在县域政府对金融资源配置的干预程度越大，其信贷风险越高。本章选取地方政府财政收支差（GD）显示地方政府的财政压力，反映地方政府干预农村合作金融机构金融资源配置和隐匿债务的可能性大小（喻微锋，2011）。

---

　　① 华夏. 2011. 县级政府债台高筑农信社是放贷主力. http://news.163.com/10/0715/10/6BKK40J200014AED.html.

四、农村金融市场发育程度

（一）我国农村金融市场的发育情况

中国农村金融市场是在政府的严格管制下由其主导展开的农村金融体制的改革和农村金融组织的调整过程中逐渐确立的。1996—2000年，政府实施了一系列相关农村金融主体的政策和调整，包括行社脱钩启动恢复合作制的改革、四大商业银行撤离农村、关闭农村合作基金会和农村信用社改革等，在政府的政策推动和扶持下，确立了农村信用社在农村金融市场中的垄断地位，成为中国农村金融市场上正规金融机构的唯一主体。此后，国务院围绕农村金融市场出台了一系列的改革方案和制度创新。2000年农村信用社改革揭开了农村信用社商业化改革的序幕。2003年《深化农村合作金融机构改革试点方案》加快了以管理体制和产权制度为主要内容的农村合作金融机构改革，并将农村合作金融机构的监管职能转入银行业监督管理委员会。2006年出台了降低农村金融市场准入限制的政策，标志着中国农村金融改革由机构层面转向了市场化层面。2010年"中央一号"文件强调要发展新型农村金融机构，包括小额贷款公司、村镇银行等。在国家构建竞争性农村金融市场的总体布局下，农村金融市场的格局已经在悄然发生改变。伴随着农业银行确立了县域"蓝海"发展战略，邮政储蓄已分批开办定期存单质押贷款业务，重返农村信贷市场，还有为数众多的互助性资金借贷组织发展也较快。可见，县域农村金融市场正在逐步发展多元化和竞争性的市场新格局，也意味着农村金融市场发育将不再由政府主导下的外生变量决定，而是由农村金融市场竞争主体的创新行为和竞争绩效所决定。

（二）农村金融市场发育与农村合作金融机构经营行为

根据产业组织理论关于市场结构与企业绩效关系的分析框架，县域农村金融市场发育程度会对农村合作金融机构的经营行为产生影响，其影响主要包括以下方面：第一，农村金融市场发育对农村合作金融机构贷款对象的选择会产生影响。市场竞争形成对农村合作金融机构贷款对象选择权的制约，来自企业贷款市场的竞争加剧会促使农村合作金融机构对农户贷款投放的增加。第二，农村金融市场发育决定农村合作金融机构的产品定价权。市场垄断使农村合作金融机构具有的市场操纵力更强，而市场竞争会削弱农村合作金融机构的贷款定价权。第三，农村金融市场发育程度会影响农村合作金融机构的创新行为。市场竞争能激发农村合作金融机构的创新动力，增加新技术的采用进而降低交易成本和控制信贷风险。

农村金融市场通过促进农村资本的形成而服务于农村经济发展。一个适度竞争、高效的农村金融市场，对于保障农户和农村中小企业融资的可得性、便利性，保障机构的安全性、流动性和盈利性，都是很重要的。随着金融市场竞争格局的多层次化，农村储蓄与投资的机会选择会随之增多，来自外部的竞争会激励农村合作金融机构提高市场竞争力，降低信贷风险。因此，笔者假设4：农村合作金融机构所在县域金融市场发育程度越好，其信贷风险越低。由于县域农村合作金融机构与其他银行业金融机构在农业贷款领域存在业务同质，本章选取县域农村合作金融机构农业贷款的市场份额（FS），即该机构农业贷款占全部金融机构农业贷款的比重来反映农村合作金融机构所处外部金融市场环境的发育程度（黄惠春，2010）。

五、指标体系构建

国内外的相关实证文献中，一般采用不良贷款率或违约率作为金融机构信贷风险的代理变量，由于我国金融机构尚未建立违约概率数据库，出于数据可获得性考虑，本书选择不良贷款率（NPL）作为农村合作金融机构信贷风险的衡量变量。研究所选取外部环境影响因素的主要变量统计指标见表6-1。此外，完善的治理结构是农村合作金融机构信贷风险内控机制的坚实基础（刘晓勇，2006；乐山银监分局课题组，2006），银行系统具有天然的脆弱性，良好的内部治理是防患信贷风险的有效手段，尽管风险的成因多样，但几乎都包括内部治理这一基础性的因素，其他因素也是通过这一内因发生作用的。因此，本章选取农村合作金融机构治理水平作为控制变量，笔者假设5：农村合作金融机构的综合治理水平越高，其信贷风险越低。治理水平（ML）指标采用虚拟变量，改制为农村商业银行的，以现代商业银行的经营理念建立"三会一层"的公司治理架构虚拟变量定义为3，改制为农村合作银行的，采用现代企业的组织管理方式，虚拟变量定义为2，没有改制的农村信用社，按照一人一票，民主管理、合作互助的原则进行规范，虚拟变量定义为1。

表6-1　　农村合作金融机构信贷风险控制外部影响因素指标体系

类型	代码	变量名称	变量衡量
因变量	NPL	不良贷款率	不良贷款额/贷款总额
自变量	NI	农村经济发展水平	农村居民人均收入
	GA	政府财政支农	地方政府财政支农支出
	GD	政府财政压力	地方政府财政收入—财政支出
	FS	农贷市场份额	农村合作金融机构农贷余额/全部金融机构农贷余额
	ML	机构治理水平	农村商业银行：3；农村合作银行：2；农村信用联社：1

第二节　描述性统计分析

本章研究覆盖2006—2010年陕西80个县，24个市区，共获得520个有效样本。变量相关财务数据主要来源于中国银监会网站、《中国统计年鉴》和陕西各区县统计年鉴，部分数据经计算整理而得。

一、农村合作金融机构不良贷款率统计分析

陕西县域农村合作金融机构不良贷款率下降趋势明显（见图6-1），不良贷款率由2007年的25.3%降低至2010年的11.9%，降低了13.4个百分点。说明新一轮信用社改革取得了明显成效，对农村信用合作社降低不良贷款率产生了有效激励。其一，中央银行专项票据置换不良资产，直接减轻了其历史包袱。其二，农村合作金融机构增资扩股，贷款额急剧增加（见图6-2）。其三，"花钱买机制"的长效作用显现，对农村合作金融机构完善信贷风险内部控制提供正向激励。2010年陕西县域机构不良贷款率高于全国平均水平4.1个百分点，比2006年缩小了8.2个百分点①。说明虽然陕西县域机构起点较低，但发展速度较快，不良资产化解效果较为显著。另外，各地区农村合作金融机构的不良贷款率从低到高依次为陕北＜陕南＜关中，且差距较大。其中，各年度关中地区农村合作金融机构

---

① 2006年陕西县域农信社不良贷款率为24.9%，全国农信社不良贷款率为12.6%，相差12.3个百分点。2010年，陕西县域农信社不良贷款率为11.8%，全国农信社不良贷款率为7.7%，相差4.1个百分点。

不良贷款率均远高于全省平均水平。2010 年，关中地区农村合作金融机构的不良贷款率最高（15.8%），陕北地区不良贷款率最低（0.08%），二者相差 15.7 个百分点，陕南地区农村合作金融机构不良贷款率为 8.9%，说明陕西各地区农村合作金融机构信贷风险控制水平的区域差异很大。

表 6-2　　　　　　陕西县域农村合作金融机构不良贷款率　　　　单位:%

地区		指标	2006 年	2007 年	2008 年	2009 年	2010 年
不良贷款率	全省县域	均值	24.88	25.33	21.31	16.02	11.89
		最大值	77.26	66.42	73.35	43.34	53.32
		最小值	0.90	0.86	0.00	1.03	0.67
		标准差	20.40	16.01	12.76	10.42	9.64
	关中地区	均值	31.20	32.42	26.17	20.31	15.76
		最大值	72.04	66.43	73.35	43.34	53.33
		最小值	2.05	3.74	5.95	2.32	0.90
		标准差	20.94	14.78	12.35	9.92	10.54
	陕北地区	均值	14.37	15.85	16.01	11.15	7.75
		最大值	49.92	48.38	43.98	32.50	23.83
		最小值	0.90	0.86	0.00	1.03	0.77
		标准差	12.04	12.59	12.04	8.66	6.13
	陕南地区	均值	28.36	24.08	17.72	13.26	8.82
		最大值	77.26	59.26	44.36	41.81	32.64
		最小值	4.07	3.03	7.82	4.88	0.67
		标准差	24.80	16.03	9.96	10.38	8.50

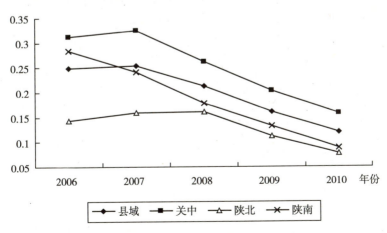

图 6-1　陕西县域农村合作金融机构不良贷款率

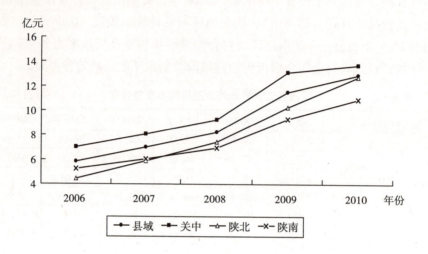

图 6 - 2　陕西县域农村合作金融机构贷款额

二、农村居民人均收入统计分析

陕西县域农村居民人均纯收入呈现稳步上升的趋势（见图 6 - 3），从 2006 年的人均 2 374 元，增加为 2010 年的人均 5 220 元，翻了两倍。各地区农村居民人均纯收入按从高到低顺序排列依次为：关中地区 > 陕北地区 > 陕南地区。2010 年，陕南地区由于土地资源禀赋条件较差，农业经济发展空间有限，农村居民人均收入水平最低（3 775.25 元），关中地区土地资源丰富，种植业相对发达，政府惠农政策的受益程度较大，农村居民人均收入最高（5 587.8 元），二者差距 1 090 元，并呈现出不断扩大的趋势，陕北地区农村居民人均收入水平为 5 343.25 元，说明陕西各地区县域农村经济发展水平存在较大差距。

表 6 - 3　　　　　　　陕西县域农村居民人均收入　　　　　　单位：元

	地区	指标	2006 年	2007 年	2008 年	2009 年	2010 年
农村居民人均收入	全省县域	均值	2 374.0	2 732.6	4 128.9	4 183.3	5 220.8
		最大值	9 776.0	10 073.0	71 640.0	7 948.0	16 660.0
		最小值	486.0	531.0	2 012.0	2 767.0	2 900.0
		标准差	1 137.1	1 246.2	6 803.0	1 085.2	1 815.1

续表

地区		指标	2006 年	2007 年	2008 年	2009 年	2010 年
农村居民人均收入	关中地区	均值	2 625.2	3 082.2	3 716.1	4 544.7	5 587.8
		最大值	5 435.0	10 073.0	6 585.0	7 948.0	9 863.0
		最小值	1 384.0	677.0	2 360.0	2 900.0	2 900.0
		标准差	934.2	1 363.6	1 002.6	1 141.6	1 502.6
	陕北地区	均值	2 326.6	2 373.0	5 220.0	4 094.6	5 343.3
		最大值	9 776.0	4 230.0	71 640.0	7 223.0	16 660.0
		最小值	486.0	531.0	2 012.0	2 767.0	3 715.0
		标准差	1 467.2	792.6	11 416.5	966.7	2 272.7
	陕南地区	均值	1 680.0	2 427.3	2 989.6	3 230.9	3 775.3
		最大值	2 043.0	7 739.0	8 784.0	3 780.0	4 272.0
		最小值	859.0	1 724.0	2 314.0	2 892.0	3 041.0
		标准差	355.5	1 439.0	1 556.9	231.7	318.0

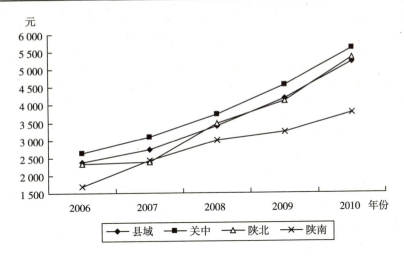

图6－3　陕西县域农村居民人均纯收入

三、地方政府财政支农统计分析

陕西县域地方政府的财政支农力度不断加大（见图6－4），2010年财政支农资金达到1.30亿元，是2006年（2 191.0万元）的5.89倍，增幅达到了56.4％。可见，县域政府认真落实了《农业法》关于财政支农的相关规定，不断增加对"三农"领域的资金扶持力度。陕西各地区县域地方政府财政支农支出按从高到低顺序依次排列为：陕北＞关中＞陕南。2010年，关中地区县域地方政府财政支农支出首度超过陕北地区，达到1.32亿元，陕南地区县域地方政府财政支农支出最低，为1.20亿元，二者差距为0.12亿元。说明陕西各地区县域地方政府财政支农支出具有一定地区差距。

表6-4　　　　　　陕西县域地方政府财政支农支出　　　　单位：万元

地区		指标	2006 年	2007 年	2008 年	2009 年	2010 年
地方政府财政支农支出	全省县域	均值	2 190.97	3 836.29	6 311.11	9 048.92	12 905.43
		最大值	9 101.84	15 654.58	27 430.80	33 196.05	78 957.44
		最小值	244.14	126.11	1 429.82	771.00	891.02
		标准差	1 599.17	2 538.70	4 059.89	4 912.76	8 740.72
	关中地区	均值	1 982.90	3 804.62	5 567.56	8 352.49	13 225.07
		最大值	6 201.50	10 357.41	11 591.77	18 911.73	78 957.44
		最小值	623.28	696.64	1 683.49	1 268.85	4 305.60
		标准差	1 070.00	2 101.13	2 294.08	3 494.04	10 445.86
	陕北地区	均值	2 712.71	4 171.22	7 503.59	10 296.77	12 853.18
		最大值	9 101.84	15 654.58	27 430.80	33 196.05	34 472.24
		最小值	146.48	126.11	1 429.82	771.00	891.02
		标准差	2 253.15	3 386.87	5 675.02	6 647.25	7 448.46
	陕南地区	均值	1 680.25	3 183.64	5 998.11	8 461.16	12 004.14
		最大值	3 801.44	6 981.23	17 333.17	19 520.57	27 207.78
		最小值	244.14	1 507.24	2 439.46	3 532.22	5 404.54
		标准差	805.78	1 271.97	3 741.10	3 817.03	5 012.83

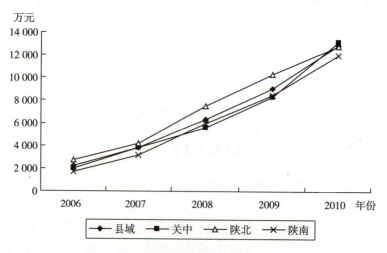

图6-4　陕西县域地方政府财政支农

四、地方政府干预程度统计分析

陕西县域地方政府财政自给率逐年降低，财政赤字逐年加大（见图 6－5），由 2007 年的 0.59 亿元增加至 2010 年的 4.25 亿元，增幅为 66.1%。各地区县域地方政府财政收支差额按从高到低顺序依次排列为陕南＞关中＞陕北。陕北地区借助资源经济实现了财政收支平衡，个别区县政府财政收入结余最高达 102.83 亿元（神木县），而陕南地区的政府财政赤字最大，最高赤字达到 11.67 亿元（山阳县），二者相差 113 个亿。2010 年，陕北地区县域地方政府财政收支盈余为 0.60 亿元，陕南地区县域地方政府财政收支赤字 7.58 亿元，二者相差 8.18 亿元。关中地区县域地方政府财政收支赤字为 6.63 亿元，显示出陕西县域地方政府财政收支方面的极大地区差距。

表 6－5　　　　　陕西县域地方政府财政收支差额　　　　单位：万元

	地区	指标	2006 年	2007 年	2008 年	2009 年	2010 年
地方政府财政收支差额	全省县域	均值	−5 866.8	−10 126.0	−12 614.4	−22 304.3	−42 467.5
		最大值	202 281.0	298 944.0	730 850.0	655 620.0	1 028 300.0
		最小值	−39 700.0	−61 372.0	−126 024.0	−144 710.0	−647 020.0
		标准差	33 218.3	41 414.8	96 719.7	90 299.2	141 767.9
	关中地区	均值	−14 149.9	−18 616.1	−25 621.8	−38 419.4	−66 260.0
		最大值	68 018.0	98 375.0	118 642.0	34 600.0	71 986.0
		最小值	−39 700.0	−61 372.0	−72 414.0	−104 070.0	−647 020.0
		标准差	15 916.5	23 683.2	29 712.9	29 416.8	93 467.5
	陕北地区	均值	9 281.7	7 298.6	18 697.5	13 860.6	6 042.5
		最大值	202 281.0	298 944.0	730 850.0	655 620.0	1 028 300.0
		最小值	−36 313.0	−43 922.0	−82 790.0	−84 740.0	−112 244.0
		标准差	49 414.3	60 238.5	154 865.1	141 578.1	204 048.7
	陕南地区	均值	−13 548.6	−22 268.9	−41 605.3	−52 308.6	−75 776.4
		最大值	10 463.0	5 064.0	−8 553.0	−17 963.0	−31 998.0
		最小值	−38 861.0	−60 866.0	−126 024.0	−144 710.0	−203 815.0
		标准差	10 705.3	13 987.4	29 723.5	28 459.3	40 503.4

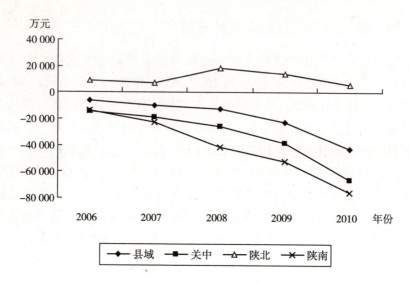

图6-5　陕西县域地方政府财政收支赤字

五、农村金融市场发育程度统计分析

农村合作金融机构农业贷款占全部金融机构农业贷款的比例变动不大，总体小幅上升（见图6-6）。2010年农业贷款市场份额为66.5%。可见，农村合作金融机构在农村金融市场中仍扮演着主力军角色，邮政储蓄银行等机构的小额贷款业务要想同农村合作金融机构展开竞争，仍需假以时日。各地区县域农村合作金融机构农业贷款市场份额按从高到低顺序依次排列为陕南>陕北>关中。2010年，陕南地区农村合作金融机构农业贷款市场份额最高达到79.4%，关中地区最低为57.6%，二者相差21.8个百分点。陕北地区农村合作金融机构农业贷款市场份额为73.2%，说明陕西各地区县域农村合作金融机构农业贷款市场份额存在较大差异。

表6-6　　　　陕西县域农村合作金融机构农业贷款所占比重　　　单位：%

地区		指标	2006年	2007年	2008年	2009年	2010年
农业贷款所占比重	全省县域	均值	54.45	50.25	64.94	63.78	66.46
		最大值	100.00	100.00	100.00	100.0	98.90
		最小值	0.00	0.00	0.00	8.12	10.38
		标准差	24.81	25.90	27.06	25.85	24.66

续表

地区		指标	2006 年	2007 年	2008 年	2009 年	2010 年
农业贷款所占比重	关中地区	均值	54.44	44.71	61.57	56.66	57.64
		最大值	98.85	97.00	100.00	100.00	98.90
		最小值	7.13	0.00	12.60	12.18	12.59
		标准差	25.28	27.29	29.07	25.83	23.41
	陕北地区	均值	53.51	52.49	66.84	68.87	73.23
		最大值	100.00	100.00	100.00	100.00	97.77
		最小值	0.00	0.00	0.00	8.12	10.38
		标准差	26.33	24.67	26.28	26.99	25.10
	陕南地区	均值	56.59	62.86	71.38	75.03	79.36
		最大值	88.15	92.45	100.00	99.09	98.44
		最小值	13.27	29.43	23.13	46.84	41.03
		标准差	20.74	19.31	21.41	15.84	16.91

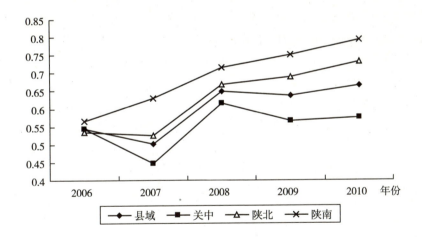

图 6-6　陕西县域农村合作金融机构农业贷款市场份额

第三节　农村合作金融机构信贷风险外部控制影响因素实证分析

一、研究方法

由于本章研究不同县（市）在不同时间点上的陕西农村合作金融机构

信贷风险控制的外部影响因素，牵涉到不同的横截面和时间序列，因此本章采用面板数据模型较合适。根据选定变量，我们可以建立模型如下：

$$Y_{it} = \alpha + \beta_1 NR_{it} + \beta_2 GA_{it} + \beta_3 GD_{it} + \beta_4 FS_{it} + \beta_5 FD_{it} + \varepsilon \qquad (6.1)$$

Y_{it} 为回归变量，表示第 i 个县区农村合作金融机构 t 年的不良贷款率，$i = 1, \cdots, 104$，为横截面个数，分别表示 104 个区县；$t = 2006, \cdots, 2010$，为考察的时期数。α 为截距项，β_1，β_2，β_3，β_4，β_5 为各自变量的回归系数，ε 为随机扰动项。

二、模型检验和实证结果

本章论证所使用的面板数据具有截面成员较多而时期数较少的类型特点，对于这种数据类型，一般需要利用面板数据结构类型的工作文件进行变截距数据模型估计。根据对截面个体影响形式的不同设定，变截距模型分为固定效应变截距模型和随机效应变截距模型。由于面板数据的两维特性，模型设定的正误决定了参数估计的有效性。因此，首先要对模型的设定形式进行 Hausman 检验。本章运用 Eviews6.0 统计软件首先进行 Hausman 检验，Hausman 检验用于确定选择固定效应模型还是随机效应模型。检验的原假设是：固定效应模型和随机效应模型的估计量没有实质上的差异。检验结果如表 6 - 7，检验统计量等于 36.66，其概率值等于 0，拒绝原假设，说明固定效应模型和随机效应模型的估计量有实质差异。通过进一步的检验，最终本书选择随机效应的变截距模型对数据进行估计，所得估计结果见表 6 - 8。根据模型估计结果，调整后的 $R^2 = 0.5759$，$F = 7.5253$，通过显著性检验，说明模型拟合情况较好，本书所选择的影响因素指标能够解释农村合作金融机构信贷风险。

表 6 - 7　　　　　　　　　　Hausman 检验结果

统计指标随机效应		χ^2 统计值39.6649	自由度5	Prob.0.0000
变量	固定效应	随机效应	方差	Prob.
NI	-0.0780	-0.0694	0.0000	0.1166
GA	-0.0135	-0.0117	0.0000	0.3173
GD	0.0000	0.0000	0.0000	0.0045
FS	-0.0177	-0.0594	0.0001	0.0001
ML	-0.0389	-0.0852	0.0004	0.0202

表 6 - 8　　　　　　　　　随机效应变截距模型回归结果

变量	系数	标准差	T 统计值	P 值
常数项	0.9869 ***	0.0917	10.7568	0.0000
NI	− 0.0694 ***	0.0130	− 5.33201	0.0000
GA	− 0.0117 **	0.0052	− 2.23219	0.0260
GD	1.38E − 07 *	7.69E − 08	1.7901	0.0740
FS	− 0.0595 ***	0.0221	− 2.6943	0.0073
ML	− 0.0852 ***	0.0315	− 2.7055	0.0070
R^2　0.6641　　　调整后的 R^2　0.5759		F 值　7.5253 ***　　　D. W. 统计值　1.5402		

注：***、**、*分别表示在 1%、5%、10% 的显著水平上通过检验。

三、实证结果分析

1. 农村居民人均收入与农村合作金融机构不良贷款率显著负相关，农村居民人均纯收入每增加 1 个百分点，机构不良贷款率就下降 0.0694，支持假设 1，说明农民收入对机构信贷风险具有正向影响。提高农民收入，带动农户的储蓄能力和投资努力，对于降低农村合作金融机构信贷风险十分重要。首先，农民收入提高，其偿债能力会随之增高，可以直接降低信贷违约概率。其次，中国传统的小农经济中存在"不轻言债"的借贷文化，即如果家庭收入能够维持基本的生计所需，能够维持一个不贫不富的生活，他们便不会轻易"告贷"。因此，增加农民收入，会降低农户对救助性借贷的依赖。同时，伴随着市场经济的发展，尤其是农业产业结构的调整和利润的增加，传统小农对于扩大再生产，投资新领域和采用新技术将产生巨大热情，涌现出了更多的种养殖业大户，其投资型和创业型生产资金的信贷需求随之增多，而后者的信贷风险优于前者，需求结构的转型能够降低农村合作金融机构的信贷风险。

2. 地方政府财政支农力度与农村合作金融机构不良贷款率显著负相关，地方政府财政支农每增加 1 个百分点，机构不良贷款率下降 0.0117，支持假设 2，说明地方政府财政支农对机构信贷风险具有正向影响。我国农村地区有效资金的供给主要来自财政支农和银行信贷两个渠道。其中，财政支农资金的投入包括投资性支出、消费性支出和转移支付性支出。投资性支出作用于基础设施建设、农业资本存量和农业研发能力，可有效替代农民对农业生产的投入。消费性支出可以减少农村居民为了公共组织有效运转而承担的成本。转移支付性支出对农民进行直接补贴和提供社会保障，可降低农民的生活成本。可见，财政支农支出可替代部分农民消费支出，提高农民收入的可支配份额，这对于降低农户对救助性信贷资金的需求，提高农民的偿债意愿和能力，减少不良贷款的发生率有促进作用。

3. 地方政府财政压力与农村合作金融机构不良贷款率正相关，地方政府财政赤字每增加 1 个百分点，机构不良贷款率上升 1.38×10^{-7}％，支持假设 3，说明当前地方政府对金融资源配置的干预，已经对农村合作金融机构信贷资产质量产生影响。这与王连军（2011）认为政府干预对信贷规模的扩张存在明显影响，并没有造成不良贷款的上升的结论有所不同，显示出地方政府对农村合作金融机构的信贷较强的干预力度。其原因在于农村合作金融机构承担着政策支农的任务，政策性亏损成为地方政府利用"三农"问题政治化向农村合作金融机构"寻租"的隐性担保。地方政府财政压力越大，债务融资需求就越大，由此转化的对农村合作金融机构信贷资金配置的干预就越多。而地方政府对金融资源的过度利用，用财政预算的软约束扭曲金融交易的合约原则，会产生大量无效的金融交易，导致金融机构潜在信贷风险的上升。

4. 农村合作金融机构农业贷款的市场份额与不良贷款率显著负相关，农业贷款的市场份额每增加 1 个百分点，机构不良贷款率下降 0.0594，不支持假设 4。说明农村合作金融机构仍是县域农村金融市场的供给主体，市场竞争并没有显示出对降低信贷风险的激励作用。市场份额对信贷风险的正向影响，其原因可能在于供给能力较强的机构，自身的管理能力相应也较好，表现出较强的信贷风险防范能力。不过，如前所述，县域农村合作金融机构虽然仍处于近乎垄断的地位，但多元化的金融市场已在发育，健全信贷风险控制机制，增强农村合作金融机构市场竞争力已成为关系未来市场竞争成败的重要课题。

5. 机构治理水平与农村合作金融机构信贷风险显著负相关。机构治理水平提高 1%，机构不良贷款率下降 0.0852，支持假设 5。这与刘艳华（2011）的研究结论一致，认为总体上"好"的农村信用社信贷风险的防范效率高，说明信贷风险控制需要以更好的内控机制作为支撑。农村合作金融机构作为经营货币的特殊机构，信贷风险控制始终是其最重要的工作，而内部控制又是防范金融风险的关键。科学的内部控制机制有助于实现运行机制和资源配置的高效，有助于引入科学的信用评估、担保机制和风险控制机制，降低金融风险。

本 章 小 结

本章运用面板数据随机效应的变截距回归模型，以陕西104个县域农村合作金融机构相关数据为例，对陕西农村合作金融机构信贷风险控制的外部影响因素进行了实证研究。结果表明：

1. 农村居民人均纯收入对农村合作金融机构信贷风险控制具有正向影响作用，说明农村合作金融机构信贷风险控制水平在很大程度上受到当地农村经济发展水平的制约，只有促进农村经济发展，增加农民收入，农村信贷投资的成长性和收益性才会显现，才能转变人们对于储蓄和投资、信用和风险的认识和态度，为农村合作金融机构信贷风险防范提供持久动力。

2. 地方政府财政支农力度对农村合作金融机构信贷风险控制具有正向影响作用。地方政府在"三农"领域的财政支农资金投入，以及由此形成的政策引导功能，不但能够促进农业生产要素数量及生产率的提高，而且能够以降低生活成本的方式提高农民收入的可支配份额，这都会对提高农村居民对信贷产品的消费意愿和偿还能力产生促进作用。

3. 地方政府财政压力越大，债务融资需求就越大，由此转化的对农村合作金融机构信贷资金配置的干预就越多。当前，地方政府对金融资源配置的干预，已经对农村合作金融机构信贷资产质量产生影响，虽然目前尚未构成巨大威胁，但农村合作金融机构的信贷风险问题与地方政府的债务融资问题相互交融，无论是农村合作金融机构历史包袱的清收和化解，抑或是从源头上控制新增不良贷款，都需要切实规范地方政府债务融资行为，减少地方政府干预。

4. 农村合作金融机构农业贷款的市场份额与不良贷款率显著负相关。说明农村合作金融机构仍是陕西县域农村金融市场的供给主体，市场竞争尚未显示出对提高信贷风险控制能力的激励作用。

第七章 陕西农村合作金融机构信贷
风险控制的政策建议及对策

作为农村合作金融机构的一项基本职能和核心竞争力，信贷风险控制是其规范经营、提升业绩和创造价值的前提。提高农村合作金融机构信贷风险控制能力，对于实现机构稳健经营，破解农村金融供给"瓶颈"具有重要的意义。结合本书实证研究结论，笔者认为应该从以下方面提高陕西农村合作金融机构的信贷风险控制能力。

第一节 提高农户信贷资金使用效率，
降低农户信贷违约风险

一、完善农户信用评级，优化贷款投向

本书的研究结论显示，农户生产经营的结构性差异对农户信贷违约风险产生显著的影响，同时，农村合作金融机构是通过不同信贷产品的开发设计来满足不同信贷需求的，信贷产品不仅是金融机构的服务商品，同时也是信贷风险的管理工具。因此，陕西农村合作金融机构应该通过完善农户信用评级和优化信贷产品设计实现更为合理的贷款人选择和贷款类别选择，进而优化贷款投向，实现对农户信贷违约风险的有效控制。当前，在农业现代化发展进程的推动下，随着农村劳动分工和农业产业专业化的发展，农户家庭经营结构的差异性逐步扩大，由此导致的农户金融需求差异性不断显现，农户信贷需求特征日益表现出多层次和个性化的分化现象，决定了农村合作金融机构信贷结构的调整势在必行。农村合作金融机构应该以市场为导向，深入挖掘农户信贷违约风险的结构性差异，并将其纳入农户信用评级的指标体系，提高农户信用评级的合理性与科学性。并通过研究农户信贷资金需求的差异性，在贷款主体、授信额度、利率、期限和还款方式等方面不断创新，结合农户生产经营活动的成长周期特征和信贷需求的季节性、时效性等特征，完善产品设计和服务模式以满足规模大

户、成长发展户和投资起步户的不同信贷需求，并针对性地提高农户信贷资金的使用效率。借鉴和修正国外的贷款定价基础理论，完善和细化贷款定价和信贷违约的数据信息，提高数理分析的精确性，提高农村合作金融机构违约风险的贷款定价水平。此外，农村经济的快速发展必须依靠专业化和分工来提升生产效率和规避农业生产风险，作为现代农业的重要载体，专业合作经济组织是推动农业现代产业化发展的重要力量。农村合作金融机构应基于农业专业合作经济组织，结合规模经营农户和"公司＋农户"、"农业基地＋公司"等农业产业化模式的内在需求，围绕农产品生产、加工和销售等各个产业链，创新金融工具，完善信贷产品设计，拓展金融服务功能，为产业链各节点提供充足的资金支持，构建农业产业链金融，本着以贷促增收、以增收求发展的经营理念，探索"放水养鱼"的动态战略风险控制路径。

二、加快完善种粮户土地流转机制，完善和细化粮食补贴政策

本书的研究结论显示，种粮农户违约率显著高于其他农户，为此笔者认为应着力改变由于地权分散化所形成的"小农之殇"[1] 状况，实现种粮农户的规模收益。作为种粮农户实现规模经营最重要的外部环境，土地流转相关制度的完善与否直接决定农户对未来土地经营的预期。只有农户对土地承包期限及其经营权有稳定的预期，才能在实现土地经营规模扩大的同时，保障土地经营效率的稳定提升。土地经营有其自身的规律，土地的开发利用与保养相辅相成，粗放的、掠夺式的土地经营方式破坏土壤生态，虽然可以实现短时间的增产增收，长期却大大降低了粮食产量和农业生产的整体效率，由此导致的土地浪费与恶化更要人类为此付出巨大的代价。因此，政府应当加快土地流转制度的法制化进程，完善农村剩余劳动力转移的相关配套措施，健全城市化和社会保障机制，弱化土地的就业和社会保障功能，引导农村剩余劳动力由第一产业向第二、第三产业转移。总之，通过完善的土地流转制度，使农户形成长期且乐观的土地规模经营预期，提高种粮农户的规模经营意愿，引导农户关注土地质量和生成潜力，提高农业技术效率和降低经营成本，实现种粮农户的规模收益。

---

[1]　所谓"小农之殇"，是指家庭土地联产承包责任制形成的土地分散化经营格局下，农户的土地经营无法实现现代市场分工的经济收益。

一项好的政策，往往比上亿元资金的直接投入还能取得更好的效果。在新的形势下，改善种粮农户生产经营现状，还必须强调粮食政策的投入，加大对粮食生产发展的扶持力度，完善和细化粮食补贴政策，落实补贴对种粮农户生产行为的激励作用。政府在维护粮食安全方面，应将长期的粮食宏观调控政策与短期的市场供求政策相结合，继续实施粮食最低收购价政策，合理构建粮食供应预警和应急机制，防止粮食市场供求的大幅波动，避免"多收了三五斗"对农户种粮积极性的抑制，最大限度地保证种粮农户的经济效益，增加粮食经营收入。同时，随着国家财力的增强，政府应该增加资金投入规模，扩大专项补贴范围和补贴环节，适当提高保护价格，扩大保护价格作用范围，细化粮食直接补贴、农资增支综合直补、最低收购价、良种补贴和农机具购置补贴等政策，完善粮食补贴政策的操作方式，坚决打击执行中的不法行为，使政策得到真正的贯彻和落实，保护种粮农户的经济利益，提高种粮农户信贷资金的使用效率，增强其自身的资金积累能力和偿债能力。

三、开发农户多元化增收途径，有效防范农户经营市场风险

本书的研究结论显示，农民增收问题仍是困扰农户信贷违约风险的主要原因。当前，农民增收已经从减免增收发展为收益增收，应通过"多予、少取、放活"优化农村经济发展环境，通过创新农民增收途径实现增收实效。农业不仅指农产品的生产，还应包括与此相关联的食品制造、农畜产品加工（第二产业）和销售、流通、农业旅游和信息服务（第三产业）。现代化农业发展中，农户增收和农村经济效益的提高只能依靠农业各产业间的有机整合才能取得而形成的，应依托农业产业链的延伸增加农产品的附加值，并通过构建农民利益共同体，例如农业专业技术合作社，提高农户的谈判能力和认知水平，在农民利益主体主导下，努力使更多的附加值留在农村，助益农户增收。应把农民增收的着眼点放在对农业和农村的多功能利用和开发上，农民增收的主要路径依赖于本地农村资源的因地制宜的、充分有效的利用。政府在不断加大对农民和农业财政补贴的同时，还应在提高当地资源挖掘和利用效率方面发挥引导和扶持的作用。

此外，本书研究发现随着市场经济条件下农业"小生产"与"大市场"的对接，农产品的市场价格风险即"菜贱伤农"已成为农户信贷违约

风险的重要影响因素。农产品价格市场波动会导致农户收益的不确定性并增加农业生产决策的难度，因此，应着力构建农产品价格波动管理体系，降低农户生产经营过程面临的市场风险。其一，强化政府"价格监管"职能，增强政府对农产品市场价格的宏观调控能力。其二，利用市场工具转移农产品价格风险。发展农业合约，提高合约的规范化，增强合约参与主体的法治意识和信用意识，维护订单合同的严肃性，提高农业合约的应用效力；完善期货市场，增加期货交易品种，扩大交易规模，并积极培育期货市场交易主体和中介，最大化期货市场的风险分散功能。其三，完善农产品价格补偿调节机制。在政策标准允许的范围内，以最大力度实施农产品保护价格政策，包括科学地选择农产品保护价格的支付方式和合理地制定农产品保护价格，尤其是农产品最低收购价政策。其四，建立农产品价格监测和预警体系，完善农产品的应急投放机制。

四、探索保贷结合新模式，完善农村信用共同体

本书在农户信贷违约风险原因的分析中，发现特色种养殖与经商风险较大，投资失败导致的违约率很高。为此，笔者认为应探索农户信贷与小额保险结合新模式，通过风险共担机制降低农户立足农业创业的投资风险，控制农村合作金融机构贷款农户的违约风险。农户在申请贷款过程时，按诚信和互利互惠原则，一部分自己出资，一部分由财政出资，共同购买信贷资金保险，在保险公司、农村合作金融机构和农户三者之间达成"三方协议"，政府将一部分财政支农资金转化为信贷保险的保费补贴，在农户发生损失时，保险公司的赔偿可以用以保障信贷的偿还，实现国家财政补贴农业、保障信用社资金安全和提高农户正规贷款可得性的三方共赢。这种保贷结合机制以国家财政对农村小额保险的小额补贴，换取风险发生时小额保险对农民的有效经济补偿，更好地实现了财政支农资金放大效应的发挥，而保险公司为了增加自己的利益会更加主动地为农户服务，了解农户资金的使用情况，发挥了信贷资金使用的监督职能，进一步降低了农户道德风险的可能性，进而保障了农村合作金融机构信贷资产的安全性。

应积极完善由国家、农村合作金融机构、保险公司、信用担保机构和农户共同参与的农村信用共同体。运用财政、税收、金融、再保险等经济

手段，吸引和鼓励国内商业性保险公司、国外有丰富农业保险经营经验的外资保险公司或合资保险公司到农村开办农业保险业务；建立政府扶持、多方参与、市场运作的多层次的农业信用担保体系，包括政策性、合作互助性和商业性信用担保体系，建立小额农贷担保基金，由地方政府、农村合作金融机构共同出资，主要用于自然灾害等因素所造成的经济损失补偿，创新贷款担保模式，完善"公司＋农户"、"协会＋养殖户"和"农民专业合作社＋农户"等形式，拓展不同行业农户之间互保、联保模式，壮大信用担保体系（赵岩青，2007；刘晓波，2008）；深度挖掘农户现有资产的产权抵押和担保功能，扩大信贷抵押范围。探索和改革包括农地使用权、大型农用机械设备设施、农业生物资产、农业知识产权和专利等产权的抵押模式，同时设立产权交易中心，为贷款抵押物提供交易平台。总之，通过构建与维护农村信用共同体，促进农户融入现代金融领域，激发农户信贷资金使用效率，有效分散和降低农村合作金融机构贷款农户的信贷违约风险（罗剑朝，2011）。

五、坚持科教兴农和人才强农，培育农村社会资本

本书的实证结论显示农户的受教育程度与信贷违约风险之间存在显著的正相关关系，提高农户受教育水平，发展农村基础教育，有助于切实提高农户信贷资金的使用效率和偿还能力。当前，在农业现代化进程中，与传统农业相比，现代农业发展更注重科技创新和先进经营管理方式的推广和利用，这对农户的劳动力素质提出更高的要求，进一步凸显出农业科技力量投入与教育培训的重要性。农村教育本身是一项系统工程，当前我国农村基础教育质量整体水平不高，普遍存在的教学条件差，师资力量不稳定、家庭教育环境缺失以及教育经费短缺问题，是在长期的经济社会发展过程中多因素积累的结果。为此，其一，着力提升农村地区基础教育质量。基础教育是具有很大效益外溢性的典型公共产品，世界银行专家研究发现，发展中国家的基础教育投资是高等教育投资回报率的两倍。应继续加大农村基础教育投入，提高农村地区办学条件和教师待遇，开展"顶岗支教"活动，优化城乡师资交流机制。其二，将农户的技术与金融培训常态化，提高农民的综合素质。相关政府部门和金融机构应协调相关科研、中介和培训等机构，多途径、多方式地为农户提供定期指导和业务咨询，

内容不仅包括专业技能、病虫害防疫防治、市场营销、经营管理等生产知识与技能，还包括金融相关知识普及与使用技能培训。同时，加大农户教育培训的经费投入，完善农培专项资金管理办法，深入实施农村劳动力素质提升培训工程，健全农户教育培训体系。总之，通过教育和培训转变农户的经营管理观念，提升农户生产经营的市场化能力和合理有效利用现代金融工具的能力，提高农民的综合素质。其三，增加农业科技研发投入，加速技术研发成果到农业生产应用的转化，提高科技对农业的贡献率。通过农业技术推广，改善农业弱质性特征，降低农业生产受到的市场和资源约束，提高农业生产效率和农产品附加值，助益农民增收，降低农户的信贷违约风险。

此外，诚信是金融市场健康运行的基础，本书的研究结论显示农村社会资本的利用也是一种可供利用的控制农户违约行为、促进履约的机制。农村的社会规范和网络是一个复杂的社会工程，社会资本的构建和完善也是一个长期的过程。其一，应以新农村建设和城乡统筹发展为契机，重塑农村道德。通过弘扬民族优秀文化，扭转不良社会风气；加强法制建设，将一些由道德软约束的行为提升为法制硬约束，强制恢复社会规范，培育基于公民社会的农村社会资本模式；发展村民自治，提高农村的民主化程度，优化乡村治理结构；完善农村交流网络，以各种形式增加农民的社会融入感。其二，农村合作金融机构应该积极参与新型社会资本营造。比如将一些基层干部或具有广泛影响力的农民聘请为信贷监督员或联络员；或者招收具有较多社会关系的当地人作为信贷员；或者开展"信用村镇"评选，将一个村、镇捆绑成信用单位，农村邻里之间知根知底，将这种信息优势发挥出来，便于共同创造良好的信用记录，也便于相互监督，巧借农村社会资本的制裁和舆论机制促进农户履行合约，降低农户信贷违约风险。

第二节　构建全面风险管理体系，完善信贷风险内部控制

一、按照巴塞尔新资本协议要求，构筑信贷风险管理体系

信贷风险管理决定金融机构竞争优势，在多元农村金融市场体系构建和自身商业化改革的背景下形成的农村合作金融机构的发展趋势，使信贷

风险管理成为农村合作金融机构基本的战略活动。但是，从本书的研究结论来看，由于长期的行政性特征和约束机制的弱化，我国农村合作金融机构信贷风险内控体系的现状不容乐观，总体评价得分仅为中等偏上水平。实证调查过程发现，虽然隐约可见农村合作金融机构信贷风险内控体系的基本轮廓，但要突破建章立制式的传统行政性层级管理"藩篱"，实现信贷风险控制机制的良好有序运转与内生性自组织功能的发挥，还需按照巴塞尔新资本协议的要求，强化信贷风险管理战略性地位和实质性重要意义在机构治理中的渗透与契合。

从历史发展趋势来看，巴塞尔资本协议遵循着从资本管理到全面风险管理，再到公司治理的演进线路，巴塞尔新资本协议所倡导的不仅是全面风险管理的理念和先进的资本计量方法，更蕴含着丰富的公司治理原则和要求，包括：董事会应以全面风险管理的视角制定战略规划，董事会和高级管理层应积极参与全面风险管理体系的运作，应采取与审慎风险承担有效结合的薪酬激励机制等。新资本协议认为董事会是公司治理的核心，也是全面风险管理的核心，要求董事会从战略高度认识风险管理，并适度分离风险管理决策和业务决策，改变风险管理决策从属于以利润为首要目标的业务决策的传统管理体制。新资本协议进一步明确了董事会和高级管理层之间的职能界限，认为董事会有责任确定银行对风险的承受能力，并确保管理层建立一套评估各类风险的框架，开发一个将风险与资本水平挂钩的系统，制定监测内部政策合规性的方法。银行管理层负责掌握银行所承担风险的性质和程度，了解资本充足程度与风险之间的关系，并根据相应的风险轮廓和商业计划，确保风险管理程序的规范性和复杂性。实施新资本协议，引入"以追求股东价值最大化和保持银行长期发展能力为目标"的管理理念，并围绕这一理念展开机构的部门设置、战略规划、资源分配和激励措施等，必将在很大程度上提升陕西农村合作金融机构的信贷风险管理能力，为机构创造长期价值。

二、树立全面风险管理观，优化信贷风险内控体系

新一轮农村信用社改革助推"机制"的创新，在关注产权明晰和法人治理结构完善的背景下，信贷风险管理逐步超越了相对狭窄且纯粹的技术性管理概念和范畴，体现出全面综合和整合的特点，成为农村合作金融机

构的综合治理问题。信贷风险管理本身并不是一个独立的管理活动，也不是银行新增加的一项管理活动，它是渗透到银行经营管理活动中的一系列行为，内生于银行各项经营管理的流程之中。本书研究结论中陕西农村合作金融机构信贷风险内控体系各要素完善程度差异很小，评价趋同，也显示出农村合作金融机构信贷风险控制各组成要素之间相互钳制与制衡，是一个有机联系的动态管理过程。

当前，国际金融市场的深化与国际银行业的转型对银行风险管理提出了更高要求，新巴塞尔协议的颁布标志着银行风险管理进入了全面风险管理时代。全面风险管理是由若干风险管理要素组成的一个有机体系，这个体系可以将风险和收益、风险偏好和风险策略紧密结合起来，增强风险应对能力，尽量减小操作失误和因此造成的损失，准确判断和管理交叉风险，提高对多种风险的整体反应能力，最终根据风险科学分配经济资本，确保银行各项业务持续健康发展。可见，全面风险管理是一个过程，本身有其输入和输出的要素，具有规范的管理流程；全面风险管理必须依靠全体员工的"知"与"行"；全面风险管理要求将信用风险、市场风险及各种其他风险以及包含这些风险的各种金融资产与资产组合、承担这些风险的各个业务单位纳入到统一的体系中，对各类风险依据统一的标准进行测量并加总，且依据业务之间的相关性对风险进行控制和管理（冯启德，2006；刘新宇，2011）。陕西农村合作金融机构应以全面风险管理观来指导信贷风险内控体系建设的实践，考虑机构所有层面的风险管理活动，从整体层面的战略规划和资源分配，到各业务单元的市场和产品管理，风险都应得到有效控制。

三、强化激励与约束，完善信贷风险内控体系

（一）强化风险管理部的机构地位，落实各环节风险责任

本书的研究结论显示，当前农村合作金融机构信贷风险的过程控制环节相对而言最为薄弱。长期以来，由于历史原因形成的风险控制意识不强，造成农村合作金融机构在信贷风险管理制度建设上的不完善，不能涵盖管理全过程和各个操作环节。另外，由于信贷业务的风险管理不可避免地与业务部门交织混合，信贷风险的控制制度散落于各种操作规程和业务管理办法中，增加了风险防范制度系统的执行难度，导致在制度实施过程

中缺乏足够的执行力。农村合作金融机构应按照严格的逻辑设计和详细分解信贷风险管理的职权与职责，并使其顺序得当，衔接紧密，使各岗位都能清晰了解其需要承担的风险控制责任以及所应采取的风险防范措施。还应着力构建独立、完整的信贷风险管理体系，完善董事会领导下的纵向风险管理部建设，强化风险管理部的职责和权限，通过统筹规划和制度建设，保障风险管理部职能作用的充分发挥，实现风险管理部从单纯的后台信贷风险控制到实施全程风险管理的角色转换，将管理的触角延伸至信贷业务各环节和流程安排。

（二）实现风险控制的产权激励，激发内生动力

本书的实地调研中，受访联社负责人均强调法人治理结构对机构信贷风险控制所发挥的基础性作用，实证结论显示其影响程度为最高。陕西农村合作金融机构应尽快确立由国家相对控股、员工和企业参股的多元化产权结构，扭转多年来形成的行政管理模式下的非市场化经营传统，强化产权激励，明确经营目标，提高抵御行政干预能力。并着力构建具有独立性、前瞻性和权威性的现代化稽核监督体系，发挥内部稽核审计的作用，提升内控体系的监督力度，实现信贷风险内部控制系统的权力制衡。此外，通过引入一些全新的考核方式，如经风险调整后的资本收益率、扣除资本后的净收益、经济增加值等，推广和确立这些指标深层蕴含的"以追求股东价值最大化和保持银行长期发展能力为目标"的全新管理理念，激发陕西农村合作金融机构信贷风险控制的内生动力。

（三）建设先进的信息管理和支持系统，提高技术效率

信贷风险的内部控制过程同时也是信息的传递、反馈及交流过程，农村合作金融机构信贷风险控制的提升离不开先进的、符合需要的信息管理与支持系统的高效运行。本书实证结论显示，信息管理对农村合作金融机构信贷风险控制的重要程度仅次于法人治理结构和风险控制部的职能发挥。农村合作金融机构深度开发信息资源，提高信息的准确性与综合处理技术，使信息科技成为业务创新的基础工具和管理决策的重要支持。还应致力于采用先进的风险评估技术与方法，通过对风险的量化分析寻求信贷风险产生和发展的规律，加强行业间信息交流与共享，通过信息交流渠道动态绘制组织与部门边界，实现最优风险沟通、决策和控制效率，真正将数据转变为资源。同时，全面风险控制理念的贯彻和先进风险控制技术的

开发与运用都需要高素质的信贷业务管理人员。农村合作金融机构应该始终秉承"人才兴社"的思想理念，引进和吸纳高素质人才补充员工队伍，关注在职员工的素质提高，对员工进行金融政策法规、职业道德教育和风险控制相关业务培训，明确岗位风险控制职责，提升员工风险控制意识，尽力挖掘和激发员工进行风险信息加工和反馈的主观能动性。

（四）完善信贷风险控制的激励与约束，培育风险文化

培育先进的信贷风险文化，是提升信贷风险控制的重要环节，有效的信贷风险控制路径是以培育风险文化为基础的。风险文化作为一个动态概念，需要农村合作金融机构不断地进行建设和维护。陕西农村合作金融机构应着力构建多层级、结构化的信贷风险文化系统工程，强化统一的信贷偏好，围绕稳健合规、诚信审慎等鲜明主题培育信贷风险文化，并在信贷风险文化中贯彻人本思想，渗透人文关怀，将信贷风险控制与员工的职业发展规划相结合，激励员工在拓展信贷业务的过程中关注信贷风险的滞后性，将信贷风险纳入个人目标价值，从员工职业发展的理性选择视角引致风险文化的成长，进而提高机构的凝聚力和员工的忠诚度。此外，信贷风险文化还应结合激励考核和责任落实制度。农村合作金融机构在设计薪酬激励制度时，必须充分考虑信贷风险内容，根据目标运用灵活多样的激励方式，并保持薪酬激励与人力资源实务的一致性，整体推进，配套实施。信贷风险责任的落实应以明确的岗位职责划分为前提，以独立、权威的专业测评为依据，兼顾考虑信贷风险成因的复杂性，避免"少做少错少责任"等负面激励效果的发生。风险文化建设能够发挥"软因素"基于信贷风险内部控制硬件系统的乘数效应，并通过文化所特有的渗透和传承特性，推进并实现全面风险管理理念所倡导的全员风险管理与全过程风险管理。

第三节　优化农村合作金融机构信贷风险控制的外部环境

一、推进农村经济平稳快速发展

应构建以市场为基础、政府为主导的"城乡统筹"协调发展体制，赋予并培育农民平等的市场主体地位和农村经济的产业地位，壮大农村市场经济主体，激发农村经济发展活力。增加农村公共产品供给，建立城乡统

筹的农村公共产品供给体系，奠定农村经济发展基础。加速农村生产要素流动，促进农村剩余劳动力转移，改善农村经济发展质态，增加农民就业。优化农业和农村经济结构，促进农业和农村科技进步，发挥农业生产的比较优势和比较利益。优化农业区域布局，推行农业标准化生产，实施农业规模化发展战略，促进农业企业化和农村非农产业发展，解除农村金融发展的农村经济约束，为陕西农村合作金融机构发展及其信贷风险控制提供良好的宏观经济环境。

二、落实财政支农资金投放，扩大财政支农投资乘数效应

应保持农业投资的稳定性，这将有助于农业生产要素的积累，提高农业生产的稳定性。农业资金投入不稳定，会破坏生产力的积累性、继承性与均衡性，会造成巨大的浪费，特别是在当前我国农业生产力水平还不高的情况下更是如此。应把政府财政的农业投资立法列入法制建设计划，通过立法形式对农业的财政投资行为加以约束，防止投资的随意性和短期行为，确保政府财政投资总量的持续稳定增长。转变农业投资重心，将投资重心逐渐转向农业基础设施建设、农业科技研究开发、环境规划与生态保护、健全农村信息网络系统和技术推广普及等间接支持上，服务农业产业升级。同时，培育财政投资引导机制，增强政府财政导向功能，采取得力的政策和措施引导和鼓励其他投资主体进行农业投资。优化财政投资结构，加强投资管理和强化集中使用，改变目前对农业财政投资重支出轻管理、重到位轻效益的现象。要坚持经济效益、社会效益和生态效益相结合的原则，切实做到以效益为中心，合理调整投资结构，促进农业投资供给与需求的结构性均衡，优化生产结构与资源配置布局。在项目选择评估指标体系的构建中，依据国家和地方的农业政策、资源条件以及未来农业的发展趋势，强化基础建设，消除瓶颈制约，支持支柱产业，实现科学化的项目选定和评估。实行财政支农资金的统一制度、规划、使用和管理，通过集中化使用和全程的跟踪检查，防止资金的重复交叉，提高资金的使用效率（罗剑朝，2004）。

三、规范地方政府融资行为，防范地方政府债务风险

应加强地方政府债务管理，着力构架风险化解长效机制。首先，转变

政府职能，理顺财政关系，解决地方政府预算软约束和新型绩效考核制度的配套实施，以利益诱导的方式，消除地方过度投资冲动，规范地方政府融资行为，降低地方政府对农村合作金融机构的干预动机。其次，清晰界定地方政府债务的内涵与外延，以此统计地方政府债务的规模，并厘清各类债务结构及地方政府的实际偿债能力，制定合理的偿债规划。最后，构建科学的地方政府债务风险评估和监测体系，形成持续的、动态的、有差别的地方政府债务风险监测预警机制、中间控制机制和调节传导机制，防止因政府的融资渠道不畅和项目资金链断裂引发大规模支付危机的可能性。总之，从长期动态来看，用经济增长和提高负债成本的方式，构建地方政府债务的长效管理机制，旨在通过政、民、银、企多方合作共赢，实现社会福利与商业利益的统一，为农村合作金融机构的发展营造良好的政治环境。

四、加速培育农村金融市场体系

效率的提升天然内置于竞争的环境中，行业垄断带来的是效率与福利的损失以及有效投资的不足。随着农村改革的深入和农村商品经济的发展，放开农村金融市场的准入门槛，扎实推进利率市场化改进，打破农村合作金融机构在农村地区信贷资金供应市场上的垄断地位，鼓励银行和其他金融机构向农业和农村地区投资以增强农村金融市场的竞争，是激励机构强化信贷风险控制能力，提高"三农"金融服务水平的根本途径。为此，应探索政府资金对民间资金的诱导循环机制，发挥政策的首倡、引导和示范的功能，引导涉农服务资金流向；建立和完善社会化信用服务体系，缓解信息不对称，加大不诚信的机会成本；建立多种形式的农村信用担保机构，发展农业保险，建立存款保险制度，分散金融机构风险；实施充分和审慎的监管，规范业务开展。通过农村金融体系的完善，深化农村合作金融机构信贷风险控制的利益诱导和激励。

本 章 小 结

本章在前几章研究的基础上，提出了陕西农村合作金融机构信贷风险控制的政策建议及对策。首先是提高农户信贷资金使用效率，降低农户信贷违约风险。完善农户信用评级，优化贷款投向；加快完善种粮农户土地流转机制，完善和细化粮食补贴政策；开发农户多元增收途径，有效防范农户经营市场风险；探索保贷结合新模式，完善农村信用共同体；坚持科教兴农和人才强农，培育农村社会资本。其次，构建全面风险管理体系，完善信贷风险内部控制。按照巴塞尔新资本协议要求，构筑信贷风险管理体系；树立全面风险管理观，优化信贷风险内控体系；强化激励与约束，完善信贷风险内控体系。最后，优化农村合作金融机构信贷风险控制的外部环境。推进农村经济平稳快速发展；落实财政支农资金投放，扩大财政支农投资乘数效应；规范地方政府融资行为，防范地方政府债务风险；加速培育农村金融市场体系。

第八章 结束语

作为农村合作金融机构的一项基本职能和核心竞争力，信贷风险控制是其规范经营、提升业绩和创造价值的前提，并决定其持续经营的深度和广度。农村合作金融机构薄弱的信贷风险控制，不仅会影响机构本身的持续发展能力，而且会成为农村经济进一步发展、农村产业结构调整和农民增收的制约因素。因此，农村合作金融机构信贷风险影响因素及控制问题的研究，对于实现机构可持续发展，破解农村金融供给"瓶颈"，推进农村金融与农村经济良性互动机制具有重要的意义。本书以陕西农村合作金融机构信贷风险影响因素及控制为研究对象，通过实地调查和访谈、查阅相关统计数据，获取了翔实的数据资料，为本书的完成奠定了基础。在查阅大量文献的基础上，构建了涵盖信贷风险控制主体、客体和外部环境三个层面的总体分析框架，得出了以下主要结论。

一、陕西农村合作金融机构贷款农户违约风险的影响因素

信贷风险是指借款人因履约能力的变化未能及时、足额偿还债务或银行贷款而违约的可能性。作为农村中最广泛和最基础的经济主体，农户是农村金融市场最主要的需求主体，农户信贷资金的使用效率会对农村合作金融机构信贷风险控制产生重要影响，农户的信贷违约构成了农村合作金融机构信贷风险的主要来源，因此，本书对农村合作金融机构信贷风险控制客体——农户信贷违约风险的影响因素进行了实证研究。在研究过程中，基于实地调研数据的统计分析，结合现有研究结论将农户家庭收入和资产水平、家庭经营结构、农户还款的主观努力程度、间接反映违约成本的农户认知等因素纳入指标体系，应用 Logit 模型分析农户信贷违约风险的影响因素。研究发现户主文化程度、打工人数、家庭收入、是否种粮户和是否有借款、贷款金额及借贷方式以及农户的主观努力程度对农户信贷违约具有显著影响。并进一步分析了农户生产性原因、生活性原因和由于赌博、意外变故和恶意逃债原因导致的信贷违约差异，发现不同特征农户在

生产性原因违约、生活性原因违约和恶意违约方面存在显著差异。

主要的研究结论和启示包括：

1. 文化程度越高，农户信贷违约率越低。可见，提升农村地区教育水平，提高农户获取和捕捉技术创新信息、领悟和掌握新技术的能力以及合理评估新技术风险并理性决策的能力，可以提高农户对信贷资金的经营管理能力和使用效率，降低违约发生率。农户受教育程度是反映农村地区社会发展程度的重要指标，影响到农户增收能力的持续性和稳定性。加大农村地区教育事业投入，对改善农户信贷资金的使用效率、降低农户信贷违约风险具有重要意义。

2. 农户家庭负担重和主观还款努力程度差并不是违约的直接原因，家庭收入与农户信贷违约显著负相关。说明虽然农户生存性借贷状况得到了有效改善，但缺乏有效收入支撑仍是农户违约的主要影响因素，而农户的朴实与守信依然是农村金融机构信贷风险控制的社会基础。可见，提高农户收入水平仍是降低农户信贷违约风险的根本出路。农户信用评级中应加重对家庭收入指标的权重，以期更为真实地反映农户违约的可能性。同时，正如孟加拉经济学家穆罕默德·尤努斯所持"穷人比富人更值得信赖"的观点，作为弱势行业中的弱势群体，农户更珍惜自己的荣誉和所获得的贷款机会，应当重视社会资本利用和培育在控制农户信贷违约风险中的作用。

3. 以发展本土经营为主的农户的违约率低于以打工收入为主的农户；只有种粮收入而无其他收入来源的种粮户违约率较高。说明虽然打工收入成为农民增收主要途径之一，但其并未发挥降低农户违约率的作用。农户信贷违约率的降低主要依赖于本土经济的发展，并且，光靠种粮是不行的，应使高效农业成为农户重要的经济来源。而其他收入来源虽能够改善农户生存性借贷依赖，降低违约率，但同时也构成潜在的违约风险点。由此可以看出，在农业现代化发展进程的推动下，随着农村劳动分工和农业产业专业化的发展，农户的金融需求日益表现出多层次和个性化的分化现象，由于家庭经济结构差异产生的农户信贷需求的差异性逐步扩大，由此导致的农户信贷违约风险的结构性差异也日趋明显，对农户信贷违约的考察中，仅考虑家庭收入水平是不够的，将农户家庭的经济结构角度纳入农户信用评级的考察体系可能更为合理。

4. 寻找种粮以外的收入来源是大多数农户的理性选择，发展特色种养殖业和经商的资金需求量大且周期长，正规金融信贷金额偏小，手续复杂，民间借贷活跃。特色种养殖与经商风险较大，投资失败导致的违约率很高，且容易发生沉淀。说明农业现代化发展亟须突破旧的金融体系束缚，农村合作金融机构信贷风险控制也应积极调整信贷结构，完善保贷结合机制，创新运营模式，在新的环境下实现新的均衡。

5. 从户主年龄及文化程度、家庭收入和结构、不同贷款性状以及非正规借款等方面对农户信贷违约风险产生的原因进行差异分析，显示出不同特征农户在生产性原因违约、生活性原因违约和恶意违约方面存在显著差异。研究发现随着年龄的增长，农户会更为重视自身的信用，应重点防范"30~40岁"贷款农户的恶意违约风险；提高农户受教育程度能够显著降低农户对生存性借贷的依赖，提高信贷资金使用水平；农户增收能够有效降低生活性违约；家庭主要经营类型为"工商服务"农户和来自"养殖"农户由于生产性因素导致的违约率远高于因生活性因素导致的违约率，家庭主要经营类型为"种植"农户和来自"工资"农户源于生产性因素导致的违约率稍低于因生活性因素导致的违约率，种粮农户对生活性信贷资金的依赖程度高于非种粮农户，恶意违约发生率也高于非种粮农户；没有借款农户的生活性违约高于生产性违约，存在借款农户的生产性违约高于生活性违约；贷款金额为"1万元及以下"的农户和"1万~2万元"的农户主要源于生活性因素导致的违约；贷款金额为"2万~5万元"的农户源于生产性因素导致的违约；信用贷款的生产性和生活性违约均高于担保贷款，担保贷款中的生活性违约高于生产性违约，而信用贷款中的生产性违约高于生活性违约；贷款期限延长后，生活性违约会显著增加，说明生活性的违约贷款大多会发生沉淀，同时也有部分增加是因为金融机构试图通过"放水养鱼"实现不良资产转化，但结果却追加放贷失败。农村合作金融机构可以据此调整信贷结构，有差别地扶持农户提高信贷资金的使用效率。

6. 实证研究结论显示陕西农村合作金融机构可以借助 Logit 模型识别农户信贷违约风险，对农户的信用评级应着重考量农户经营能力和家庭经济结构。同时，作为地方性金融机构，农村合作金融机构的生存和发展在很大程度上依赖于本地农户的信贷活动，其信贷风险的控制仅仅通过农户信用等级的鉴别来优化贷款投放是远远不够，还应立足于农村合作金融机构的可持续发展，积极探索调整信贷结构，扶持农户多元增收和培育社会资本，探索控制违约因素提高农户偿债能力，激发农户信贷资金使用效率，多角度控制农户的信贷违约风险。

二、陕西农村合作金融机构信贷风险内控体系评价

银行系统具有天然的脆弱性，良好的内部治理是防患信贷风险的有效手段，完善的治理结构是农村合作金融机构信贷风险内控机制的坚实基础，可以通过有效的激励和约束机制，提高风险控制水平，避免信贷资金可能发生的违约损失，保障信贷资金安全。信贷风险的产生是金融机构内外部因素共同作用的结果，尽管风险的成因多样，但几乎都包括内部治理这一基础性的因素，其他因素也是通过这一内因发生作用。因此，本书在对陕西农村合作金融机构县级联社负责人调研的数据基础上，运用层次分析法（AHP）和模糊综合评价法对农村合作金融机构信贷风险控制主体——内控体系进行了实证研究，综合评价其完善程度，寻找薄弱环节，为提高农村合作金融机构提高信贷风险内控体系提供科学依据，构筑信贷风险控制内部防线。信贷风险的内控体系是一系列相互制约的程序、方法和措施的总称，因此评价结果不是绝对的非此即彼，以一个模糊集合来表示评价结果更为合理。同时，由于单个评价指标只能反映信贷风险控制某一方面的完善程度，不同的方面对风险控制内控体系产生影响的大小是不一样的，因此在研究的过程中，本书选取组织控制、制度控制、过程控制和技术控制4个一级指标和法人治理结构、风险管理部职能等21个二级指标来描述陕西农村合作金融机构信贷风险内部控制的指标体系，构建了基于 AHP 法的农村合作金融机构信贷风险内控体系评价的层次结构模型，划分各评价指标的合理权数，确定陕西农村合作金融机构信贷风险内控体系各指标的影响程度，结果显示影响作用由大到小依次为：公司治理结构，风险管理部职能，信息管理、领导的重视程度等。再次基础上，用模糊聚类分析归类和评价指标间的模糊关系，并量化得出评价分数。研究结果显示，陕西农村合作金融机构信贷风险内控体系完善程度的模糊综合评价结果为 5.70 分，总分 10 分，属于中等偏上水平，存在较大的提升空间。在四类控制要素中，制度控制要素（6.06 分）完善程度的评价最高，其次为

技术控制要素（5.64 分）和组织控制要素（5.57 分），过程控制要素完善程度的评价最低（5.52 分）。说明农村合作金融机构信贷风险内控制度相对健全，而全程风险控制理念尚未良好地渗透于农村合作金融机构的风险控制实践。同时各要素之间的得分差异不大，说明信贷风险内部控制作为一个系统，各要素是相互钳制、共同发挥作用的，应按照新巴塞尔资本协议要求，用全面风险管理理论指导信贷风险内控体系建设，完善信贷风险控制的激励与约束，强化风险管理部的机构地位，建设先进的信息支持系统，培育风险文化，健全陕西农村合作金融机构信贷风险的内控体系。

三、陕西农村合作金融机构信贷风险的外部影响因素

农村合作金融机构属于地方性金融机构，服务范围仅限于所属县域，作为具有"社区性"特点的金融机构，农村合作金融机构的经营行为和绩效水平除了受自身综合治理水平等内在因素制约外，还受到县域经济发展水平、县域金融市场发育等外部环境的影响。良好的经济、政治和社会环境的建立和保持，是促进农村合作金融机构健康成长的基础条件和有效支撑，运营环境是影响农村合作金融机构信贷风险的重要因素。基于已有的研究文献，我们认为对于陕西县域农村合作金融机构而言，农村经济发展，地方政府干预和金融市场发育是主要影响其信贷风险控制的外部环境。本书以陕西 104 个县域农村合作金融机构 2006—2010 年的面板数据为基础，选择农村居民人均纯收入显示各区县的农村经济发展水平，反映农村合作金融机构风险控制所面临的项目选择环境；选取地方政府财政支农资金反映当地政府对"三农"发展的财政支持情况；选取地方政府财政收支差显示地方政府的财政压力，反映地方政府干预农村合作金融机构金融资源配置和隐匿债务的可能性大小；选取县域农村合作金融机构农业贷款的市场份额，即该机构农业贷款占全部金融机构农业贷款的比重来反映农村合作金融机构所处外部金融市场环境的发育程度，选择不良贷款率作为农村合作金融机构信贷风险的衡量变量，构建陕西农村合作金融机构信贷风险控制外部影响因素指标体系，对陕西农村合作金融机构信贷风险控制的外部影响因素进行了实证分析。

研究结论显示，（1）农村居民人均纯收入对农村合作金融机构信贷风险控制具有正向影响作用，说明农村合作金融机构信贷风险控制水平在很

大程度上受到当地农村经济发展水平的制约。应着力推进农村经济平稳快速发展，增加农民收入，显现农村信贷投资的成长性和收益性，带动农户的储蓄能力和投资能力，转变人们对于储蓄和投资、信用和风险的认识和态度，为农村合作金融机构信贷风险防范提供持久动力。

（2）地方政府财政支农力度对农村合作金融机构信贷风险控制具有正向影响作用。地方政府在"三农"领域的财政支农资金投入，以及由此形成的政策引导功能，不但能够促进农业生产要素数量及生产率的提高，而且能够以降低生活成本的方式提高农民收入的可支配份额，这都会对提高农村居民对信贷产品的消费意愿和偿还能力产生促进作用。应落实财政支农资金投放，确保政府财政投资总量的持续稳定增长，优化农业投资结构，提高资金的使用效率，培育财政投资引导机制，扩大财政支农投资乘数效应。

（3）地方政府财政压力与农村合作金融机构不良贷款率正相关。农村合作金融机构承担着政策支农的任务，政策性亏损成为地方政府利用"三农"问题政治化向农村合作金融机构"寻租"的隐性担保。地方政府财政压力越大，债务融资需求就越大，由此转化的对农村合作金融机构信贷资金配置的干预就越多，而地方政府对金融资源的过度利用，用财政预算的软约束扭曲金融交易的合约原则，会产生大量无效的金融交易，导致金融机构潜在信贷风险的上升。农村合作金融机构的信贷风险问题与地方政府的债务融资问题相互交融，无论是农村合作金融机构历史包袱的清收和化解，抑或是从源头上控制新增不良贷款，都需要切实规范地方政府债务融资行为，消除地方政府过度投资冲动，降低地方政府对农村合作金融机构的干预动机。并根据债务规模和结构制定合理的偿债规划，以经济增长和提高负债成本的方式，构建地方政府债务的长效管理机制，为农村合作金融机构的发展营造良好的政治环境。

（4）农村合作金融机构仍是县域农村金融市场的供给主体，市场竞争并没有显示出对降低信贷风险的激励作用。当前在国家构建竞争性农村金融市场的总体布局下，农村金融市场的格局已经在悄然发生改变，农村金融市场发育将不再由政府主导下的外生变量决定，而是由农村金融市场竞争主体的创新行为和竞争绩效所决定的。行业垄断带来的是效率与福利的损失以及有效投资的不足，激励机构强化信贷风险控制能力，提高"三农"金融服务水平的根本途径是增强农村金融市场的竞争，应加速培育农村金融市场体系，发展县域农村金融市场多元化、多层次化和竞争性的市场新格局，增加农村储蓄与投资机会的选择，用来自外部的竞争为农村合作金融机构提高市场竞争力提供创新动力，增加新技术的采用进而降低交易成本和控制信贷风险。

农村合作金融机构是我国农村金融体系的主体，农村合作金融机构在运行过程中面临着许多困难，而信贷风险又是农村合作金融机构所面临的主要风险。本书对陕西农村合作金融机构信贷风险影响因素及控制进行了研究，提出了陕西农村合作金融机构信贷风险控制的政策建议及对策。由于研究中涉及的数据较多，且部分数据无法获得，由此可能会在一定程度上影响到分析结果的准确性。在今后的研究工作中，会努力改善，深化问题的研究深度和宽度。

参考文献

［1］安娜. 浅议企业内部控制与全面风险管理的关系［J］. 当代经济, 2010, 10: 65 – 67.

［2］曹廷求, 王营, 马莉. 外部环境、治理机制与银行风险——第二届银行治理研讨会综述［J］. 经济研究, 2011, 10: 150 – 155.

［3］陈福成, 曹京芝, 尹程, 等. 农村信用社法人治理结构研究［J］. 金融研究, 2005, 1: 102 – 109.

［4］陈健. 财政联邦制、非正式财政与政府债务——对中国转型经济的规范分析［J］. 财经研究, 2007, 2: 90 – 99.

［5］陈菁泉. 中国农村金融制度变迁理论书评［J］, 经济研究导刊, 2010, 18: 81 – 83.

［6］成思危. 改革与发展: 推进中国的农村金融［M］. 北京: 经济科学出版社, 2005.

［7］邓岩. 农村信用社变迁进程的政府行为与效率因应: 鲁省证据［J］. 改革, 2012, 3: 90 – 96.

［8］董晓琳. 农信社央行专项票据置换的政策效应评估［J］. 金融研究, 2008, 9: 176 – 187.

［9］窦玉丹, 袁永博, 刘妍. 商业银行信贷风险预警研究——基于AHP权重可变模糊模型［J］. 技术经济与管理研究, 2011, 12: 82 – 87.

［10］方金兵. 农村信用社经营风险评价与预警研究——以江苏为例［D］. 南京农业大学, 2009.

［11］方凯. 基于因子分析的农村公共品农民满意度评价研究——以湖北省农户调查数据为例［J］. 农业技术经济, 2012, 6: 30 – 35.

［12］冯启德. 新巴塞尔资本协议视角的商业银行信用风险控制［D］. 复旦大学, 2006.

［13］龚强. 财政分权视角下的地方政府债务研究: 一个综述［J］. 经济研究, 2011, 7: 35 – 47.

［14］顾银宽．信贷风险、信用机制与农业保障的地方政府行为［J］．改革，2009，5：75－80．

［15］郭玉清．中国财政农业投入最优规模实证分析［J］．财经问题研究，2006，5：68－72．

［16］韩俊．中国农村金融调查［M］．上海：上海远东出版社，2007，192－194．

［17］何振国．中国财政支农支出的最优规模及其实现［J］．中国农村经济，2006，8：4－16．

［18］贺莎莎．农户借贷行为及其影响因素分析——以湖南省花岩溪村为例［J］．中国农村观察，2008，1：48－59．

［19］洪正．新型农村金融机构改革可行吗？［J］．经济研究，2011，2：44－58．

［20］黄范章，贺力平，徐忠，等．关于农村信用合作社改革的思考［J］．经济学家，2001，6：34－40．

［21］黄惠春．农村金融市场结构和农村信用社绩效关系研究——基于江苏省农村区域经济差异的视角［J］．农业经济问题，2010，2：82－87．

［22］贾海涛，邱长溶．宏观因素对贷款企业违约率影响的实证分析［J］．现代管理科学，2009，2：67－72．

［23］焦瑾璞．农村金融体制和政府扶持政策国际比较［M］．北京：中国财政经济出版社，2007，156－158．

［24］金雪军，毛婕．隐含违约风险的银行贷款定价研究评述［J］．浙江大学学报（人文社会科学版），2008，2：161－169．

［25］乐山银监分局课题组．农村信用社内部控制问题研究［J］．西南金融，2006，3：40－43．

［26］李春霄．农村地区金融排斥研究［D］．西北农林科技大学，2013．

［27］李谷成．十字路口的农户家庭经营：何去何从［J］．经济学家，2012，1：55－63．

［28］李焕彰，钱忠好．财政支农政策与中国农业增长：因果与结构分析［J］．中国农村经济，2004，8：34－42．

［29］李敬，陈澍. 农村信用社运行绩效与影响因素：西部地区 311 个样本［J］. 财政金融，2012，8：47－52.

［30］李琴英. 对我国农业保险及其风险分散机制的若干思考［J］. 金融理论与实践，2007，9：71－73.

［31］李锐，朱喜. 农户金融抑制及其福利损失的实证分析［J］. 经济研究，2007，2：146－155.

［32］李塞辉. 坚持风险为本推动农村中小金融机构平稳健康发展［J］. 中国农村金融，2010，2：26－28.

［33］李喜梅. 小额信贷与小额保险合作发展研究［J］. 经济问题，2010，5：95－97.

［34］李晓嘉. 财政支农支出与农业经济增长方式的关系研究——基于省际面板数据的实证分析［J］. 经济问题，2012，1：68－72.

［35］连平. 中资银行组织架构和业务流程改革创新方向探索［J］. 中国金融，2010，23：32－34.

［36］梁静雅，乔海曙. 县域金融供给与县域经济发展关系的实证［J］. 统计与决策，2012，10：105－107.

［37］林力. 论农村信用社信贷风险及其防范措施［J］. 财务与金融，2009，3：23－26.

［38］林毅夫. 中国的农业信贷和农场绩效［M］. 北京：北京大学出版社，2000.

［39］林毅夫. 金融改革和农村经济发展［Z］. 北京大学中国经济研究中心工作论文，2003，26：42－47.

［40］刘成玉，黎贤强，王焕印. 社会资本与我国农村信贷风险控制［J］. 浙江大学学报（人文社会科学版），2011，3：106－115.

［41］刘仁伍. 新农村建设中的金融问题［M］. 北京：中国金融出版社，2006.

［42］刘社建. 农村信用社改革进程与前景探讨［J］. 东南大学学报（哲学社会科学版），2012，6：5－9.

［43］刘晓波. 农村金融风险分担与补偿机制设置［J］. 广东金融学院学报，2008，3：67－71.

［44］刘晓勇. 商业银行风险控制机制研究［J］. 金融研究，2006，

7：78 – 85.

[45] 刘新宇. 基于全面风险控制的中国商业银行内部控制研究 [D]. 辽宁大学，2011.

[46] 刘艳华，骆永民. 农村信用社信贷风险防范效率的实证分析 [J]. 宁夏社会科学，2011，3：33 – 38.

[47] 刘迎春. 我国商业银行信用风险度量和管理研究 [D]. 东北财经大学，2011.

[48] 刘祚祥，黄权国. 信息生产能力、农业保险与农村金融市场的信贷配给——基于修正的 S – W 模型的实证分析 [J]. 中国农村经济，2012，5：53 – 64.

[49] 罗剑朝. 中国政府财政对农业投资的增长方式与监督研究 [M]. 北京：中国农业出版社，2004.

[50] 罗剑朝. 杨凌农业高新产业区农村金融改革实验与政策建议 [J]. 沈阳农业大学学报（社会科学版），2011，6：648 – 651.

[51] 马九杰. 农村金融风险控制与信贷约束问题研究 [M]. 北京：中国经济出版社，2004.

[52] 马文勤. 农户小额信贷信用风险评估模型构建 [J]. 财会月刊，2009，36：49 – 51.

[53] 马晓青，朱喜，史清华. 信贷抑制与农户投资回报 [J]. 上海经济研究，2010，9：63 – 73.

[54] 马勇，陈雨露. 农村金融中的政府角色：理论诠释与中国的选择 [J]. 经济体制改革，2009，9：86 – 91.

[55] 孟建华. 金融企业性质、法人治理与贷款定价——对农村信用社贷款利率浮动政策执行效果的实证分析 [J]. 金融研究，2006，4：103 – 112.

[56] 彭志军. 我国农村信用社流程再造研究——基于资源与能力理论的视角 [D]. 武汉：武汉大学，2011.

[57] 秦颖. 基于模糊分析法的商业银行信贷风险内控体系评价研究 [D]. 山东：山东大学，2008.

[58] 邱兆祥，刘远亮. 中国商业银行信贷风险与宏观经济因素关系研究——基于 2000—2009 年面板数据的实证检验 [J]. 广东金融学报，

2011，1：38－44.

　　［59］冉光和，温涛，李敬. 中国农村经济发展的金融约束效应研究 ［J］. 中国软科学，2008，3：27－37.

　　［60］人民银行亳州市中心支行课题组. 农村信用社专项央行票据置换政策效应问题研究——基于安徽亳州的实证 ［J］. 金融纵横，2008，6：76－79.

　　［61］阮红新，杨海军. 信贷资产分散条件下的风险与收益 ［J］. 管理世界，2003，9：76－79.

　　［62］石盛林. 县域金融密度与经济增长的实证研究——基于垄断竞争的解释 ［J］. 中央财经大学学报，2011，4：39－44.

　　［63］时秀红. 地方政府债务出路问题再探讨 ［J］. 银行家，2010，3：10－15.

　　［64］宋荣威. 商业银行构建信贷风险预警指标体系的探讨 ［J］. 四川师范大学学报（社会科学版），2007，9：37－42.

　　［65］宋荣威. 信贷风险控制研究 ［D］. 成都：西南财经大学，2007.

　　［66］孙继伟. 中国商业银行风险评价指标体系研究 ［D］. 上海：复旦大学，2011.

　　［67］汤斐，浦徐进. 农村信用社基于 RAROC 值的信贷绩效管理 ［J］. 经济导刊，2011，8：32－33.

　　［68］田秀娟，吴滋兴，王玮. 农村社区互助合作担保机构运行机制探析 ［J］. 农业经济问题，2010，6：37－42.

　　［69］汪冬梅，王爱国，刘廷伟. 基于风险视角的商业银行资本充足监管有效性研究 ［J］. 中国软科学，2012，3：128－137.

　　［70］汪冬梅，王茂春. 农村信用社实施管理会计与控制技术的行为与意愿：山东的证据 ［J］. 农业经济问题，2011，3：35－41.

　　［71］王琛. 我国农村金融改革中的政府行为研究 ［J］. 当代经济，2011，8：98－99.

　　［72］王春超. 农村土地流转、劳动力资源配置与农民收入增长：基于中国 17 省份农户调查的实证研究 ［J］. 农业技术经济，2011，1：93－101.

［73］王冀宁. 外部性约束、认知偏差、行为偏差与农户贷款困境——来自716户农户贷款调查问卷数据的实证检验［J］. 管理世界，2007，9：69－75.

［74］王箭. 商业银行信贷风险度量及控制研究［D］. 武汉：武汉理工大学，2008.

［75］王俊芹，宗义湘，赵邦宏. 农村信用合作社的金融发展水平与农村经济增长的实证分析——以河北省为例［J］. 农业技术经济，2009，2：82－88.

［76］王连军. 金融危机背景下政府干预与银行信贷风险研究［J］. 财经研究，2011，5：112－122.

［77］王玲. 银行信贷资产风险管理中的多指标决策模型［J］. 统计与决策，2000，6：22－25.

［78］王曙光，郭欣. 农村合作金融信贷风险控制与不良贷款处置——对山西尧都信用联社的案例分析［J］. 山西财经大学学报，2006，4：115－119.

［79］王霄勇. 国有商业银行组织机构变革历程回顾及思考［J］. 中央财经大学学报，2010，5：22－25.

［80］王修华，谭开通. 农户信贷排斥形成的内在机理及其经验检验——基于中国微观调查数据［J］. 中国软科学，2012，6：139－150.

［81］魏朗. 财政支农支出对我国农业经济增长影响的研究——对1999—2003年农业生产贡献率的实证分析［J］. 中央财经大学学报，2007，9：11－22.

［82］温涛. 农村金融风险控制与战略重组研究——基于中国新农村建设的现实背景［M］. 重庆：西南师范大学出版社，2008.

［83］吴少新，王国红. 中国农村信用社制度的变迁与创新［J］. 财贸经济，2006，7：45－48.

［84］谢平. 中国农村信用合作社体制改革的争论［J］. 金融研究，2010，1：42－48.

［85］辛德树，刘学忠，兰澄世. 农村信贷"中介—担保人"问题的制度经济学解说［J］. 农业经济，2005，12：12－18.

［86］熊德平. 农村金融与农村经济协调发展研究［M］. 北京：社会

科学文献出版社，2009，129－138.

[87] 许圣道. 农村信用社改革的"路径依赖"问题 [J]. 金融研究，2006，9：23－29，37－42.

[88] 杨栋，张建龙. 农户信贷有风险吗——基于 Credit Metrics 模型的分析 [J]. 山西财经大学学报，2009，3：85－89.

[89] 尹成远，任鹏充，陈伟华. 农村小额保险与小额信贷结合发展及其模式探讨 [J]. 现代财经，2010，3：22－26.

[90] 喻微锋，吴刘杰. 地方政府行为、金融发展与城乡收入差距——基于省际面板数据的实证研究 [J]. 广东金融学报，2011，5：12－22.

[91] 张薄洋. 中国农村金融供给问题研究 [D]. 上海：南开大学，2009.

[92] 张杰，高晓红. 注资博弈与中国农信社改革 [J]. 金融研究，2007，3：48－56.

[93] 张杰. 中国农村金融制度：结构、变迁与政策 [M]. 北京：中国人民大学出版社，2003.

[94] 张杰. 中国农村金融制度调整的绩效：金融需求视角 [M]. 北京：中国人民大学出版社，2007.

[95] 张璟，沈坤荣. 地方政府干预、区域金融发展与中国经济增长方式转型——基于财政分权背景的实证研究 [J]. 南开经济研究，2008，6：122－141.

[96] 张兰. 农村信用社公司治理改革与效率研究 [D]. 南京：南京农业大学，2007.

[97] 张龙耀，江春. 中国农村金融市场中非价格信贷配给的理论和实证分析 [J]. 金融研究，2011，7：98－113.

[98] 张庆亮. 非试点地区农村信用合作社的行为异化及其制度创新 [J]. 财贸研究，2003，6：23－31.

[99] 张维. 农村信用社风险评价与防治体系构建研究 [D]. 武汉：华中农业大学，2010.

[100] 张啸川，李家军. 基于信贷风险控制的机制设计及优化选择 [J]. 计算机工程与设计，2007，24：5991－5993.

[101] 章立. 农业经营技术效率的影响因素分析——基于浙江省农户

面板数据的实证 [J]. 农业技术经济, 2012, 3: 78 - 85.

[102] 赵岩青, 何广文. 农户联保贷款有效性问题研究 [J]. 金融研究, 2007, 6: 61 - 77.

[103] 赵允迪, 王俊芹. 农户农村信用社借贷需求的影响因素分析——基于河北省农户调查 [J]. 农业技术经济, 2012, 9: 43 - 51.

[104] 周莉莉. 农村信用社的风险控制 [J]. 经济导刊, 2010, 6: 34 - 35.

[105] 周世友. 农村金融生态条件下农村信用社风险控制问题探讨 [J]. 生态经济, 2009, 9: 79 - 81.

[106] 周泽炯. 对农村金融体系发展存在问题的调查与分析 [J]. 经济纵横, 2010, 4: 90 - 93.

[107] 周宗安, 周沫. 基于农户信贷供求的我国农村金融体系的完善 [J]. 东岳论丛, 2012, 6: 132 - 136.

[108] 朱钢. 我国财政支农规模问题分析 [J]. 中国农村经济, 1998, 10: 23 - 32.

[109] Altman, E. I., P. Narayanan. 1997, An International Survey of Business Failure Classification Models, *Financial Markets, Instruments and Institutions*. 6: 2 - 19.

[110] Amendatiz de Agihion, 1999, On the Design of a Credit Agreement With Peer Monitoring, *Journal of Development Economics*, Vol. 60: 79 - 104.

[111] Barry, P. J., P. N. Ellinger, J. A. Hopkin, and C. B. Barker, 2000. Financial management in agriculture, *Interstate Publishers*, 6: 45 - 62.

[112] Besley, T. and Coate, S., 1995. Group lending, repayment incentives and Social Collateral, *Journal of Development Economics*, 46 (2): 71 - 84.

[113] Borio, Claudio and Philip Lowe, 2002, Assessing the risk of banking crises, *BIS Quarterly Review*, 12: 43 - 54.

[114] Bouchaud J. P., Potters M., 2000, Worse Fluctuation Method for Fast Value - at - Risk Estimate, *Science and Finance*, 9: 23 - 32.

[115] Das, A. and S. Ghosh, 2007, Determinants of Credit Risk in Indian State - owned Banks: An Empirical Investigation, *Economic Issues*, 2 (12):

48 – 66.

［116］Duffie, D. , and Singleton, K. J. 1999, Modeling Term Structures of Default – able Bonds. *Review of Financial Studies*; 12: 687 – 720.

［117］Gonzalez de Salceda Ruiz, Luis Manuel, 1997. A credit risk assessment model for dairy farm borrowers in Mexico, PhD. Dissertation, *University of Illinois at Urbana – Champaign*.

［118］Hoggarth, G. , Sorensen, S. and Zicchino, L. , 2005. Stress Tests of UK Banks Using a VAR Approach, *Bank of England Working Paper*, 2: 82.

［119］Lando, D. 1998, On Cox Processes and Credit Risky Securities. *Review of Derivatives Research*, 2: 99 – 120.

［120］Larelle Chapple, Peter M Clarkson, Christopher J Peters. 2005. Impact of the Corporate Law Economic Reform Program Act 1999 on. *Accounting and Finance*. 5（2）: 21 – 36.

［121］Levitsky, Jacob, 1997. Credit Guarantee Schemes for SMEs—an International Review, *Small Enterprise Development*, 8（2）: 4 – 17.

［122］Lyon, F. , 2000, Trust, Networks and Norms: The Creation of Social Capital in Agricultural Economies in Ghana. *World Development*, 28（4）, 663 – 681.

［123］Malhotra, Rashmi, Malhotra, D. K. 2002, Differentiating between Good Credits and Bad Credits Using Neuron – Fuzzy Systems. *European Journal of Operational Research*, 136: 190 – 211.

［124］Meyer, R. , Nagarajan, G. , 2001. Rural Financial Markets in Asia: Policies, Paradigms, and Performance, *Oxford University Press*.

［125］Navajas, Sergio and Claudio Gonzalez – Vega, 2000. Innovative Approaches to Rural Lending: finincieta Calpia in El Salvador. *Economics and Sociology Occasional Paper*, the Ohio State University.

［126］Novak, M. P. and E. L. Ladue, 1999. Application of Recursive Partitioning to Agricultural Credit Scoring, *Journal of Agricultural and Applied Economics*, 31 – 45.

［127］Novak, Michael P. , 2003. Agricultural Credit Evaluation Modeling: A Creditworthiness approach, PhD. *Dissertation, Cornell University*.

［128］ OECD，1999，Agricultural Finance and Credit Infrastructure in Transition Economies：Proceedings of OECD Expert Meeting.

［129］ Onyeaghala, Raphael Onyema, 2003. Issues in credit risk assessment in agricultural credit markets. PhD. Dissertation, University of Illinois at Urbana – Champaign.

［130］ Ray Debraj. 1998. Development economics. Princeton university press.

［131］ Schreiner, Mark, 2003. Scoring：The Next Breakthrough in Micro credit. *CGAP's Occasional Paper* 5 (7).

［132］ Splett, N. S., P. J. Dixon, and P. N. Ellinger. 1994. A Joint Experience and Statistical Approach to Credit Scoring. *Agricultural Finance Review*, 54 (4)：71 – 84.

［133］ Stiglitz, J. E. and A. Weiss, 1981. Credit Rationing in Markets with Imperfect information, *American Economic Review*, 71 (3)：393 – 410.

［134］ Von Braun, Joachim, 1995. Agricultural Commercialization：Impacts on Income and Nutrition and Implications for Policy. *Food Policy* 20 (3)：187 – 202.

［135］ Westgaard, Sjur, Wijst, Nico van der, 2001, Default Probabilities in a Corporate Bank Portfolio：A Logistic Model Approach. *European Journal of Operational Research*, 135：338 – 349.

［136］ Yaron, J., McDoald P. Benjamin, Jr., and Gerda L. P., 1997. Rural Finance：Issues, Design, and Best Practices. *Environmentally and Socially Sustainable Development studies and Monographs*, 14：345 – 367.

［137］ Zeller, Manfred, Gertrud Schreider, Joachim von Braun, and Franz Heidhues., 1997. Rural Finance for Food Security for the Poor：Implications for Research and Policy. *Food Policy Review*, 4：45 – 62.

后　记

本专著在教育部 2011 年度"长江学者和创新团队发展计划"创新团队项目"西部地区农村金融市场配置效率、供求均衡与产权抵押融资模式研究"（项目编号：IRT1176）经费资助下得以正式出版的同时，还得到西安石油大学博士科研启动项目（编号：2014BS20）的经费支持。

农村合作金融机构改革问题近年来已经成为农村金融领域的热门话题，不断涌现出一些高水平的研究成果，但不可否认的是，针对农村合作金融机构信贷风险问题的实证研究并不多见，尤其是从宏观风险视角的研究相当薄弱，今天本书的研究得以顺利完成，既是我的荣幸，同时也凝结了众多人的热情帮助和关怀。

首先，诚挚地感谢导师罗剑朝教授的悉心指导、帮助和关怀。罗老师温文尔雅，学富五车，树德育人，厚德载物。本书的完成过程凝聚了罗老师大量的心血和智慧，罗老师在研究方法、框架设计、理论观点和写作经验方面都给予了精心的指导。罗老师执著严谨的治学态度、锐意创新的研究精神，敏锐智慧的学术眼光和独特的人格魅力，使我受益良多，不但将我领进学术的殿堂，同时也教会我许多人生道理，必将深刻地影响我的未来，激励我在学术道路上不断成长。

其次，感谢西北农林科技大学经济管理学院赵敏娟教授、郑少锋教授、王征兵教授、陆迁教授等，感谢他们在研究过程中给予的指导和启迪，老师们高深的学术水平，精辟的指导意见对论文研究方法和政策建议的形成具有重要的启发作用。另外，感谢同学王磊玲、王芳、李春霄、李立群、张颖慧，感谢他们在研究过程中给予的无私帮助，与他们在研究方法上的切磋和研究思想上的碰撞，给我提供了大量有益的借鉴，也感谢他们在实证数据采集与处理过程中给予的技术支持，他们对待学术研究执著的态度和刻苦钻研的精神，令人印象深刻。感谢王青锋、王旭洲、薛刚、刘辉、李尧远、刘德浩、陈花、韩素琴在我博士求学期间给予的温暖关怀。此外，特别感谢西安石油大学肖忠祥、程永清处长在论文出版过程中给予的帮助，感谢中国人民银行渭南中心支行、临渭区农村信用联社和杨凌农村商业银行的领导在调研过程中提供的帮助。

　　最后要感谢我的家人，感谢父母公婆对我的理解与呵护，他们的默默奉献为我提供了充分的学习和思考时间，他们秉承中华传统美德，是我们小辈人学习的榜样，他们对孩子的关爱令我感怀在心。感谢我的爱人张小浩和女儿张雨琮，没有他们给予我的鼓励和支持，要完成这项研究是不可能的，他们是我最强大的精神动力。

张云燕
2014 年 10 月于西安